남방실크로드신화여행

일러두기

1. 이 책은 2016년 9월부터 11월까지 경기문화재단이 진행한 '신화와 예술 맥놀이-신화, 아주 많은 것들의 시작'의 내용을 토대로 재구성한 것이다. 강좌의 특성상 이미지나 영상, 소리 등을 이용한 강좌가 많았는데, 이 책에서도 그림과 표, 지도 등을 활용하여 가능한 한 현장성을 살리려고 했다. 저작권 관계 등 어쩔 수 없이 생략한 이미지 자료도 있음을 밝힌다.
2. 각주를 달아 강의 내용을 보강했으며 필요에 따라 어려운 용어나 개념어는 본문에 따로 추가 설명을 달았다.
3. 각 장의 끝에 별도로 참고자료와 더 읽을 만한 자료를 소개했다.
4. 외래어 표기는 국립국어원이 정한 규칙을 최대한 따랐으나, 일부는 필자의 의견이나 관행을 따랐음을 밝힌다. 어떤 경우 그 용어가 처음 나올 때 두 가지 가능한 표기를 함께 적기도 했다.
5. 신화의 특성상 원래의 신화 자체와 훗날 우리가 접하게 된 책(혹은 예술작품)을 구분하는 게 상대적으로 곤란한 경우가 많아 본문에서는 거의 모든 경우에 동일한 괄호 〈 〉를 사용했다. 단, 각주나 참고문헌에서는 기존의 관행을 따라 책은 『 』, 논문은 「 」으로 표시했다.

남방실크로드 신화여행

신화, 아주 많은 것들의 시작

김선자
김헌선
김혜정
홍윤희
나상진
권태효
심재관
최귀묵

아시아

책머리에

지난 시대의 초반만 해도 아직 이런 일이 있었던 것 같다. 말레이시아 출신의 한 디아스포라 작가는 이렇게 썼다.

나는 1916년 실론에서 태어났다. 그 시절에는 귀신도 산 사람처럼 이승을 활보하고 다녔지. 휘황찬란한 전깃불과 왁자지껄한 문명에 화들짝 놀라 숲속 깊숙이 숨어들기 전이었어. 귀신들은 거대한 나무들 틈새, 서늘한 청록색 그림자로 가득한 곳에서 살았단다. 너도 햇빛이 너울거리는 고요하기 짝이 없는 숲속에 홀로 서 있노라면, 모습을 드러내고 싶어 안달이 난 귀신들의 번쩍거리는 빛과 그들이 내는 소리 없는 소리를 생생하게 느낄 수 있었을 게야.[1]

굳이 말할 필요도 없이, 그런 시대는 진작 사라졌다. 거리에는 어디고 가로등과 네온사인이 번쩍거려 밤에도 가로수들은 편히 잠을 자지

---

[1] 라니 마니카 저, 이정아 역, 『쌀의 여신』(1), 올, 2010. p.13.

못하며, 숲은 아파트 단지와 골프장 부지로 뭉텅뭉텅 잘려나갔다. 상황이 이럴진대, 귀신인들 어디에 몸을 의탁할 것인가.

자연과 문명이 아슬아슬하게 유지해 오던 대칭성이 심각하게 훼손된 이후, 신/귀신들의 세계에도 황혼이 찾아온 것이다. 나아가 인간이 만든 지능이 인간마저 타자로 전락시킨 알파고의 시대에 이르러서는 AI인공지능를 향한 새로운 숭배 제의祭儀가 등장하지 않을 거라고 누구도 장담할 수 없게 되었다. 이제 인공지능이 만들어낼 '신화'마저 기다려야 할 판이다.

지구 곳곳에서 신들이 자취를 감추고, 그 신들의 이야기인 신화마저 한갓 스토리텔링으로, 기껏해야 문화산업으로 겨우 명맥만 유지해가는 우리 시대에, 그래도 대칭성의 마지막 시소에 올라탄 민족들이 여전히 존재한다는 사실을 기억해야 한다. 그들은 주류에 밀려 비주류로, 중심에 밀려 주변으로, 다수에 밀려 소수로 전락한 자들이다.

김헌선은 그들 중 한 사람인 가야노 시게루萱野茂 씨가 숨을 거두었다는 이야기를 들려주며 투박한 눈물을 흘렸다. '문명' 일본에 밀려 대대로 자신들이 살던 아이누 모시리아이누의 땅마저 빼앗긴 채 말도 안 되는 '구토인'이라는 이름으로 살아야 했던 슬픈 역사를 그가 기억하기 때문이었다. '아이누'는 '인간'이라는 뜻이다.

이 책은 중국을 비롯하여 아시아의 도처에 거주하는 소수민족들의 신화에 주목한다. 그들은 다수 민족이 지배적인 세상에서 자신들의 목소리조차 제대로 내고 있지 못하지만, 그들이 수천 년간 지켜온 신화와 제의는 오늘 우리가 반드시 기억해야 하는 더없이 귀중한 발언들이다.

'남방실크로드'라는 다소 낯선 개념을 오래된 역사 속에서 되살려낸 이유 역시, 그 길을 통한 인류 문명의 교류가 눈에 보이는 재화만이 아니라 그 언저리에 살던 모든 이들—사람과 금수와 초목과 신들—의 생생한 이야기를 두루 끌어안았기 때문이다. 나아가 때로는 비주류와 주변과 소수가 오히려 주류와 중심과 다수를 구원해줄 수도 있다는 믿음을 우리가 여전히 포기하지 않기 때문이다.

경기문화재단의 신화여행은 이렇게 해서 세 번째 언덕을 넘었다.

차례

책머리에 _005

제1강 남방실크로드
: 신화의 길

'일대일로'와 '해상실크로드' _017
남방실크로드 _021
남방실크로드의 세 갈래 길 _025
남방실크로드, 교역 이상의 의미 _033
개발과 보존의 딜레마를 넘어서 _038

제2강 중국 윈난성 소수민족의 신화 세계

윈난성 신화에 대한 접근방식 _045
다수민족과 소수민족의 대립 _048
중국의 일대일로 전략과 남방실크로드 _054
윈난성 소수민족들의 신화 _058
나시족 서사시와 아이누 서사시의 비교 _066
동아시아 소수민족 벼농사 기원신화, 그 확장과 변이 _072
더불어 같이 하는 신화 공부 _078

제3강 중국 윈난성 소수민족 먀오족의 신화 세계

우리의 〈콩쥐팥쥐〉 이야기와 먀오족의 〈오러와 오도〉 이야기 _089
먀오족은 어떤 민족인가 _102
먀오족의 창세신화 _104
〈아페이꿔본〉 신화의 의미 _112
〈수탉이 태양을 부르다〉 _117
먀오족의 창세신화와 우리의 창세신화 _120

제4강 중국 쓰촨성 싼싱두이 유적과 신화

- 남방실크로드의 기점 쓰촨성 _129
- 싼싱두이 유적 발굴과 고촉 문명 _132
- 고촉국 왕들의 신화 _139
- 싼싱두이 유물과 신화 _145
- 문명교류로 보는 황금가면 _155

제5강 중국 윈난성 소수민족 와족의 신화 세계

- 아와산의 원시부족, 와족 _165
- 와족의 창세서사시 〈쓰강리〉 _167
- 와족의 인류기원 신화 _169
- 와족의 곡물신화 _177
- 와족의 북에 대한 신앙과 '나무 북 끌기' _181
- 와족의 머리사냥과 솔발무 _185
- 와족의 곡물 관련 신앙의 인문학적 의미 _190

제6강 중국 윈난성 소수민족 이족의 신화 세계

- 이족의 제의와 축제 _204
- 이족의 신화 자료 _217
- 이족 신화의 특징 _225

제7강 중국 윈난성 소수민족 바이족의 신화 세계

- 윈난성 다리와 바이족의 역사 _237
- 바이족의 본주신앙 _242
- 대표적인 본주들 _248
- 대흑천신 이야기 _253
- 바이족의 창세신화 _256

제8강 인도, 인도네시아의 신화 세계
: 남방실크로드와 관련하여

여행하는 신화 _267
〈라마야나〉 줄거리 _269
〈라마야나〉의 전승 _283
〈선녀와 나무꾼〉의 동남아판 〈마노하라〉 이야기 _286

제9강 베트남 소수민족의 신화 세계

베트남이란 어떤 나라인가 _297
베트남 소수민족의 역사와 신화 전승의 의미 _300
에데족의 영웅서사시 〈담 산〉 _307
므엉족의 창세서사시 〈땅과 물의 기원〉 _323
소수민족 신화 전승의 의의 _328

그림 목차

[그림 1] 일대일로-육상실크로드와 해상실크로드 _18
[그림 2] 취안저우 시내의 모스크 야경 _20
[그림 3] 남방실크로드 위치도 _21
[그림 4] 나한죽(羅漢竹), 공죽장(邛竹杖) 사진 _23
[그림 5] 박트리아 주변 지도 _24
[그림 6] 남방실크로드 문헌상 세 갈래 길 _26
[그림 7] 영관도의 구불구불한 산길 _28
[그림 8] 남방실크로드 노선도를 새긴 바위 _29
[그림 9] 추슝 이족 박물관 입구의 호랑이상 _30
[그림 10] 다리의 은성했던 시절을 보여주는 숭성사 탑의 아름다운 모습 _35
[그림 11] '세계 소수민족의 해' 필리핀 기념우표 _48
[그림 12] 『제4세계의 책』(Book of the Fourth World) 표지 _49
[그림 13] 『아이누인의 군상』(アイヌ群像―民族の誇りに生きる) 표지 _50
[그림 14] 중국 윈난성 위치 _53
[그림 15] 중국 윈난성의 행정 구역 _61
[그림 16] 동파, 동파경 _64
[그림 17] 아이누 가족 사진 _68
[그림 18] 현재 아이누족이 살고 있는 지역, 과거 아이누족 세력이 강했던 지역 _69
[그림 19] 치리 유키에, 긴다이치 교스케와 아이누 민속에 대해 증언을 하고 있는 아이누 여성들 _71
[그림 20] 이오만테 _72
[그림 21] 먀오족 도화절(跳花節) 축제의 한 장면 _100
[그림 22] 먀오족의 생황(笙簧) 춤 _101
[그림 23] 성장하고 축제에 참석한 먀오족 여성들 _102
[그림 24] 중국 6개 지역 구분도 _130
[그림 25] 쓰촨성 간략 지도 _131
[그림 26] 싼싱두이 박물관 _132
[그림 27] 싼싱두이 유적지 지도 _135

[그림 28] 2호갱에서 발견된 청동 입인상　_137
[그림 29] 민간전설 속의 잠신(蠶神, 누에신)　_141
[그림 30] 제사대, 제사대의 청동 입인상　_146
[그림 31] 다양한 청동 인두상 앞면, 청동 인두상 뒷면　_147
[그림 32] 청동 인면상 정면, 청동 인면상 측면　_148
[그림 33] 종목 인면상　_149
[그림 34] 싼싱두이 눈　_150
[그림 35] 네팔 카트만두 스와얌부드나트 스투파의 보호의 눈　_151
[그림 36] 터키 악마의 눈, 나자르 본주　_151
[그림 37] 싼싱두이 통천신수　_152
[그림 38] 태양의 수레바퀴　_154
[그림 39] 요전수　_155
[그림 40] 황금지팡이(윗부분), 황금지팡이 문양　_156
[그림 41] 황금가면- 싼싱두이의 황금가면과 금사유적에서 발견된 황금가면　_157
[그림 42] 시멍 가는 길, 와족 가옥　_166
[그림 43] 와족 창세신화의 내용을 형상화 해놓은 구조물 자이창　_169
[그림 44] 룽탄공원, 룽모예　_172
[그림 45] 물소 무덤　_173
[그림 46] 라무구 제의, 라무구 제의 전 모바 점복　_180
[그림 47] 나무 북　_182
[그림 48] 솔발무　_188
[그림 49] 나시족 상형문자 임신과 출산　_201
[그림 50] 리장 고성　_202
[그림 51] 자연신과 인간과의 관계　_203
[그림 52] 호랑이 춤　_205
[그림 53] 이족 의상들　_207
[그림 54] 스린, 월호 이족 문화생태촌　_208
[그림 55] 산신각, 신간　_209
[그림 56] 훠바제　_212
[그림 57] 홍완마을, 제화절 전날 산신제, 제화절 임시 장터　_214

[그림 58] 제화절 하이라이트, 나무에 마찰을 일으켜 불을 얻는 의식 _216
[그림 59] 『서남이지』 원본 _222
[그림 60] 다리 고성 입구 _238
[그림 61] 다리 숭성사삼탑 _239
[그림 62] 다리 고성 인근 마을에는 아침마다 장이 선다 _240
[그림 63] 손에 조롱박을 들고 있는 본주 단종방 _244
[그림 64] 바이족의 본주 신앙에서는 소도, 말도, 돌도 모두 본주가 될 수 있다 _245
[그림 65] 본주에 대한 제사를 지내는 날, 꽃가마에 본주를 모신다 _250
[그림 66] 바이족 여성들이 신는 수놓은 전통 꽃신 _252
[그림 67] 다리 인근 저우청 마을을 대표하는 염색 천 _252
[그림 68] 저우청 본주 사당에 모셔진 대흑천신 _253
[그림 69] 다리 인근 시골 마을에서 결혼식을 올리기 전날 대흑천신에게 고할 준비를 하고 있다 _255
[그림 70] 여섯 개의 팔을 가진 육비마하깔라 _256
[그림 71] 바이족 창세신화에 등장하는 최초의 바다, 얼하이 _258
[그림 72] 락슈마나가 슈르파나카의 코를 베는 장면 _275
[그림 73] 라바나의 출정 장면 _276
[그림 74] 그림자인형극 '와양 꿀릿' _284
[그림 75] 라구라즈뿌르의 벽 그림 '라마와 락슈마나' _285
[그림 76] 라마찬드라 사원 외벽 조각 _286
[그림 77] 보로부두르 사원 전경, 보로부두르 사원 벽면 조각 _289
[그림 78] 용왕이 할라까에게 보답으로 마술을 전해주다 _290
[그림 79] 할라까가 마노하라를 납치하는 장면 _291
[그림 80] 마노하라가 옷과 화관을 입고 하늘나라로 돌아가다 _292
[그림 81] 베트남의 위치 _298
[그림 82] 베트남 전도 _299
[그림 83] 므엉족 거주 지역, 에데족 거주 지역 _300
[그림 84] 비엣족의 남진 과정 _301
[그림 85] 참파의 영토 _302
[그림 86] 닥 락 고원지대 _307

제1강

남방실크로드
: 신화의 길

김선자(연세대 중국연구원 전문연구원)

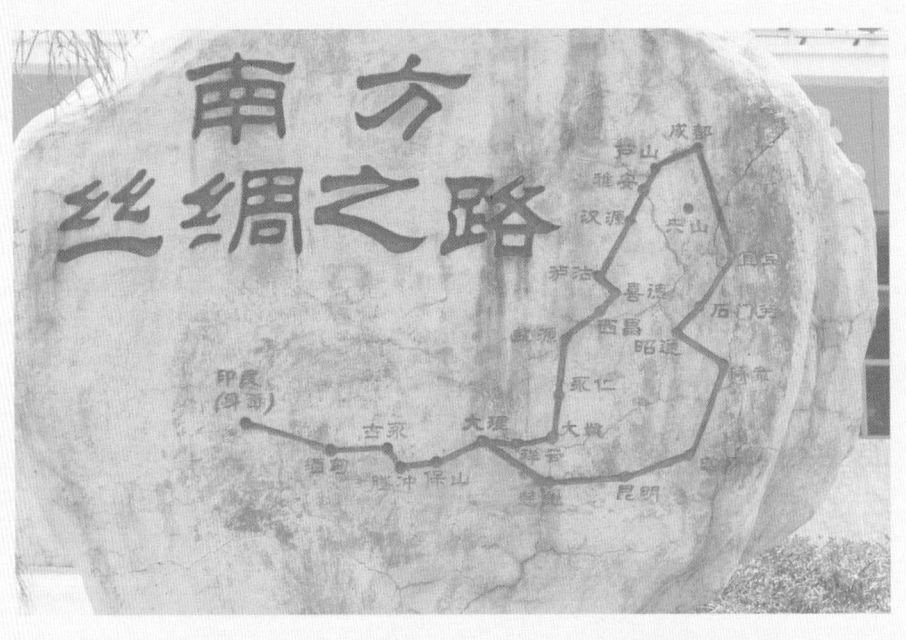

'일대일로'와 '해상실크로드'

여러분은 아마도 '남방실크로드 南方絲綢之路'라는 용어나 이것과 관련된 지역의 신화에 대해서 좀 생소하다는 생각을 하실 겁니다. 그런데 우리나라에서는 아직 낯설지만 중국에서는 남방실크로드라는 것이 몇 년 전부터 여러 방면에서 크게 조명을 받고 있어요. 이 길은 물론 오래된 교역의 길이지만, 이 길을 통해 사람들이 오고 가면서 신화적 모티프들도 오고 갔다고 볼 수 있어서 이번 시간 강의 제목을 〈남방실크로드-신화의 길〉, 이렇게 붙여 봤습니다.

남방실크로드가 중국에서 특히 사람들 입에 오르내리게 된 것은, 2013년에 시진핑 주석이 '일대일로 一帶一路' 전략을 발표하면서부터라고 볼 수 있습니다. '일대'는 '하나의 벨트'이고, '일로'는 '하나의 길'이라는 뜻이죠. '하나의 벨트 one belt'는 '실크로드 경제벨트'를 가리키는데, 우리가 일반적으로 알고 있는 육상실크로드 노선과 거의 일치합니

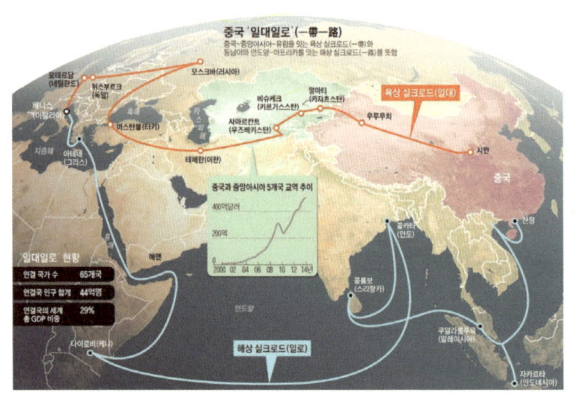

그림 1
일대일로-육상실크로드와
해상실크로드

다. 이미 2천여 년 전부터 동서를 이어준 길이지요. 이 아래쪽에 바다를 끼고 있는 것이 '하나의 길 one road', 즉 '21세기 해상실크로드'입니다. 해상실크로드는 이미 천여 년 전부터 바닷길을 통해서 무역을 했던 노선이지만, 21세기에 와서 이 길을 새롭게 확장시키겠다는 겁니다.

일대일로는 시진핑 정부가 중점적으로 추진하고 있는 정책 중 하나입니다. 중국이 G2로 떠오르면서, 미국이 아시아 대륙에 대해 '신실크로드 전략 New Silk Road Strategy' 같은 것들을 추진하자 거기에 맞서기 위해 만들어낸 것으로 보입니다. 유라시아 대륙 전체를 아우르는 아주 야심찬 정책이에요. 예전에는 실크로드를 통해서 낙타와 대상들이 오고 갔지만, 이제는 철도와 도로를 뚫는 거죠. 그래서 동쪽의 만주지역에서부터 저 서쪽 끝의 영국까지 '길'로 연결하겠다고 하는 프로젝트입니다. 또한 중국 남부지역에서 말라카 해협을 지나 아프리카와 유럽까지 연결되는 해상실크로드를 더욱 활성화시키겠다는 것이니, 그 의미가 더 큰 것이죠.

설명을 보태면, '일대'는 중국 시안西安에서부터 시작해 타클라마칸 사막의 최대 도시 우루무치를 지나는 실크로드 노선인데, 다시 중앙아시아를 거쳐서 터키 이스탄불로, 또 유럽까지 가는 길입니다. 그런데 여기에 모스크바까지 포함시키고, 독일 뒤스부르크와 네덜란드 로테르담까지, 이걸 다 철도로 연결하는 야심찬 계획이에요. 당연히 그 과정에서 중앙아시아 여러 국가들과 경제적 관계를 더 밀접하게 이어나가 겠다는 것이죠. 이게 바로 육상실크로드이면서 '일대', 즉 '원 벨트'입니다. 그 다음 '일로'는, 중국 남부지역에서 시작하여 베트남의 하노이를 거쳐서 말레이시아와 인도네시아, 말라카 해협을 거친 다음에 스리랑카와 콜카타를 거쳐 아프리카 케냐의 나이로비로 갑니다. 그런 다음 예멘 앞바다 홍해를 거쳐 그리스로 올라가는 노선, 이것이 '21세기 해상실크로드'예요. 그러니까 이게 '일로', 즉 '원 로드'가 되는 거죠. 일대일로가 지나가는 인근에 있는 국가만 해도 무려 65개이고 인구만 해도 44억 명이에요. 그러니까 이 많은 국가와 민족들을 다 중국의 영역 안에 아우르겠다는, 40년 내지는 50년 앞을 내다본 통 큰 정책입니다.

이번 시간에는 이 일대일로 노선 중에서 해상실크로드와 맞물리는 남방실크로드를 중심으로 이야기를 풀어나갈 것입니다. 해상실크로드라는 용어는 우리가 일반적으로 알고 있는 육상실크로드에 비해 출현 자체가 상당히 늦었습니다. 1960년대, 특히 일본 학자들이 해상실크로드라는 용어를 사용하면서부터 활성화되었지요. 이 길은 바다를 통해 도자기도 싣고 갔고, 동남아시아 지역에서 향신료도 실어오고, 중국 남부지방에서 생산되는 차도 싣고 가고 해서, '도자기의 길', '향료의 길', '차의 길' 등등 여러 가지 이름으로 불립니다. 1991년에는 유네스코 해상실크로드 탐사단이 그 옛날의 해상실크로드, 그러니까 천년 전의 해상실크로드를 유럽에서부터 거꾸로 되짚어서 중국 남부 푸젠성福建省의 취안저우泉州까지 왔습니다.

중국 동남부 푸젠성에 있는 취안저우라는 도시는 광저우廣州보다 좀 늦게 발달했지만, 12세기 무렵에는 이미 전 세계적으로 가장 크고 유명한 해외 무역항 중 하나가 되었어요. 그래서 마르코 폴로라든가 이

그림 2
취안저우 시내의
모스크 야경

븐 바투타 같은 인물들도 이곳에 왔습니다. 그 다음에 중국의 명나라를 대표하는 대항해가 정화 鄭和, 1371~1433, 우리가 콜럼버스의 이름은 잘 알고 있지만 정화라는 이름은 잘 모르고 있습니다. 정화라는 사람이 원래 환관인데, 공적을 세워서 명나라 영락제의 신임을 받았죠. 이 사람이 아프리카까지 대 선단을 이끌고 다녀옵니다. 그 항해가 일곱 차례에 걸쳐서 이루어졌어요. '정화의 대항해'라고 하는데, 이런 걸 통해서 바닷길이 크게 활성화되죠. 자연히 많은 외국인들이 들어오면서 종교사원들도 생겨나고, 취안저우는 개방적인 사고와 다양한 문화가 어우러지는 열린 도시가 됩니다. 이 지역의 유적이나 유물들을 보면 이런 사실을 확인할 수 있습니다. 십자가상이 새겨진 석각들도 보이고, 개원사라는 절의 기둥에는 인도 힌두 신들의 모습도 보입니다. 그런가 하면 취안저우 시내에는 지금도 수백 년 역사를 가진 모스크 건물이 남아있습니다. 마조媽祖는 바다로 나가는 모든 배들의 안전을 지켜주는 여신인데, 마조에 대한 신앙도 무척이나 성합니다. 경교와 마니교, 힌두교, 이슬람교를 비롯하여 중국 전통 신앙 등이 사이좋게 어우러져 있지요.

광저우는 지금도 경제가 매우 활성화된 도시인데, 13~1400여 년 전에도 여기서부터 말라카 해협을 지나 인도양을 거쳐서 페르시아 만까지 가는 항로가 있었습니다. 그래서 당나라 때 아랍상인들이 와서 거

그림 3
남방실크로드 위치도

주하는 지역도 있었고, 동남아시아로 나가는 길목이 되기도 했어요. 해상실크로드의 이런 거점 도시들을 통해서 무역이 활성화 되고 문화도 오고 가게 된 것입니다. 그런데 아이러니컬하게도 중국 청나라가 망하게 된 이유 중 하나가 해군력이 약해서였지요. 중국은 15세기 무렵만 해도 세계에서 가장 뛰어난 해양강국이었는데, 명나라 때 바닷길을 봉쇄하면서부터 점점 쇠약해지게 됩니다.

남방실크로드

지금 푸젠성의 취안저우와 광저우부터 시작하는 해상실크로드를 말씀드렸는데, 그럼 남방실크로드라는 것은 어디에 있느냐? 그것은 제가 빨간색으로 표시를 해놓은 곳입니다. 남방실크로드가 시작되는 기점은 청두成都입니다. 청두는 쓰촨성四川省의 중심도시이지요. 윈난성雲南省의

제1강 남방실크로드 21

중심도시인 쿤밍昆明을 지나 미얀마를 거쳐 인도로 들어가는 이 노선이에요.

청두가 있는 쓰촨성은 고대의 촉蜀 땅이었지요. 거기에서부터 시작해 서남쪽으로 내려옵니다. 그러니까 쓰촨에서 윈난성으로 내려온 다음에 미얀마로 들어간 후, 여기서 다시 인도 쪽으로 가는 겁니다. 인도로 들어가서는 방글라데시를 거치고, 파키스탄, 아프가니스탄, 그 다음에 이란, 터키, 그리스 이런 식으로 이어지는 것이죠. 또 하나의 길은 미얀마에서 서남쪽으로 내려와 항구를 통해서 스리랑카 쪽으로 가서 해상실크로드와 만나는 겁니다. 그러니까 이 남방실크로드는 해상실크로드와 만나는 중요한 노선에 위치해 있는 것이죠. 쓰촨성의 청두에서 시작해 두 개로 갈라진 길은 윈난성의 다리大理에서 만납니다.

다리는 남방실크로드에서 인도 쪽의 문화가 들어오는 중요한 길목에 있어요. 그래서 그 당시 북쪽에서 내려온 문화와 남쪽에서 올라온 문화가 어우러지면서 다양한 문화적 색깔을 보여주고 있습니다. 한자어로 '대리'라고 하는 데서 알 수 있듯이, 여기는 지금도 대리석이 유명합니다. 예전에 '대리국大理國'이라고 하는 왕조가 있었고, '차마고도茶馬古道' 노선이 지나가는 곳이기도 하죠.

이 길은 한나라 무제武帝 이전에 이미 존재했다고 합니다. 육상실크로드를 개척한 인물이 누구냐 하면, 중국 역사서에서는 장건張騫이라고 하죠. 장건이 월지月氏에 사신으로 갔다가 13년 만에 돌아오면서 무제에게 정보를 전해 줍니다. 그 후 육상실크로드가 열렸다고 하는데, 그 이전에 이미 남방실크로드가 존재했다는 겁니다. 그래서 '중국 최초의 국제 교통로'라고 말하는 학자도 있고, 육상실크로드보다 적어도

2세기 정도는 앞서 열린 길이라고 추정하는 학자도 있습니다. 그 근거가 뭐냐 하면, 사마천이 쓴 역사책인 『사기』「대원열전大宛列傳」에 나오는 장건의 말이에요. 장건이 육상실크로드를 통해서 대하大夏라는 나라에 갔답니다. 대하는 박트리아Bactria라고 하는데, 지금의 아프가니스탄 지역에 있었습니다. 장건이 그곳에 갔다가 와서 설명을 했다고 해요. 대하 동남쪽에는 신독身毒, 지금의 인도이라는 나라가 있다. 내가 대하에 갔을 때 뭘 봤냐 하면, 공邛에서 생산된 대나무지팡이공죽장, 邛竹杖와 촉 땅에서 생산된 옷감인 촉포蜀布를 봤다, 이랬어요.

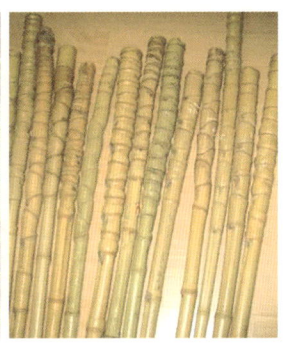

그림 4
나한죽(羅漢竹), 공죽장(邛竹杖) 사진

사실 쓰촨성에서는 누에를 많이 기르다보니 쓰촨이 비단으로도 유명합니다. 물론 정확한 것은 아니겠습니다만 아마도 장건이 본 '촉포'라는 것이 쓰촨의 비단 아니겠느냐, 학자들은 그렇게 말합니다. 그리고 이것이 고대의 공, 즉 지금의 충라이邛崍 지역에서 자란다는 대나무예요. 장건이 대나무지팡이를 보고 그것이 어떻게 쓰촨에서 온 물건인 줄 알 수 있었냐면, 바로 이런 대나무로 만들었기 때문이었을 겁니다. 우리나라 대나무랑 좀 다르죠. 이건 특별히 '나한죽羅漢竹'이라는 이름을 가지고 있는데, 마디가 독특하게 생겼습니다. 이걸 가지고 지팡이를 만들면 누가 봐도 촉에서 만든 대나무지팡이라는 걸 알 수 있겠죠. 여러분들이 잘 아시는 판다도 대나무 잎을 먹잖아요. 쓰촨성이 대숲으로 아주 유명합니다. 장건이 특별히 공 지방에서 생산되는 '공죽장'

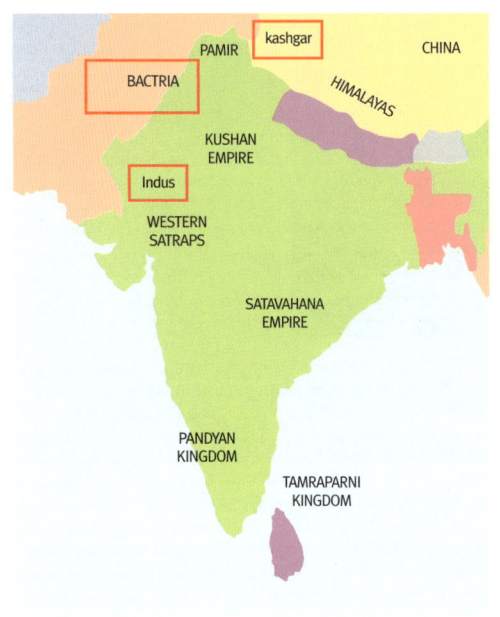

그림 5
박트리아 주변 지도

과 '촉포'를 박트리아에서 보게 된 겁니다. 물론 사진에서 보시는 이런 지팡이와 비단이 장건이 본 것과 같은 것이라고 말할 수는 없어요. 그 그림이 남아있는 것은 아니니까요. 하지만 지금도 이 지역에서 이것들이 특산품으로 여겨진다면, 장건이 보았던 것도 이런 것들이 아니었을까 추측해 볼 수 있다는 것이지요. 그래서 장건이 이것들을 어디서 가지고 왔냐고 대하사람들에게 물어본 거예요. 그랬더니 그 사람들이 말하기를, "우리나라 상인들이 신독身毒의 시장에서 사왔습니다." 라고 했다는 겁니다.

박트리아의 위치를 한번 보시죠. 동쪽에 파미르 고원이 있고, 남쪽에 인도, 인도 위쪽에 히말라야가 있지요? 중국의 서쪽 끝 신장위구르 자치구에 카슈가르가 있습니다. 카슈가르는 중국 실크로드에서 유명한 도시이지요. 신독은 인도를 가리키죠. 신독은 대하의 동남쪽으로 수 천리 떨어져 있고, 날씨는 습하고 굉장히 더우며, 사람들은 코끼리 타고 싸우고, 아주 큰 강이 흐른다, 이렇게 말한 거예요. 박트리아에서부터 이쪽으로 내려오려면 인더스 강을 따라 오잖아요. 그러니까 신독에서 이걸 사왔다고 하면, 결국 촉 땅의 물건이 신독을 거쳐 대하까지 갔다는 말이 됩니다.

대하 사람들이 촉 땅의 비단과 대나무지팡이를 "신독에서 사왔다."고 했다면 촉에서 인도로 가는 길이 분명히 있었을 것이다, 그렇게 추측할 수 있는 것이죠. 장건은 그때 신독에 촉에서 만든 물품이 있는 걸로 보아 신독이 촉에서 그렇게 먼 것 같지 않다는 생각을 했어요. 아주 쉽게 생각한 거죠. 그래서 한 무제에게 서남쪽 길을 좀 개발해보면 어떻겠습니까, 하고 말을 한 겁니다. 들어보니 그럴듯해요. 그래서 한 무제가 촉에서 시작하는 네 개의 길로 사신을 파견했습니다. 서남쪽 길을 한번 열어보겠다고 보낸 것인데, 서남부 지역이 만만치 않았습니다. 거대제국 한나라라고 해도 서남쪽 지역은 굉장히 낯선 미지의 공간이었죠. 서로에 대한 정보가 없기는 그곳 사람들이나 한나라나 피차 마찬가지였습니다. 그래서 네 개의 길로 사신을 파견했지만 결국 모두 저지당했어요. 못 갔죠. 당시 한 무제가 있던 장안 長安, 지금의 시안을 중심으로 보면 이곳이 서남쪽이기 때문에 이 지역을 '서남이 西南夷' 라고 불렀습니다. 그 당시 흉노를 서쪽으로, 북쪽으로 밀어냈던 한 무제에게도 서남이의 땅은 넘어가기 힘든 벽이었던 것입니다. 하지만 분명한 것은 장건시대 이전부터 촉 지금의 쓰촨성에서 시작해 인도로 가는, 그리고 당시의 대하로 통하는 길이 있었을 것이라는 것입니다.

남방실크로드의 세 갈래 길

시간이 흘러 당송 시대로 접어들면서 이 길에 대한 기록이 보이고, 특히 원나라 때 들어서면 교역이 활발해집니다. 쿠빌라이 칸이 지금의 윈난성 지역까지 치고 내려왔거든요. 그러면서 그 이전 당나라, 송나라도 어찌 못했던 이 지역의 왕조가 쿠빌라이 칸에 의해서 무너집니다. 미얀마까지 원나라 몽골족이 진입하게 되죠. 마르코 폴로도 들어갔습니다. 남방실크로드 노선을 조금 구체적으로 보실까요? 지도에서

그림 6
남방실크로드 문헌상
세 갈래 길

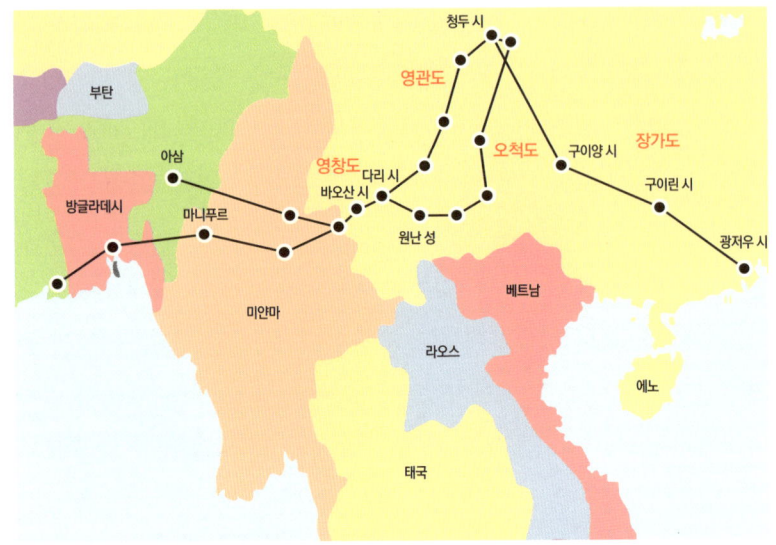

쓰촨성의 청두를 찾아보세요. 청두에서부터 시작해서 내려오는 서쪽 길이 하나 있습니다. 그리고 중간 길이 하나 있고, 동쪽에 또 하나의 길이 있지요? 그러니까 남방실크로드는 크게 보면 동도東道, 중도中道, 서도西道 이렇게 세 갈래가 있는 셈입니다. 동도는 해양실크로드 쪽 광저우와 연결되는 길이고, 중도와 서도는 다리에서 만나서, 미얀마를 거쳐 인도로 들어가는 길입니다. 인도에서 하나는 아삼Assam 지역으로 가고, 하나는 마니푸르Manipur 지역으로 들어갑니다.

청두에서 시작되어 미얀마로 가는 이 길을 남방실크로드라고 뭉뚱그려서 일컫지만, 사실 이 길은 세 개의 이름을 갖고 있습니다. 고대 문헌자료에 길 이름이 세 개가 나와요. 그것은 각각 영관도靈關道, 오척도五尺道, 영창도永昌道라고 기록되어 있습니다. 지도에서 보셨듯이, 영관도는 맨 서쪽에 있는 길이죠. 오척도는 중간에 있는 길이고, 장가도牂

26 남방실크로드신화여행

胊道는 가장 동쪽에 있는 길입니다. 영관도와 오척도가 다리에서 만나 미얀마로 들어가는데, 다리에서 미얀마에 이르는 구간이 영창도가 되는 거예요. 그러니까 다리가 지정학적으로 매우 중요한 길목이라는 사실을 알 수 있습니다. 이제 그 세 갈래 길을 구체적으로 따라가 보도록 하겠습니다.

먼저 영관도, 가장 서쪽에 있는 길이죠. 청두에서 시작해서 서쪽으로 내려가는 노선입니다. 여러 도시들을 지나다가, 여기 서남부 쪽에서 시창西昌이라는 도시를 만납니다. 여길 넘어가면 윈난성으로 들어가는데요. 시창이라는 이 도시는 아주 엄청난 산지에 있어요. 여기는 소수민족의 땅입니다. 이족彝族이 주로 거주하고 있는데, 시창에는 우주 발사기지가 있어요. 중국에서 2016년에 우주정거장 하나를 쏘아 올렸습니다. 그 우주정거장의 이름이 '천궁 2호'예요. 천궁, 하늘의 궁전이라는 뜻이죠. 그런데 이 '천궁'이라는 이름이 그냥 나온 것이 아니에요. 중국신화에 등장하는 이름이죠. 중국신화에 나오는 달의 여신을 항아嫦娥라고 하는데, 이 여신이 불사약을 먹고 하늘로 둥둥 날아올라 달까지 갔어요. 그 달에 있다는 궁전을 천궁이라고 부르거든요. 중국이 달 탐사 우주선을 쏘아 올렸는데, 그 달 탐사 우주선의 이름이 바로 '항아'예요. 중국어로는 '창어'라고 하지요. 그리고 달 탐사 프로젝트의 명칭은 '항아 프로젝트嫦娥工程'입니다. 이름을 기막히게 붙였죠. 그때 항아 우주선이 달에 가서 달 탐사차를 하나 내려 보냅니다. 그게 달 표면에서 왔다 갔다 하는데, 이름이 옥토끼호玉兔號예요. 신화를 보면 항아가 달에 갔더니 달 속에 토끼가 있었다고 하거든요. 그러니까 달 탐사 프로젝트는 '항아 프로젝트', 쏘아 올린 우주선은 '항아', 달 탐사차는 '옥토끼', 우주정거장 이름은 '천궁'이라고 한 것이지요. 결국 중

그림 7
영관도의 구불구불한 산길

국의 오래된 신화가 21세기 우주에 재현된 셈입니다. 우리는 나로호를 쏘아 올릴 때 그 지역의 이름을 붙였는데, 중국은 우주프로젝트에 가장 오래된 신화 속의 이름들을 붙인 거죠. 그 우주선 '항아'를 쏘아 올렸던 곳이 바로 시창입니다. 달 탐사 프로젝트의 중심도시예요. 시창을 거쳐서 쓰촨과 윈난의 경계를 넘어오면 다리로 들어가게 되는 것입니다. 그게 바로 영관도죠.

제가 윈난성 리장麗江에서부터 시작해 쓰촨성의 루구호瀘沽湖를 지나 영관도를 따라서 내려온 적이 있어요. 쓰촨성 루구호는 해발고도 2,635m에 위치한 호수입니다. 거의 비현실적인 풍경을 보여주죠. 굉장히 투명하고 푸릅니다. 전혀 호수가 있을 것 같지 않은 첩첩산중에 호수가 있습니다. 호수가 내려다보이는 산꼭대기에는 이곳에 거주하는 모쒀인摩梭人을 지켜주는 거무 여신의 사당이 있습니다. 그곳을 지난 후에 이 길을 굽이굽이 따라서 내려갑니다. 영관도라는 길이 대개 이런 지형에 있어요. 3천m가 넘는 산 한두 개쯤을 오르락내리락 해야 합니다. 지금은 그래도 아스팔트길을 깔아놓아서 편하게 갈 수 있지만, 길이 구불구불 이어지다보니 사고도 많이 납니다. 이게 영관도입니다. 고대에도 이 길로 사람들이 다녔어요. 이런 길을 넘어가면서 사람이 많이 모이는 곳에 장이 서고, 큰 마을이 형성되는 겁니다.

그림 8
남방실크로드 노선도를 새긴 바위

　말씀드렸듯이 시창은 이족이 많이 사는 곳입니다. 이족 사람들은 매에 대한 신화를 가지고 있고, 칠기로도 유명하죠. 이 칠기는 미얀마 쪽 칠기와도 상당한 관련성을 가지고 있습니다. 어떤 칠기 술잔을 보면 아래 부분이 매의 발이에요. 진짜 매의 발 위에다가 나무를 깎아 끼워 술잔을 만듭니다. 이 지역에 거주하는 이족 사람들의 시조신화에 매가 등장하거든요. 이 술잔 하나만으로도 그들의 신화와 신앙을 엿볼 수 있습니다. 다시 2~3천m 산을 오르락내리락 하다보면 또 큰 마을이 나오는데 그곳이 더창德昌이죠. 길을 달리면서 유심히 보면 왜 다리나 시창, 더창 같은 곳이 큰 마을이 되었는지 이해가 되지요. 말씀드렸듯, 산지를 오르내리다가 그나마 넓은 평지가 나오면 그곳에 사람이 모이고, 사람이 모이니 큰 시장이 형성되는 것이에요. 그렇게 교역로가 이루어지는 겁니다.
　하염없이 산길을 또 가요. 그러다 보면 마침내 쓰촨성이 끝나고, 윈난성으로 넘어갑니다. 윈난성으로 넘어가는 길의 휴게소에 '남방사주

그림 9
추슝 이족박물관 입구의 호랑이상

지로 南方絲綢之路'라는 팻말이 보입니다. '사주지로'는 '비단길' 즉 '실크로드'라는 뜻이에요. '남방사주지로'라고 돌에다 새겨놨는데, 사진에 보시면 영관도와 오척도 노선을 보실 수 있습니다. 당시 상인들의 모습을 본떠서 청동상도 만들어 놓았습니다. 이곳이 남방실크로드의 주요 노선이었다는 것을 보여주고 있지요.

오척도는 청두에서 남쪽으로 내려갑니다. 관광지로 유명한 어메이산峨眉山 쪽으로 내려가는 거죠. 어메이산 쪽으로 내려가서 강줄기가 넓어지는 이빈宜賓을 지나 윈난성으로 들어가게 돼요. 윈난성의 중심도시가 쿤밍입니다. 쿤밍을 지나 서쪽으로 가면 나타나는 추슝楚雄이라는 도시는 이족이 사는 곳입니다. 추슝을 지나면 마침내 바이족이 사는 다리에 도착하게 되지요. 추슝은 이족의 땅인데, 여기에 이족박물관이 있습니다. 박물관 입구에 호랑이상이 보이는데, 이족 사람들에게 호랑이는 매우 중요합니다. 이족 신화나 이야기 속에는 우리나라 제주도 〈차사본풀이〉하고 비슷한 이야기도 꽤 나와요. 예를 들어 〈차사본풀이〉에는 인간의 수명이 들쭉날쭉한 것이 까마귀가 입에 문 적패지를 잘못 전해준 것 때문이라고 하는데, 이족 신화에서도 오늘날 인간이 죽을 때, 나이에 상관없이 아무나 먼저 떠나는 것이 까마귀가 신의 메시지를 잘못 전해서 그렇다고 하지요. 두 지역에 흡사한 이야기가 등장하는 것이 흥미롭지요.

이족 사람들은 여성이든 남성이든, 꽃무늬가 들어간 옷을 많이 입습니다. 물론 붉은 색의 꽃이 참 예쁘긴 하지만, 단순히 예뻐서 입는 게 아니에요. 이족의 신화를 보면 그들 조상의 영혼이 변해서 '미이루마잉화'라는 꽃이 됐다고 믿어요. 그래서 붉은 꽃무늬가 들어간 옷을 입으면 조상의 영혼이 자신을 지켜준다고 생각하는 것이죠. 이족 신화를 보면 창세여신이 등장하는데, 그 창세여신 중에 가슴에 젖이 스물네 개 달린 여신이 있습니다. 이 여신이 세상 만물을 창조했는데, 가슴에 달린 스물네 개의 젖으로 피조물들을 먹여서 키워요. 그야말로 명실상부한 창조의 신이고 풍요의 신이죠. 그런데 이 여신하고 비슷하게 가슴에 스물여덟 개의 젖을 가진 여신이 터키 에베소에도 등장합니다. 기독교 신앙을 가지신 분들에게 에베소는 성지이죠. 성지순례를 할 때 에베소라는 곳에 많이 갑니다. 그곳에 사도 바울이 들어와 기독교를 전파하면서 나중에 성지가 되는데, 사도 바울이 들어오기 전에는 거기에 여신 신앙이 있었어요. 굉장히 중요한 여신 신앙이 있었는데, 그 여신 신앙이 기독교가 들어오면서 사라지게 된 겁니다. 그 여신을 모시는 사당은 규모가 어마어마했어요. 그런데 그 여신의 가슴에 스물여덟개의 젖이 있었어요. 그러니까 그 여신의 모습하고 이족 신화 속 창세여신의 모습이 매우 흡사한 것이지요. 이런 이야기들은 『중국 소수민족 신화기행』을 참고하시면 됩니다. 이족 사람들의 민족이동 경로나 문화적 특징을 추적해 보면, 서아시아 쪽과 연결되는 지점들이 꽤 있습니다. 이족 사람들은 과연 어떤 길을 통해 이곳까지 이주해 와서 살게 된 것일까, 혹시 서쪽에서 온 것은 아닐까? 이런 것도 한번 추적해볼 만한 흥미로운 주제입니다. 물론 문화적인 현상의 유사성만으로 민족의 이주 경로를 단언할 수는 없고, 치밀한 고증이 필요하지요. 신화는 최소

한의 단서를 제공하고 있을 뿐입니다.

　그 다음, 청두에서 동쪽으로 가는 노선을 장가도라고 하는데, 이 길은 구이저우성貴州省, 광시좡족자치구廣西壯族自治區을 지나서 동남쪽 해안에 이르지요. 광저우에서 해상실크로드와 연결된다는 점에서 상당히 중요한 길입니다. 쓰촨에서 동남부의 구이저우성 쪽으로 내려가면 먀오족苗族이나 야오족瑤族이 자신들의 전통을 유지하며 살아가고 있고, 구이저우성에서 다시 광시 쪽으로 내려가면 유명한 구이린桂林과 광저우를 만나게 됩니다. 광저우의 광시민족박물관廣西民族博物館에 많이 소장되어 있는 것은 청동으로 만든 북 동고銅鼓의 문양이죠. 청동으로 만든 북에 새의 문양이 있고 빛을 상징하는 태양 문양도 있습니다. 청동 북 문화는 윈난과 광시, 광둥을 거쳐 인도차이나반도와 인도네시아까지 이어집니다.

　마지막으로, 다리에서 미얀마로 가는 길을 영창도라고 했는데, 이 영창도를 통해서 미얀마로 가는 길이 둘로 갈라지죠? 하나는 인도로 들어가고, 다른 하나는 아래쪽으로 내려갑니다. 조금 더 자세히 살피면, 다리에서부터 바오산保山을 지나 하나는 미치나 쪽으로, 하나는 바모 쪽으로 해서 바간버간으로 갑니다. 미얀마의 가장 중심에 있는 만달레이는 아주 큰 시장이 형성되어 있는 도시입니다. 당연하겠죠, 길목에 있으니까. 영창도의 시작점인 다리에는 3천m가 넘는 창산蒼山이 있고, 창산 앞에는 얼하이洱海라는 커다란 호수가 자리 잡고 있는데, 그 사이에 아주 넓은 평지가 있습니다. 그곳에 바이족이 거주하는 것이죠. 다리고성大理古城으로 들어가는 문도 아주 화려합니다.

　그 다음은 아까 말씀드렸던 것처럼, 하나는 미얀마 미치나에서 인도 아삼으로, 다른 하나는 미얀마에서 인도 마니푸르로 갑니다. 이 지명들은 너무 생소하니까 일단 위치만 확인하면 되겠습니다. 사실 남방 실크로드가 워낙 낯선 길이기 때문에 앞으로 여러분이 공부하실 지역이 어떤 곳인가 하는 것을 알려드리기 위해서 조금 복잡하지만, 이렇게 일단 소개를 해드리는 겁니다. 앞으로 이어질 강연에서 윈난성 신화 개황, 그 길의 인근에 거주하는 이족, 바이족, 와족佤族 등에 대해서 살펴본 다음, 국경을 넘어서 인도, 인도네시아, 베트남 지역들까지 보시게 될 거예요. 아까 몽골 군대가 다리로 들어오면서 미얀마까지 갔다고 했잖아요. 이때 미얀마에서 가장 큰 왕조였던 바간 왕조가 멸망하게 되죠. 그 당시, 1287년 무렵에 미얀마에 크게 형성되었던 왕조였는데, 망하게 됩니다. 불교왕국이었으니까 바간 왕조가 남긴 불탑들이 많이 있지만, 그 사이사이에 여전히 많은 힌두 문화적인 요소들을 찾을 수 있지요. 인도에서부터 동아시아 지역까지 신화적 요소들이 어떤 길을 통해서 들어왔는가, 거기에 대해서는 마지막에 또 이야기를 해주실 겁니다.

남방실크로드, 교역 이상의 의미

남방실크로드라는 이곳은 상대적으로 많이 알려지지 않았죠. 왜냐하면 서방학자에 의해 실크로드라고 명명된 초원과 사막에서 살아가는 사람들에게만 관심이 집중되었거든요. 지난 백 년 동안 그랬죠. 20세기 초반에, '실크로드의 악마들'이라는 별명을 가진 타클라마칸의 탐험가들이 활약하면서 실크로드가 우리 앞에 다시 모습을 드러내고, 오랜 세월 우리에게는 육상실크로드가 대표적인 문명교류의 길로 여겨져 왔습니다. 앞에서 말씀드렸듯, 해상실크로드라는 길은 그에 비해서 상대적으로 나중에 형성된 개념이지요. 남방실크로드 역시 그런 교류의 가교 역할을 했습니다. 서남부 지역에 존재했던 여러 고대 왕조들을 통해 동남아 지역과의 무역도 일찍부터 행해졌다고 볼 수 있습니다. 그런데 그것이 교역의 길이라는 것도 중요하지만, 더 중요한 건 그곳에서 수많은 민족들이 오랫동안 자신들만의 문화와 종교를 그대로 간직하고 살아왔다는 점입니다. 어쩌면 이것이 교역의 길보다 더욱 중요한 의미일 수 있다고 생각합니다.

현재 중국에서도 남방실크로드를 21세기 해상실크로드와 더불어 새롭게 조명하고 있어요. 모두가 남방실크로드의 정치, 경제적 의미를 강조하고 있지만, 사실 그것보다 우리가 더 관심을 가져야 할 것은 그곳에 다양한 민족들이 거주하고 있다는 사실입니다. 미얀마에만 130여 개의 소수민족이 있다고 합니다. 굉장히 다양한 민족들이 있죠. 이런 다양한 민족들 중 리쑤족傈僳族이라든가 먀오족苗族은 미얀마에도 있지만 중국에도 있습니다. 국경으로 갈렸다는 것뿐이지 민족적으로 보면 같은 계통이에요. 그래서 문화적으로도 상당히 많은 것들을 공유합니다. 하지만 재밌는 건 다른 지역에서 오랫동안 거주하면서 신화의 구체적 내용도 달라진다는 것입니다. 아까 말씀드린 이족도 인구가 8백만 명에 지파가 여섯 개예요. 그들이 이주해 내려오면서 높다란 산과 강을 경계로 오랫동안 갈라져 살다보니 같은 이족인데도 신화가 달라지고, 언어도 달라집니다. 그러니까 공유하는 특징은 있지만, 서로 다른 지역에서 살면서 신화와 종교와 습속도 달라지는 양태를 보여주는 것입니다. 현지화 되는 거죠. 오랜 세월동안 이 길에서 많은 민족들이 국경을 넘나들며 교류해왔고 서로 비슷한 문화들을 공유했습니다. 나아가 이 길은 또한 티베트를 통해서 인도, 즉 북방실크로드하고 연결되는 길이기도 합니다.

그런 예를 소개해드리면, 아까 말씀 드린 다리 지역에서 가장 유명한 신인 대흑천신大黑天神입니다. 새카매요, 온 몸이. 그런데 다리 지역에서 많은 사람들의 신앙 대상이 되는 대흑천신은 인도의 마하칼라라는 신에서부터 유래했습니다. 그래서 대흑천신의 길을 추적하면 인도에서부터 지나간 흔적을 고스란히 볼 수 있지요. 대흑천신에 관한 신화는 동아시아 지역 여기저기 널리 퍼져있습니다. 아주 흥미로운 신이에요. 이 검은 얼굴의 신에 대한 신화는 특히 윈난 다리 지역에 아주 널리 퍼져 있어요. 다리는 아까 말씀드렸던 대로 인도에서 오는 길과 북쪽 티베트로 가는 차마고도가 교차하는 지점이거든요. 대흑천신이 다리에서 어떻게 숭배되고, 그에 대한 이야기가 또 어떤 식으로 변형되어 전해지고 있는 가는 바이족 편에서 다시 다룰 겁니다.

그림 10
다리의 은성했던 시절을 보여주는 숭성사 탑의 아름다운 모습

윈난성의 가장 남부 지역에는 다이족傣族이라는 민족이 살아요. 미얀마에도 분포하는데, 불교를 독실하게 신봉하는 민족입니다. 다이족은 봄에 물 축제를 열어요. 물을 쏟아 부으면서 신나게 축제를 벌입니다. 그것도 일종의 제의죠. 물이 가지고 있는 정화의 기능을 통해 한 해를 깨끗하게 씻어내고 앞으로의 풍요를 기원하는 그러한 축제입니다. 제사이자 축제이죠. 이 축제를 '포수이제'라고 하는데, 발수절潑水節, 즉 물을 뿌리는 축제라는 뜻입니다. 그런데 물을 뿌리는 축제가 윈난성 다이족의 굉장히 중요한 축제인데, 태국의 송크란, 인도의 홀리 등

물 뿌리기 축제와 아주 비슷해요. 그러니까 인도나 태국은 물론이고 윈난성 남쪽에 거주하는 다이족에게도 똑같이 물을 뿌리는 제의와 신화, 습속이 있다는 겁니다. 이런 비슷한 의례들을 가지고 있다는 것은 인도와 태국, 윈난 남부지역 사람들이 오가면서 제의나 축제 역시 오갔을 가능성이 충분하다는 것을 보여줍니다. 북방의 육상실크로드도 그랬지요. 육상실크로드에 대해서는 공부도 많이 하셨고, 강의도 많이 들으셔서 잘 아실 텐데요. 북방실크로드도 역시 교역의 길이지만 문화가 오가는 길이기도 했잖아요. 예를 들면 페르시아 고원에 있었던 조로아스터교의 흔적이 중국의 산시성山西省 북부에서 발굴된 무덤에서 나옵니다. 날개 달린 신이 조로아스터 사제처럼 성화에 불을 붙이는 장면 같은 것들이 돌에 새겨져 있어요. 그러니까 실크로드를 통해서 그런 문화가 오갔다면 이 남쪽의 길도 마찬가지라는 거죠. 사람과 물자만 오가는 게 아니라, 문화도 오가고, 신앙도, 종교도 오가는 것입니다. 그래서 인문학적인 측면에서 볼 때, 남방 실크로드가 지나가는 쓰촨성, 윈난성 지역은 굉장히 오래된 인류문화의 보고라고 볼 수 있습니다. 이게 인도까지 연결되면서 더욱 그렇게 되는 것이죠.

    윈난성의 중심도시 쿤밍은 동남아와 남아시아를 연결시켜주는 국제도시가 되어 있습니다. 중국에서도 현재 지정학적으로 동남아와 남아시아로 나가는 국제 대통로의 중추적인 역할을 하는 연결점이라고 해서 많은 투자를 하고 있죠. 하지만 동시에 이곳은 문명의 교차로이기도 합니다. 경제적으로, 지정학적으로, 그리고 에너지 수급이라는 측면에서만 중요한 통로가 아니라, 다양한 문화의 교류가 이루어지는 지역이고, 많은 민족들이 지켜온 언어, 종교, 역사, 신화, 풍습 들이 고스란히 살아있는 지역입니다. 왜 살아 있을까요? 가장 중요한 이유는 아마도 이곳이 너무 험하기 때문일 것입니다. 산 하나를 넘어가려 해도 너무 힘이 들어요. 그런 험한 산길이 있기 때문에, 그런 높은 산 깊은 곳에 자리한 길목에서 마을 단위로 사람들이 살아갔기 때문에, 그런 문화가 상대적으로 보존되어 있는 것이죠. 그러니까 문명사적인 시각에서 볼 때도 이곳은 무척이나 중요한 지역입니다.

와족은 미얀마와 윈난의 국경지대에 살고 있습니다. 미얀마에도 소수민족 문제가 상당히 심각해서 사각지대에 살고 있는 소수민족 문제, 이것은 미얀마 정부에서도 잘 해결해야 할 것입니다. 거기에 와족도 있어요. 와족 사람들이 사는 곳에는 물소의 머리뼈를 걸어놓은 것을 곳곳에서 볼 수 있어요. 물소의 머리뼈를 곳곳에 걸어놓는 것은 신화와 관련이 있습니다. 이들의 신화에서는 물소가 와족 사람들의 은인이에요. 그러니까 소를 먹고 난 뒤에 버리지 않고 머리뼈를 반드시 걸어두는 것이죠. 그리고 마을 입구에 특별한 바구니가 올려져있는 기둥이 있습니다. 농경의 풍요를 위해서 사람의 목을 베어 올려놨던 기둥입니다. 와족 여성들이 추는 대표적인 춤이 있어요, 머리카락을 휘날리면서 추는 춤인데, 주술적 의미를 담고 있지요. 긴 머리의 형태가 잘 자란 곡식하고 비슷하잖아요. 농경의 풍요와 관련이 있어요. 그래서 와족 여성들은 검고 긴 머리를 아름답게 여기면서 이런 식의 의례를 행하는 겁니다.

윈난성은 남쪽으로 바다로 연결되면서 유라시아 대륙의 북방 지역까지 이어지는 아주 특이한 지역에 자리하고 있습니다. 서아시아에서 남아시아, 인도, 동남아 지역을 거쳐 쿤밍으로 올라오고, 동북쪽으로 계속 올라가면 청두로 이어지잖아요. 이게 남방실크로드인데, 이 길이 북쪽으로 올라가 육상실크로드하고 만나게 되죠. 그래서 연결되는 이러한 지점들이 생겨나면서 길이 그물망처럼 연결되고, 다양한 신화적 요소들이 이 길을 통해서 내려오는 겁니다. 조로아스터교의 경우, 페르시아 고원에서 생겨나지만 나중에 조로아스터교의 여러 요소들이 동쪽으로 오면서 그 흔적이 중국 산시성의 무덤 속에도 등장한다고 했잖아요. 그런데 조로아스터교의 교리 자체가 아후라 마즈다라고 하는 빛의 신과, 앙그라 마이뉴라고 하는 어둠의 신의 대립구도로 형성되는데, 그 어둠의 신과 빛의 신의 대립구도가 심지어는 윈난성에 살고 있는 나시족의 〈흑백대전〉黑白大戰이라는 서사시에도 등장합니다. 문명교류의 흔적들을 여기저기에서 찾을 수 있는 이 길은 그래서 문명사적인 측면에서도 접근할 필요가 있는 그런 길입니다.

개발과 보존의 딜레마를 넘어서

우리가 공부하고자 하는 이 지역은 중국정부가 들어서고 난 이후에도 개발에서 오랫동안 제외되었던 곳이에요. 중국정부가 개혁개방을 시행한 게 1980년대죠. 문화대혁명이 끝나고 1980년대부터 개혁개방을 시작하면서 집중적으로 육성한 도시들이 대부분 어딥니까. 동쪽이죠. 베이징, 상하이, 광저우, 이런 동쪽 해안지대 도시들이에요. 그러다 보니 경제적인 측면에서 서남부 지역은 상대적으로 낙후되었죠. 동쪽도 개발하기 바쁜데 언제 서쪽까지 손대겠습니까. 더군다나 이 지역에는 2, 3천m가 넘는 산들이 즐비해요. 그런데 지금 생각해보면 그게 오히려 다행이었죠. 많은 것들이 살아남을 수 있었으니까요. 일찍부터 개발이 진행되었다면 많은 것들이 사라졌을 겁니다. 각 민족의 독특한 문화가 잘 보존되었고, 생태환경도 잘 유지된 곳이 지금도 많습니다.

그렇기 때문에 경제적, 전략적 관점에서만 이 지역의 개발을 외칠 게 아니라 이곳의 문화 환경을 그대로 보존할 수 있도록 세심한 관심을 기울여야 할 것입니다. 그리고 그들 민족들이 오랫동안 지켜온 생태환경도 개발이라는 미명하에 훼손되고 사라지지 않도록 해야 할 것입니다. 물론 쉽지는 않습니다. 소수민족 지역들도 요즘 굉장히 많은 개발을 하고 있어요. 그래서 그들이 오랫동안 지켜온 신화나 습속, 제의 등을 관광 상품으로 개발해서 외부인들에게 보여주는 식으로 진행하기도 합니다. 어쩌면 머지않은 장래에 그들의 제의가 갖고 있는 본질적 모습은 사라지고 오락적 기능만 남아있을지도 모르겠습니다. 그래도 열심히 찾아보면 아직은 원래 모습을 간직한 것들이 남아있어요. 남방 실크로드를 개발할 때도 이런 점에 관심을 갖고, 이들이 가지고 있는 역사적, 문화적 요소들을 잘 보존하려는 노력을 기울여야 할 거라고 생각합니다.

　이번 시간에 굉장히 생소한 단어인 '남방실크로드'가 어떤 것이고, 그곳에 어떤 민족들이 살고 있고 또 우리가 거기서 어떤 걸 볼 수 있을까 하는 걸 소개해 드렸는데요. 남방실크로드의 의미를 종합해보면, 물론 이설은 있습니다만, 장건의 입을 통해서도 알 수 있듯이, 가장 오래된 교역로고, 무엇보다 다양한 민족과 문화가 존재하는 곳이라고 볼 수 있습니다. 그리고 해양실크로드와 만나고, 북방의 육상실크로드와도 교차하는 지역이라고도 할 수 있겠고요. 무엇보다 편벽한 환경으로 인해서 신화를 비롯한 인류문화의 원형이 잘 보존된 곳이라고도 말할 수 있습니다. 현재 중국이 추진하고 있는 '일대일로', 그중에서도 해상 실크로드와 맞물려서 새롭게 조명되는 곳이기도 합니다. 그 과정에서 인근에 살고 있는 징포족景頗族이나 아창족阿昌族 등이 전승하고 있는 오래된 창세서사시라든가 신화들이 출판되고 있습니다. 그런데 그런 시대적 조류 때문인지 그들이 오랫동안 원형을 유지하면서 거행해왔던 제의들의 오락적 기능이 강화되면서 본질적 형태를 잃어가고 있는데, 매우 아쉬운 점입니다. 일대일로 정책과 맞물려 새롭게 조명되는 곳이긴 하지만, 생태환경과 인문환경이 지속적으로 보존되길 바랍니다. 이 정도로 남방실크로드에 대한 소개를 마치겠습니다. 오늘의 강의가 다음 시간부터 여러 선생님들께서 들려주실 구체적인 신화들을 이해하는 바탕이 되면 좋겠네요.

참고자료

김능우 외, 『중국 개항도시를 걷다- 소통과 충돌의 공간, 광주에서 상해까지』, 현암사, 2013.
김선자, 「페르시아 조로아스터교 경전 『아베스타(Avesta)』와 나시족 경전 『흑백지전(黑白之戰)』의 신화 비교연구」, 『동서문화 교류와 알타이』, 역락, 2016.
김선자, 『오래된 지혜』, 어크로스, 2012.
김선자, 『중국 소수민족 신화기행』, 안티쿠스, 2009.
나상진 역주, 『오래된 이야기』, 민속원, 2014.
동북아역사재단, 『사기 외국전 역주』, 동북아역사재단, 2009.
동북아역사재단, 『한서 외국전 역주』(상 하), 동북아역사재단, 2009.
장샤오쏭 외 지음, 김선자 역주, 『중국 소수민족의 눈물』, 안티쿠스, 2011.
정수일, 『실크로드 사전』, 창비, 2013.
정수일, 『해상실크로드 사전』, 창비, 2014.

제2강

중국 윈난성 소수민족의 신화 세계

김헌선(경기대 교수)

윈난성 신화에 대한 접근방식

이번 강의에서는 중국 윈난성의 소수민족 신화 전체를 개괄적으로 보여드리고, 그것을 통해 앞으로 이루어질 강의의 요점을 알려드리겠습니다.

저는 두 번의 윈난성 체험을 가지고 있어요. 그 두 번의 체험 시기가 제 인생에서 황금기였다고 생각합니다. 가장 적절한 시기에 가서 가장 핵심적인 것들을 꿰뚫어 볼 수 있었습니다. 제가 방문한 지역은 나시족納西族이 거주하는 리장麗江이었는데, 그때는 그 지역이 외부에 잘 공개 되지 않았어요. 그걸 뚫고 들어가 아주 중요한 지역의 사제들을 만나고, 장소를 옮겨 루구호瀘沽湖라고 하는, 모쒀족摩梭族, 모쒀인의 모계사회 지역을 방문해 아주 중요한 체험들을 가질 수 있었습니다. 다른 이들은 참 편하게 여행했지만, 저는 무거운 짐을 가지고 하루도 쉬지 않고 그 지역의 독특한 사제들을 만나 끊임없이 인터뷰를 했어요. 그렇게 인터뷰한 것을 토대로 나중에 책을 내자, 사람들이 촬영 자료를 요청했어요. 그것을 줄 순 없었습니다. 다만 그것을 추려서 페이퍼들을 작성해 비교분석한 것이 있습니다. 구글에 '김헌선 중국 나시족納西族'이라고 치면 다 나와 있습니다. 그것을 보시면 제가 어떤 경로로 중국 윈난성에 갔다 왔는지 아실 수 있을 거라 생각합니다. 그때 제가 일종의 물꼬를 터놓자 그 후 중국문학을 전공하는 많은 학자들, 특히 김선자 선생님, 홍윤희 선생님, 나상진 선생님들이 줄기차게 갔다 왔다, 라고 봐도 틀리지 않습니다. 중국 윈난성 소수민족들을 직접 방문하면서, 참세계의 보고라는 생각이 들었고 제주도와 닮았다고 생각했어요. 가자마자 '여기는 제주도다'라는 생각이 들 정도로 제주도와 너무 닮아 놀랐던 개인적인 체험이 있습니다.

이번 시간에 강의할 제목은 '중국 윈난성 소수민족의 신화세계', 이렇게 말할 수 있습니다. '소수민족'이라는 말에 일단 거부감이 있으리라 생각합니다. 소수민족의 반대말은 '다수민족'이고, 다수민족이 우선하기 때문에 그것의 상대 개념을 소수민족이라 말합니다. 윈난성 소수민족에 대해 중국에서 화이정책을 쓴 바 있습니다. '화이'華夷, '호한'胡漢1 이런 정책을 싹틔운 것은 한나라 때이지만, 절정에 이르렀던 시기는 청나라 시대였습니다. 중국을 가운데 두고 소위 네 방향의 야만인 또는 미개인을 정리했죠. 동쪽은 동이東夷라고 하고, 북쪽은 북적北狄이라고 하고, 남쪽은 남만南蠻이라 했습니다. 서쪽은 서융西戎이라고 했습니다. 중국을 중심으로 하고 동서남북을 다 오랑캐라 지칭했는데, 특히 서남쪽을 뭐라고 했냐면 '서남이'西南夷라고 했습니다. 서남쪽의 오랑캐라고 해서 서남이, 즉 중국의 문명화된 관점에서 보면 미개하고

---

1 화이(華夷), 호한(胡漢)은 중국 한민족과 그 주변의 오랑캐를 함께 일컫는 말.

덜 문명화된 지역이었던 거죠. 중국이 근대시기에 큰 제국을 확립하고 나서 55개의 이민족을 소수민족이라고 하고 한족을 다수민족이라고 했습니다. 이런 정책에 거부감을 갖는 이들은 소수민족이라는 말 자체에도 굉장히 저항감을 가져요. 그래서 특정 학자들은 이렇게 지칭하지 않고 '윈난성 민족군'이라고 말합니다. '소수'라는 말은 비하하는 의미를 지니기 때문에 그 말을 쓸 수 없다는 것이지요. 이것이 이번 시간에 강의할 주제의 첫 번째 요점, '다수민족과 소수민족의 대립'이라고 하는 매우 중요한 개념입니다.

두 번째 내용은 '중국의 남방실크로드 전략과 이해' 정도가 될 것입니다. 저는 우리가 중국의 남방실크로드 전략에 비판적 인식을 가질 필요가 있다고 생각해요. 중국이 지금 전체적으로 펼치는 소위 일대일로라는 정책은 그 저의가 굉장히 의심스럽죠. 그것을 비판적으로 바라봐야겠다는 게 제 시각입니다. 김선자 선생님께서 제안한 남방실크로드의 개념이 무모할 수 있다는 점을 지적하고, 우리가 비판적 인식 위에서 그것을 살펴야만 정당한 인식을 이룰 수 있다고 생각하기 때문에 여기서 특별히 강조하는 바입니다.

어쨌든 제가 다룰 내용에 '중국 윈난성 소수민족의 서사시와 신화들'이라고 하는 큰 제목을 붙일 수 있을 텐데, 윈난에는 26개 소수민족군이 존재합니다. 일일이 다 말씀드릴 수는 없고, 또 김선자 선생님의 훌륭한 저작[2]이 있어서 동어반복하는 것은 무의미하다는 생각이 듭니다. 이 시간에는 특별히 주목되는 소수민족을 중심으로 그들의 서사시와 신화들만 간략히 살펴보고자 합니다.

마지막으로 더 크게 한걸음 나아가 '아시아 소수민족의 신화사'라고

---

[2] 김선자, 『중국 소수민족 신화기행』, 안티쿠스, 2009. 참고.

그림 11
'세계 소수민족의 해'
필리핀 기념우표

하는 큰 틀을 가지고, 중국 윈난성만 다루지 않고 동아시아 전체를 두루 살펴야 의미가 있다고 생각합니다. 그래서 단계적으로 동심원적인 확장, 특히 오키나와라든지 홋카이도라든지, 또는 네팔까지 지역을 확대해서 보고자 합니다.

다수민족과 소수민족의 대립

'다수민족과 소수민족의 대립'에 대해 우선 말씀드릴 것은, 인류 다수민족의 확산이 '지구의 암'에 비유될 수도 있을 거라는 점입니다. 어떤 극단적인 학자는 아예 다수민족이 아니라 인류라는 것 자체가 장차 지구의 커다란 암 덩어리가 될 수 있다고까지 합니다.[3] 우리 스스로를 암이라고 생각해본 적이 없지 않습니까? 전 지구 온 생명의 큰 틀을 본다면 그렇게 될 가능성이 상당히 큰 것이죠. 그래서 인류의 어떤 종족의 확산 자체가 위태로움을 야기하고, 특히 다수민족, 힘 있는 민족이 그런 권능을 발휘하게 되면, 지구에 커다란 위기가 온다, 암을 낳을 수도 있다는 조심스러운 해석도 가능합니다.

1993년은 '세계 소수민족의 해'라는 타이틀을 가진 해였습니다.[4] 그때를 기점으로 아주 중요한 책이 몇 권 나왔는데, 제가 여기에 제시할

---

3   클로드 레비-스트로스 저, 강주헌 역, 『우리는 모두 식인종이다』, 아르테, 2015. p.190. 레비-스트로스는 이 말을 한 사람이 미국의 한 의학교수라고 밝히고 있다.
4   UNESCO는 1993년을 International Year of Indigenous People로 설정했다. 우리나라에서는 '세계 원주민의 해'로 표기되기도 했다.

세 권이 가장 기념비적인 저작이라고 할 수 있습니다. 제일 먼저 고든 브라더스톤은 『제4세계의 책: 아메리카 토착민들의 문학을 통해서 그들에 대해서 읽기』5를 통해 '제4세계'를 제시했어요. 제1세계, 제2세계, 제3세계가 있다면 그것보다 더 소중한 것이 제4세계 사람들이고, 그들은 아메리카 토착민들이다, 라고 말합니다. 아주 기발한 발상의 전환이라고 말할 수 있습니다. 많은 인디언들이 의도적으로 다수민족 내지 다수인종에 의해서 지워졌다는 것이죠. 이 책은 제4세계의 소수민족, 제4세계의 사람들을 찾아내 그들의 문화를 그들의 관점에서 읽게 했죠. 일종의 뇌관 역할을 했다고 생각합니다.

그림 12
『제4세계의 책』(Book of the Fourth World) 표지

이런 인식이 확대되면서, 자그마한 책 하나가 1993년을 '세계 소수민족의 해'로 지정하게 했습니다. 그 해의 기념으로 동아일보 국제부에서 『제4세계의 사람들: 사라져가는 세계 원주민들의 이야기』(1994)라고 하는 저작을 냈습니다. 이 책은 기자들이 직접 현지조사를 해서 쓴 저작입니다. 전문적인 식견이라든지 현지에서 충실한 조사를 한 것은 아니고, 질적인 측면에서 조금은 가벼운 저작이라고 말할 수 있어요. 그러나 목이 마른 우리의 관점에서 보면 지구 전체의 제4세계 사람들이 어떠한 위치에 있는지 생각하게 해주는 좋은 저작이라고 생각

---

5   Gordon Brotherston, Book of the Fourth World: Reading the Native Americas through their Literature, Cambridge University Press, 1992.

그림 13
『아이누인의 군상』
(アイヌ群像―民族の誇り
に生きる) 표지

합니다. 볼만한 책입니다.

세 번째로는 일본 홋카이도에서 나온 『아이누인의 군상』6이라는 책입니다. '소수민족이 자랑할 만한 삶을 사는' 정도의 부제를 달고 있는 책입니다. 이 책을 우연히 알게 되어 일본에 가는 사람에게 부탁해 사달라고 했죠. 읽어보니 스물여섯 명 아이누인의 문제의식을 다루고 있더군요. 그런데 대단히 흥미로운 현상을 발견했어요. 저자의 반 정도는 조선인입니다. 엄밀히 말하면 '조선인'이라고 할 수는 없지만요. 그 내력은 대충 이렇습니다. 이 조선인들의 아버지들이 탄광에 팔려갔었어요. 그런데 곧 탄광을 탈출해 홋카이도北海道로 갔죠. 그러곤 흩어져 히다카日高라든지 무로란室蘭이라든지 비라토리平取라든지 하는 깊은 오지에서 아이누 여자들과 함께 살게 되었어요. 아이누 남자들이 다 징발되어 제2차 세계대전에 동원되어버린 상태였죠. 남자가 귀한 터전이 되어버려 자연스럽게 같이 살게 되었던 겁니다. 그 사람들이 증언하는 바, 그리고 제가 1996~7년에 직접 현지 조사를 하면서 느꼈던 바를 말씀드리겠습니다.

치토세千歲라는 지역에 나카모토 무스코中本むすこ라는 할머니가 살고 계셨어요. 당시 일흔 여덟, 연세가 많으셨지요. 그 노인이 아주 재미있

---

6 飯部紀昭, 『アイヌ群像―民族の誇りに生きる』, 御茶の水書房, 1995. 이 책은 스스로 "국제 원주민의 해"(세계 소수민족의 해)에 이어 '원주민 국제 10년'이 시작되어, 아이누 민족 스스로의 활동도 다채롭게 펼쳐지고 있다. 공생 시대의 태동을 위해, 스물여섯 명의 사람들이 자신의 육성과 생활 체험, 또한 민족의 과제와 전망, 개별적으로 갖고 있는 주제 등에 대해 말한다."고 소개하고 있다.

는 이야기를 들려주는데, 바로 그 주인공들이에요. 조선 사람들은, 보면 두 가지 특징이 있다는 거예요. 첫째는 노래를 아주 잘했다고 해요. 일본 사람도 노래나 춤에서 뒤지지 않는데, 그 사람들이 노래는 훨씬 잘했다는 거예요. 또 하나는 그 사람들이 와서 술을 꼭 마시고 싶어 했다고 해요. 아이누 사람들이 술을 빚는 방법이 있어요. 아주 재미있는데, 옥수수라든지 조, 이런 것들을 입에 넣고 씹어요. 그리고 침을 뱉듯이 탁탁 뱉습니다. 그러면 저절로 발효가 되어서 자연스럽게 술이 돼요. 그것을 가져다 막걸리처럼 따라주면 마시고 춤을 추고 놀았다는 거예요. 그때 꼭 '아리랑'을 불렀더라는 거죠. 나카모토 무스코 여사가 저한테 "내가 열두 살 때 배운 아리랑입니다." 하고 노래를 불러주는데, 우리가 듣는 바로 그 '아리랑'이에요. "아리랑 아리랑 아라리요. 나를 버리고 가시는 님은 십리도 못가고 발병 났네." 하고 노래를 부르는데, 왜 눈물이 나냐면 그 사람들 조선인 남자와 아이누인 여자 사이에서 난 자식들이 바로 『아이누인의 군상』에 있어요. 조선인들은 해방이 되자 쏜살같이 도망갔다는 거예요. 자식들을 버려둔 채로, 고국으로 돌아갔다는 거예요. 제가 물었어요. "그 사람들 그렇게 하고 갔는데, 불만이나 저항감이 생기지 않았습니까?" 그랬더니 조선인은 그래도 갈 곳이 있었다는 거예요. 그래서 자기들은 욕하지 않았대요. 물론 아이누 남자들은 징병에 가서 모두 죽었습니다. 그러니 이제 그 책에 나오는 자식들이 아이누인의 피 반, 조선인의 피 반을 가지고 투쟁하는 겁니다. 일본 정부에 강력하게 맞서 싸워요. 사회운동을 합니다. "홋카이도 아이누인을 독립시켜라." 하고 강력하게 외칩니다. 제가 그래서 오싹했어요. 우리는 홋카이도 하면, 아이누인이라는 선주민이 있고, 그들이 참된 마음을 갖고 자기 종족의 혈통을 보존하려 한다는 사실을 잘 알지 못해요.

아이누 사람들이 한국에 가서 공연하고 싶다고 했어요. 제가 주선해서 국립민속박물관에 오게 했습니다. 그때 자신들의 노래를 다하고 마지막에 아리랑을 불렀어요. 그들이 아리랑을 불렀던 광경이 지금도 눈에 생생합니다. 지구상에는 이렇게 자기 땅을 잃고 다수민족의 횡포에 시달리는 사람들이 아주 많습니다. 그들을 어떻게 해야 할지 참으로 답을 찾기가 힘듭니다. 그런 소수민족들이 있다는 사실만큼은 우리가 똑똑히 알아야 하겠죠.

지금부터 다룰 중국 윈난성 26개 소수민족 사람들도 같은 처지입니다. 말을 못하고 있을 뿐이죠. 그들은 행복할까요? 전혀 그렇지 않습니다. 그들이 얼마나 불행한 처지냐면, 중국 정부에서 애를 못 낳게 해요. 한 가족에 하나만 낳게 했잖아요. 그래서 소수민족이 점점 줄어들었어요. 물론 지금은 정책이 바뀌었습니다. 이제는 둘씩 낳아요. 그렇지만 또 다른 문제가 생겨요. 이제는 양육비를 감당 못해요. 누가 낳으려고 하겠어요. 이런 모순된 정책이 공공연히 자행되고 있는 것입니다. 그래서 저는 이 문제를 정치사적인 관점에서 봐야 한다고 생각해요. '세계 소수민족의 해', '국제 선주민의 해'를 기념해서 나온 이런 책들이 소수민족에 대한 재인식에 디딤돌 역할을 한다고 생각합니다. 이 저작들은 지구상에 소수민족들이 존재한다는 사실을 인식하고, 이들을 '제4세계 사람'이라고 정의해서 명백하고도 확실하게 이들에 대한 기억을 환기하자고 제안합니다. 저 역시 그렇게 봐야 중국 윈난성 소수민족들의 모습도 생생하게 되살아난다고 확신합니다.

세계 여러 곳에서 소수민족들이 다수민족의 횡포에 신음하고 있어요. 일본 야마토 민족이 그렇습니다. 이 사람들은 주로 일본 혼슈本州

에 분포합니다. 그 북쪽에서는 아이누, 남쪽은 오스미 제도, 토카라 열도, 아마미 열도, 오키나와 본도와 선도, 야에야마 섬 등에서 수많은 사람들이 신음하고 있어요. 찾아가면 이렇게 이야기합니다. 우리는 일본 사람이 아니다, 라고 말이죠. 아마미, 혹시 가보신 분이 계실까요? 한국 사람들이 잘 안 가는 섬인데, 가면 자기들의 정체성을 말해요. 우리는 일본 사람이 아니라고요. "우리는 일본이 있게 한 배꼽일 뿐입니다. 우리는 태양이 거처하는 아름다운 섬입니다. 일본이 아닙니다." 라고 해요. 일본어를 쓰지 않습니다. 그 사실을 우리가 알아야 해요. 일본어를 쓰지만 실은 일본어가 아니에요. 그런데 일본은 버젓이 말하는 거죠. 일본어라고요. 그러나 아닙니다. 중국도 마찬가지입니다. 한족이 있으면, 소수민족이 있어요. 윈난성만 해도 26개의 소수민족이 살고 있어요. 각각의 언어를 가지고 독자적으로 문화를 일구었지만, 스스로 인지하지 못하는 것 같습니다. 이런 시선을 우리에게도 적용하면, 한반도 육지 본토의 다수민족과 제주 소수민족이라고 해도 크게 틀리지 않습니다. 제주도 말을 못 알아들으실 거예요. 어떻게 알아듣겠어요. 언어가 다른데. 방언이 아닙니다. 어법 체계가 다르지요. 무드라고 해요. 말의 층위가 다릅니다. 같은 말이라 할 수 있는지 의문스럽네요. 제 주장의 핵심은, 우리가 이미 제주도와 많이 동질화되었지만, 그들 문화를 독자적으로 인식하고 인정해주기 위해서는 이런 각도에서 바라봐야 한다는 겁니다.

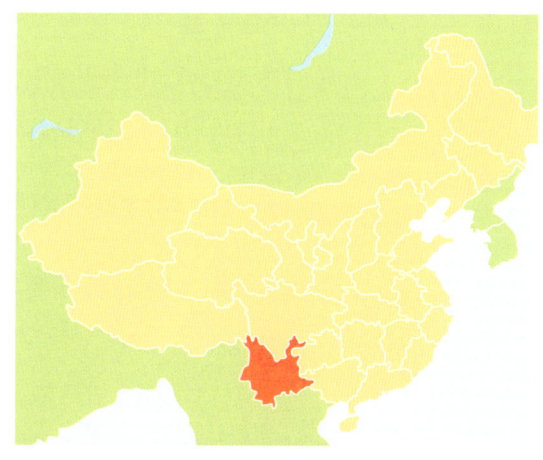

그림 14
중국 윈난성 위치

지도를 보시면, 붉은 부분이 중국 윈난성이고, 오른쪽 바다에 대만이 보입니다. 대만 위에 있는 작은 섬들이 오수미 열도, 아마미 열도, 오키나와입니다. 대만에는 13개의 소수민족이 살고 있어요. 그런데 사람들이 그런 사실은 잘 몰라요. 애초에는 9개 민족이라고 했는데, 지금은 13개 민족이라고 해요. 그들은 언어, 문화, 나아가 신화 등에서 대만의 다수민족, 즉 한족과는 전혀 다릅니다. 그들을 복원시켜야죠. 대만 정부는 대단히 양심적이에요. 정부 웹사이트를 들어가면 중국의 한족과 13개 소수민족을 모두 인정해놨어요. 그들이 각기 몇 퍼센트인가를 말하고, 그들이 어떤 분야에서 열심히 살아가고 있는가를 자세히 나열해놨습니다. 가령, 대만 출신 가수들이나 스포츠 스타들의 경우, 그 사람들이 어떤 민족인지 말하고 있어요. 지도까지 그려놓고 어디에 몇 명이 있는지 상세히 알려줍니다. 중국 정부의 웹사이트도 그런 정도까지는 구성되어야 한다고 생각해요. 전체 분포에서 중국 윈난성뿐만 아니라 다른 지방의 소수민족들까지 자세히 알려주어야 하는 것이죠.

중국의 일대일로 전략과 남방실크로드

중국은 위아래 대륙과 해양을 두루 연결시키는 데 자기들의 논리가 필요했습니다. 바로 '일대일로' 정책이죠. 김선자 선생님께서 말씀하신 부분에 보태서, 저는 '속셈'을 읽어야 한다고 말하고 싶네요. 겉으로는 일대일로라고 하고 또 해상실크로드니 남방실크로드라고 이야기하지만, 이것을 다른 각도에서 봐야 합니다. 중국공산당 제46차 전당대회를 통해 이 정책을 내놓고 만든 은행이 하나 있습니다. '아시아

인프라 투자은행'7이죠. 거기서 돈을 빌려줘요. 이번에 중국 국제학술대회를 하는데 중국학자가 와서 끔찍한 말을 저한테 했어요. 중국, 한국, 일본 가운데 중국이 가장 돈이 많다고 하더군요. 그래서 프로젝트를 하고 싶으면 자기와 해야 한다, 그래야 돈을 댈 수 있다, 라고 해요. 자기네가 가장 부자나라가 되었다고 아주 씩씩하게 말하더군요. 오싹했어요. 중국이 돈 많아졌잖아요. 지금 중국과 미국이 충돌하고 있는 첨예한 지역이 많죠. 필리핀, 대만도 그래요. 나아가 베트남, 남사군도를 중심으로 하는 첨예한 갈등도 있어요. 그 띠를 이들 말로는 '일대일로'라 합니다. 시진핑 정책의 핵심이에요.

우리는 이런 정책적 기반을 다시 한 번 생각해봐야 해요. 중국과 세계의 새로운 관계 정립을 두고 벌이는 열강의 각축. 그런데 중국과 세계의 관계를 두고 벌이는 각축의 결과는 경제적인 전략뿐만 아니라 문화적인 부분에서도 드러납니다. 중국을 중심으로 하는 일대일로 정책과 미국을 중심으로 하는 목걸이 정책을 살펴보면, 반드시 기지를 선점하고 경제적 원조를 해요. 그런데 거부하는 나라도 있어요. 가장 대표적인 나라가 필리핀입니다. 두테르테 대통령이 시진핑과 굉장히 가까워지고 있잖아요? 오바마와는 멀어지고요.(트럼프와는 다시 가까워지는 것 같지만요.) 충돌지점이 거기예요. 위에서 말씀드린 AIIB에서 막대한 돈을 빌려줘요. 필리핀은 당연히 그쪽으로 돌아서게 되는 거죠. 이쯤에서 이런 말을 들어볼 필요가 있습니다.8

"우선 일본에 큰 점을 찍은 다음 대만에 찍어보라. 이어 필리핀·호주

---

7   Asian Infrastructure Investment Bank(AIIB). 중국어 亞洲基礎設施投資銀行. 중국이 제안하여 주도적으로 추진 중인 국제 금융기관이다. 미국 등 선진국이 주도하는 국제 통화기금(IMF), 세계은행(World Bank), 아시아 개발은행(ADB) 등을 대체, 보완하는 것을 목적으로 하고 있다. 2015년 57개국 회원국으로 창단.
8   송희영, 「8명의 대통령도 안 바꾼 음지의 전략가」, 《조선일보》, 2016년 7월 2일자.

·베트남·태국·인도까지 점을 찍고 죽 선을 그어보면 중국의 목에 걸린 진주목걸이가 그려질 것이다. 미국이 한 미 일 삼각 군사협력을 강화하고 한반도 사드 배치에 집착하는 이유도 이 진주목걸이를 완성하는 데 있는지 모른다. (중략) 브렉시트 결정 직후 시진핑 주석은 푸틴 대통령과 연이틀 회담을 가졌다. 두 사람은 한반도 사드 배치에 반대했다. 미국산 진주목걸이에 질식당하지 않으려고 대륙 세력끼리 손을 굳게 잡은 꼴이다." 이게 정확한 평가인 것이죠.

재미있는 게, 이 말을 한 사람이 일본의 전 공안조사 제2부장 사카이 다카시坂井隆라는 거예요. 이 사람은 평생 직급이 올라가지 못했어요. 자기 직급을 그대로 유지한 채, 소위 우리나라 안기부에 해당하는 곳에서 북한에 대한 정보를 수집했습니다. 이 사람은 정확하게 7년 전부터 김정은이 북한을 장악하게 될 거라고 예측했어요. 김정은이 무엇을 잘 먹는가부터, 북한 사람들이 혼란스러운가 그렇지 않은가를 정확한 데이터로 계속 제공해줬어요. 그게 아베정권이 되었든, 그 전 정권이 되었든, 정책을 만들고 실제 권력을 행사하는 집단에게 자문을 했습니다. 그때 북한의 핵개발을 계속 우려했어요. 그것을 예측한 사람이에요. 이런 사람들은 항상 음지에서 일하지 양지에 나오지를 않잖아요? 《아사히신문》에서 이 사람을 대서특필했습니다. 그 기점이 북한에서 핵실험을 완성할 때예요. 정확한 정보로 판단했습니다. 이 사람은 세계적인 인물이에요. 73살에 정년퇴임을 했어요. 이상하죠? 보통 우리는 60~65세에 정년퇴임을 하잖아요. 한 번도 직급을 올리지 않은 채 보상받은 거죠. 정책이 발안되고 실현하도록 유도한 대표적인 공직자입니다. 재미있는 건 《아사히신문》이 이 사람 기사를 다운받지 못하게 해놨어요. 읽게만 해놨어요. 신문에 얼굴만 나왔어요. 이런 사람이 바로 플랜맨이죠. 더 재미있는 건 미국에도 '마지막 전사'The Last Warrior로 불렸던 앤드류 마셜Andrew Marshall이라는 사람이 있어요. 이 사람은 8명의 미국 대통령에게 정보를 제공한 사람이에요. 96살에야 은퇴했어요. 우리에게 시사하는 바가 있지요. 정보를 수집해서 대통령에게 정보 데이터만 제공하고, 자기는 물러서 있는 거예요. 중국과 미국이 최전선에서 부딪치고 그 싸움의 기폭제가 될 곳이 한반도라고 예측이 나왔어요. 우리도 그들이 정책을 어떻게 입안하고 풀어나가는지를 알아야 한다는 거예요.

우리가 대국의 충돌에서 얻는 교훈이 있습니다. 지장智將과 용장勇將의 문제라 할 수 있죠. 우리나라에 용장은 많아요. 소리 지르고 싸우는 사람은 많습니다. 지장의 대표자는 이순신입니다. 용장의 대표자는 원균이에요. 원균과 이순신은 극단적인 대비를 보입니다. 이순신은 굉장히 지혜로운 사람이에요. 질 것 같은 싸움은 절대 나서지 않아요. 이순신은 심약한 사람이에요. 그런데 전쟁을 하고자 하면 반드시 이기는 전쟁을 해요. 고도로 계산합니다. 이 전쟁을 해서 내가 이길 수 있는가 없는가를 판단하는 사람, 그런 사람을 우리는 지장이라고 합니다. 용장은 뭐냐, 일단 싸우고 보는 거죠. 자기가 얼마나 능력이 있고, 적과 싸워서 어떻게 결론이 나야 하는지 개념이 없어요. 일단 나서서 저지르고 보죠. 지금 지장이 필요할지 용장이 필요할지 잘 생각해야 할 부분입니다. 우리 같은 학자는 지장도 아니고 용장도 아니에요. 우린 어떻게 해야 하느냐, 정책의 이면을 알고 정책을 실행하는 이들이 어떤 사람들인가를 알려주면 되는 것이죠. 우리가 알고자 하는 것은 결국 대국 충돌의 이면에서 중국 소수민족을 제대로 알고, 그게 어떤 가치가 있는지 나름대로 의미를 부여해야 하는 거죠. 저는 중국 소수민족의 신화를 절대로 한족의 말로 생중계해서는 안 된다고 생각해요. 우리가 의미를 파악하고 알았을 때 비로소 가치가 있다, 이렇게 생각합니다.

윈난성 소수민족들의 신화

자, 이제 '중국 윈난성 소수민족과 신화'라는 주제로 넘어갑니다. 나시족의 동파東巴는 일종의 샤먼입니다. 그러나 어떤 의미에서는 사제라 할 수 있죠. 그 나시족 동파 화방和芳이 독경하고 1954년에 채록한 자료가 있어요. 나시족에 대해 '화'和자를 쓰는 것은 모두 '토박이'라는 뜻입니다. 그가 이야기한 나시족의 창세설화 〈숭방퉁〉, 그 마지막 대목을 인용하겠습니다.

어느 날 새벽에 세 아들이 있었어요. 문 앞 순무 밭에 놀고 있는데, 갑자기 말 한 필이 뛰어와 미친 듯이 순무를 먹는 것을 보았습니다. 세 아들은 조급해졌습니다. 큰아들이 "달니우마조達尼芋嗎早!"장족 말=티베트어라 말했습니다. 작은아들이 "연니아긍개軟尼阿肯開!"나시족 말라 말하고, 막내아들이 "만니좌각유滿尼左各由!"바이족 말라 말했습니다.[9]

여기서 큰아들, 작은아들, 막내아들이 말한 것들은 모두 말이 순무를 먹었다는 뜻입니다. 한 어머니의 아들이 세 종류의 사람으로 변하고, 한 항아리에 담근 술이 세 가지 맛으로 변하고, 한 필의 베가 세 가

---

9 和志武 編譯 和芳 和牛恒 讀經,「崇邦統-人類遷徙記」,『納西東巴經選譯』, 雲南省 社會科學院 東巴文化硏究室 雲南省 麗江 東巴文藝硏究室, 1983, pp.14~15.; 권태효,「나시족의 창세신화」,『중국 운남 소수민족의 제의와 신화』, 민속원, 2004, pp.152~153. 권태효가 소개한 자료는 별도의 각 편으로 추정되고, 이자현의 번역본에 근거하여 이를 번역한 것이다.

지 색깔로 되었죠. 옷을 입는 것도 세 가지, 말을 타는 것도 세 가지, 사는 것도 당연히 세 곳에서 살게 되었어요. 문화는 하나의 핏줄에서 나왔는데, 서로 갈라지면서 무엇이 되었나요? 소수민족으로 나눠졌다는 뜻입니다.

 그렇게 해서 큰아들은 장족이니 라싸에 살고, 장족은 반족盤族과 사이가 좋아 반족의 여성 간반녀跟盤女와 혼인합니다. 하얀 편우犏牛, 황소와 야크의 잡종이라고 되어 있어요. 그 하얀 편우를 키우고 쌀보리와 보리를 심고 하얀 천막을 짓고 자유로운 삶을 살았습니다. 면우面偶로 천향을 피우고 백동저白銅抵도 울리며 장문 경전을 읽습니다. 조상에게 제사를 지내고 행복을 번영하고자 합니다. 장족의 자손은 모래알처럼 많아졌습니다. 한 핏줄의 장족이 분파해 나가 살죠. 설화는 그들이 어떤 제사를 지냈는가, 어떤 경전을 썼는가, 어떤 언어를 쓰고, 어떤 사람과 혼인관계를 맺었는가 하는 것들을 말하고 있습니다.

 막내아들 바이족은 아래쪽에 살고 선족禪族과 사이가 좋아 선족 여자 선뉴禪妞와 결혼했습니다. 뿔이 넓은 큰 물소를 기르고 넓은 귀 코끼리로 물건을 실어 나릅니다. 하얀 벼와 빨간 보리를 심고 큰 기와집에 살면서 자유로운 삶을 삽니다. 향을 피우고 대발大鈸과 소발小鈸도 칩니다. 바이족 경전을 읽으면서 조상에게 제를 지내고 행복을 직접 번영합니다. 바이족의 손자는 나뭇잎처럼 많아졌습니다.

 그 다음은 작은아들 나시족입니다. 가운데 쪽에 삽니다. 나시족은 오족吾族과 사이가 좋아 오족 간녀와 결혼했습니다. 말은 말뚝에 걸어 놓고 소도 말뚝에 매어 놓습니다. 능자能者가 살던 견철채堅鐵寨를 만들고 자유로운 삶을 살았습니다. 그는 자신의 조상을 믿었습니다. 나시는 제천인으로 하늘의 제사를 땅에서 지내 천신이 와서 거두어 가시고 태양신은 하늘에서 나와 대지를 따뜻하게 하였습니다. 나시는 하늘 아래 살면서 자손이 별처럼 많아졌다고 했습니다. 대지 위에 살면서 자손이 풀처럼 많아졌습니다. 나시족의 후손은 말총처럼 왕성했고 순무의 종자처럼 번영했습니다.

이 신화는 신화의 시대와 역사의 시대의 분기점임을 명확하게 보여주고 있어요. 우리가 흔히 신화라고 해서 상상의 소산이다, 역사적 성격이 없다고 말하는 것은 이 나시족, 중국 소수민족의 예를 들면 편견인 셈이죠. 오히려 뚜렷한 역사성을 가지고 있어요. 신화에서 역사로, 집단의 역사, 공동의 역사에서 분파의 역사로 달라지는 과정을 명료하게 보여주고 있습니다. 왜 창세신화에서 이 부분을 마지막에 보여주는지 중요한 의미를 짐작할 수 있습니다.

다리大理에 바이족 자치주, 추슝楚雄에 이족 자치주라고 되어 있는데, 자치주 자체가 함정이에요. 자치주라고 하면 그럴듯해 보이잖아요. 실은, 행정적으로 통제하기 위한 수단에 불과하죠. 그렇게 수많은 종족들을 흡수해서 희석시킵니다. 그것 하나하나 가치가 있다는 사실은 보여주지 않아요. 그러니 이 종족들이 어떻게 분포하는지 좀 더 자세히 살펴보겠습니다. 이 중 가장 인구가 많은 종족은 츄슝에 있는 이족이라고 할 수 있어요. 바이족, 하니족, 타이족이 뒤를 이어요. 우리가 타이, 태국이라고 하잖아요? 같은 혈통입니다. 애초에는 저 위에 남조국南詔國이 있었는데 남조국 분파가 점점 남쪽으로 오면서 타이족이 되었고, 이 타이족이 세운 나라가 태국입니다. 그러니까 중국 윈난성에 있는 타이족과 태국의 타이족은 같은 민족입니다. 한쪽은 나라를 세우고 한쪽은 세우지 못했죠. 이어 티베트족, 먀오족, 후이족回族, 리수족傈僳族, 라후족拉祜族, 와족의 순서입니다.

여기서 가장 주목할 것이 와족입니다. 와족은 이른 시기 버마국을 세운 특별한 종족인데, 신화학적으로 매우 중요한 위치를 점하고 있습니다. 와족은 엽두제라는 것을 합니다. 사냥할 엽獵 자에 머리 두頭 자. 사람 목을 잘라 신성한 제사 터에 바치는 것입니다. 농경기 시작하는 3월, 4월에요. 사람 목을 바치고 사람고기를 먹는 것과 농사를 시작하는 것을 같다고 생각하는 거죠. 우리가 보통 벼 이삭의 씨를 잘라 곡식으로 먹고 씨종자를 가지고 있다가 땅에 묻으면 다시 솟아나지요? 그런 원리를 적용한 것이 이들의 엽두제라고 할 수 있습니다. 또 와족에 〈쓰강리〉라고 하는 서사시를 전하는데, 뒤에서 살펴보겠습니다. 이 와족 기록이 『삼국지』〈위지동이전〉魏志東夷傳에 전합니다. 가장 재미있는 대목이 있습니다. 아버지와 아들 사이에 불편한 일이 생겼어요. 그러면 아들이 아버지를 살해하는 것을 정당화해요. 가족 구성원 중 한 명이 "너 왜 아버지 목을 잘랐니?"라고 물으면 개 한 마리만 주면 없던 일이 돼요. 가장 끔찍한 것 중 하나는 와족의 주인공, 특정한 인물이 마지막에 남의 목을 잘라 바칠 수가 없다는 점이에요. 그래서 자신의 목을 잘라 제사를 지내 자기 영혼을 비는 거죠. 특별한 종족이에요. 아주 끔찍한 얘기이만, 고색적인 문화를 많이 가지고 있는 민족이라고 하겠습니다.

나시족, 야오족, 징포족景頗族, 그리고 장족. 장족이 바로 티베트 쪽입니다. 이 티베트가 중국으로서는 가장 골치 아픈 곳이고, 여러분들이

그림 15
중국 윈난성의 행정 구역

잘 알다시피 달라이 라마가 나온 그곳입니다. 굉장히 광활해서, 네팔, 인도까지 걸칠 만큼 영토가 넓어요. 그래서라도 중국으로서는 결코 포기할 수 없는 곳이겠죠. 부랑족布朗族, 부이족布依族이 있고, 아창족阿昌族, 푸미족普米族, 몽고족, 누족怒族, 지눠족基諾族, 더앙족德昂族, 수이족水族, 만족, 두룽족獨龍族, 한족 등 26개 민족이 있습니다.

소수민족의 분포와 차별성이 신화를 통해서 해명되고, 서사시가 일정한 역사적 단계를 거쳐 이룩되었다고 하는 조동일의 흥미로운 견해가 있습니다.10 이에 입각해 윈난성 서사시의 역사적 전개를 일부 종족을 중심으로 정리한 표가 있습니다.

소수민족 서사시 시대	나시족	바이족	동족(侗族)	이족
신앙서사시	제천가(祭天歌)			
창세서사시	숭반도(崇搬圖)	창세기(創世紀)	기원지가(起源之歌) 외	혁아특의(勒俄特依)
				차무(사마, 査瑪)
				메이거(매갈, 梅葛)
여성 영웅서사시			살세지가(薩世之歌)	
남성 영웅서사시	동애술애(東埃術埃) = 흑백지전(黑白之戰)	방양가(放羊歌)	조공지가(祖公之歌)	동고왕(侗鼓王)
				씨족부락사(氏族部落史)
생활서사시	노반노요(魯般魯饒)	청고랑(靑姑娘)	양산백(梁山伯)·축영대(祝英臺)	아시마(阿詩瑪)
		황씨녀(黃氏女)와 금강경(金剛經)		방지(力芝)·색포(索布)

10 조동일, 『동아시아 구비서사시의 양상과 변천』, 문학과지성사, 1997. 표는 p.198.

이중에서 직접 다녀온 지역, 나시족, 바이족, 더앙족, 그리고 추슝을 중심으로 한 이족부터 말씀드리겠습니다. 첫 단계는 신앙서사시입니다. 보통 하늘에 제사를 지내는 노래가 신화의 핵심이 됩니다. 이쪽에는 〈제천가〉가 가장 중심이었어요. 그 다음 인류가 어떻게 생겨났는지에 대한 〈숭반도〉라는 서사시가 있고, 여성 영웅서사시가 있고, 남성 영웅서사시가 있습니다. 〈동애술애〉 혹은 〈흑백지전〉이 있고, 생활서사시로 〈노반노요〉가 있고요.

　생활서사시로 가면, 대부분 남녀 간의 비극적 사랑, 애절한 사랑 이야기가 나옵니다. 여성, 남성 영웅서사시는 영웅들끼리 싸우는 이야기입니다. 또 인류가 어떻게 생겨났는가. 가령 티베트족과 바이족, 나시족이 상호 어떤 관계가 있는가 하는 것은 창세서사시에서 유래한다고 볼 수 있습니다. 재미있게도 각 소수민족마다 〈창세기〉, 〈기원지가〉, 〈혁아특의〉 같은 자료들을 통해 이런 이야기를 다 가지고 있습니다. 다음으로, 여성 영웅서사시가 동족의 경우에는 〈살세지가〉가 따로 있고, 남성 영웅서사시가 바이족의 경우에는 〈방양가〉, 〈조공지가〉, 〈동고왕〉 이족의 노래이 있습니다. 〈씨족부락사〉가 있고, 〈청고랑〉, 〈황씨녀와 금강경〉, 〈양산백과 축영대〉, 〈아시마〉, 〈역지와 색포〉 등이 서사시 신화로 전해집니다.

　이중에서 가장 널리 알려진 것이 〈양산백과 축영대〉입니다. 〈양축梁祝고사〉라는 것이 있어요. 어떤 남자양산백가 지나가다가 물을 요구하니까 물을 떠준 여인네축영대가 남자의 미모에 반해 남장을 하고 함께 공부하러 가죠. 절에 가서 동문수학을 하는데도, 남자가 이 남장을 한 여자가 여자인지를 알지 못해요. 나중에 여자인 것을 알고 혼인하려고 하지만, 집안에서 이미 정혼을 약속한 여자가 있습니다. 마침내 양산

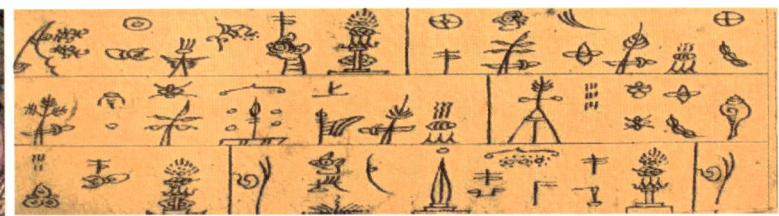

그림 16
동파(좌), 동파경(우)

백이 죽고, 축영대가 그 무덤 옆을 지나다가 목 놓아 웁니다. 그때 갑자기 무덤이 갈라지고 축영대가 뛰어듭니다. 사람들이 그 옷자락을 부여잡으니까 거기서 나비가 나왔다고 해요. 본래 중국에서 전승되는 것인데 이렇게 동족에서 받아들여지고, 크게 확대해서 서사시로 부른 것입니다. 여기 있는 생활서사시들은 모두 남녀 간의 이루지 못하는 사랑, 비극을 핵심으로 합니다.

이 사람들은 소위 '동파'라고 하는 사람입니다. 이 사람들과 인터뷰를 했어요. 당신들은 『동파경』을 가지고 있지 않느냐고 물었지요. 『동파경』이라 하면 이 사람들이 읽는 경전을 말합니다. 동파들은 굉장히 유식해서 스케치북을 주면 거기에다 서사시를 전부 써줘요. 그들은 굉장히 유식한 상형문자의 구현자인 거죠. 『동파경』은 동파 상형문자로 기록한 경전이에요. 동파들은 『동파경』을 가지고 다녀요. 보여 달라하면 보여주죠. 〈숭반도〉가 있느냐 물었더니 있다고 해요. 그런데 이 사람들이 『동파경』을 읽을 때 각기 다르게 읽는 거예요. 똑같은 경전 〈숭반도〉를 말입니다. 각기 상이한 언어체계가 있고, 같은 지파 내에도 다른 언어를 사용하는 것이었죠. "왜 그렇게 읽습니까?" 하고 물었더니, 각자 배운 스승이 다르기 때문에 서로 다르게 노래하고 읽을 수밖에 없다고 하더군요. 『동파경』이 기록된 수단이긴 하지만, 구전을 보조하는 것임을 알 수 있습니다. 동파들은 모자를 쓰고 다니는데, 소위 라마불교 있지 않습니까? 그 라마불교의 신들을 머리에 쓴 거라 할 수 있어요. 동파들에게 당신들의 신성한 권능은 어디에서 나오느냐고 물으면, 항상 여기에서 나온다고 해요. 불교의 영향을 많이 받는 거지요. 그래서 "『동파경』이 불교 경전입니까?" 하고 물으면, 불교라고 하지는 않아요. 그럼에도 불구하고 서로 많이 겹쳐있다는 것을 알 수 있습니다.

『동파경』으로 된 창세서사시 가운데 핵심적인 것이 〈숭반도〉입니다. 〈숭반도〉는 인류가 어떻게 생성되고 변천되었는지 알 수 있는 '인류 천도기'예요. 인간의 무리들이 어떻게 옮겨갔는가를 기록해놓았다는 뜻입니다. 세 가지 중요한 내용으로 되어 있어요. 첫 번째는 천지 일월 인류만물, 그리고 신들의 기원과 이들의 천지개벽에 대해 자세하게 이야기하죠. 두 번째는 종은리은從恩利恩 오형제와 육자매에 관한 이야기로, 이들이 난혼하고 나서 홍수로 받는 고통에 대해 서술하고 있습니다. 세 번째는 종은리은이 하늘에 올라가서 자기 아내를 맞이하는 이야기로 구성되어 있습니다. 우리나라에서는 이런 신화 내용들이 각기 떨어져 있어요. 남매혼 신화. 남매혼 아시죠? 우리나라에도 남매가 유일하게 지상에 남아 있다가 세 가지 시험을 거쳐 혼인하고, 우리들이 그 후손이라고 하는 남매혼 이야기가 있습니다. 〈숭반도〉는 그런 세트들, 즉 개벽신화와 남매혼인담이 잘 묶여서 하나로 구현되어 있다는 특징이 있어요. 그래서 〈숭반도〉가 아주 중요한 창세서사시로 간주되는 것입니다. 그밖에 애정서사시로 〈노반노요〉가 있는데, 이 작품은 흔히 민중들이 유비조游悲調라고 지칭하며 각별히 사랑하는 이야기입니다. 〈동애술애〉는 외지에서 온 세력과 원래 토박이로 살고 있는 신

사이에서 벌어지는 투쟁을 핵심으로 하지만, 적을 사랑하게 된 여인이 사랑과 투쟁 사이에 고심하다가 결국 아버지하고 오라버니를 선택하고 고통을 감내한다는 비련을 핵심으로 하고 있습니다. 영웅의 사랑을 말하는 것이죠. 〈노반노요〉도 애정을 핵심으로 하는 서사시인데, 이때 애정의 문제는 남녀관계에서 벌어지는 비극을 핵심으로 합니다. 원만하게 사랑을 성취하면 좋을 것 같잖아요? 그러나 그것은 근대의 생각이고, 당시의 사람들은 비련으로 되어야만 사랑이 완성된다고 생각했어요. 그런 사고는 전 세계에 보편적으로 일제히 일어났습니다. 대략 중세 후기인데, 바이족의 〈청고랑〉이라든지 이족의 〈아시마〉, 동족의 〈양산백과 축영대〉도 동일한 현상이라고 말할 수 있습니다. 〈로미오와 줄리엣〉도 마찬가지, 이루지 못해야 사랑인 것이죠. 지금은 어떻게 이뤄요? 순식간에 이루고, 순식간에 헤어지죠.

나시족 서사시와 아이누 서사시의 비교

중국 윈난성 나시족 서사시가 일본 홋카이도 아이누 서사시와 어떻게 같은지를 열거해 보았습니다.

'카무이 유카르'라고 하는 것이 있습니다. 카무이kamuy, kamui는 신이라는 뜻입니다. 유카르yukar, 유카라는 서사시라는 뜻이죠. 전 세계적으로 보더라도 신이 주인공이 된 유일한 서사시인데요. 재미있는 것이 곰에게 바치는 서사시를 부르면 주어가 곰이 됩니다. "나는 인간 세상에 와서 대접을 잘 받다가 죽게 되었습니다." 이렇게 일인칭으로 서술을 해요. "내가 곰입니다." 라고 합니다. 어마어마한 서사시이죠. 전 세계에 딱 두 곳에서 일인칭으로 노래하는 서사시가 있어요. 그중 하나가 카무이 유카르죠. 서시베리아에 만시한티족에 이와 똑같이 일인칭으로 부르는 서사시가 있어요. "내가 하늘에서 곰의 아들이었는데, 이 지상에 내려와서 인간과 같이 살게 되었습니다. 인간들이 나에게 음식을 많이 줘서, 인간들에게 음식을 받아먹고 나는 다시 하늘로 돌아가게 됩니다." 하면서 일인칭으로 말해요. 무당에게 들린 영혼이 "어머니, 내가 죽었습니다." 하며 '나'가 주어죠. 매우 중요한 서사시예요. "인간 세상에 가니까 인간들이 나한테 아주 잘해줘서, 인간이 다음에 잡으러 오거든 기꺼이 인간에게 잡아먹히자." 라는 것이 핵심이에요. 아이누 민족은 곰이 주요한 단백질 공급원이었거든요.

서사시 시대 \ 소수민족	중국 윈난성 나시족	일본 홋카이도 아이누
신앙서사시	제천가(祭天歌)	카무이 유카르(Kamuy Yukar)
창세서사시	숭반도(崇搬圖)	오이나(Oina)
여성 영웅서사시	+	-
남성 영웅서사시	동애술애(東埃術埃)=흑백지전(黑白之戰)	아이누 유카르(Ainu Yukar)
신앙비판서사시		웬타라프 유카르(Wentarap Yukar)
생활서사시	노반노요(魯般魯饒)	메노코 유카르(Menoko Yukar)
		마트 유카르(Mat Yukar)

시기적으로 볼 때, 그 다음으로 '오이나'라고 하는 큰 덩치의 서사시가 나타났습니다. 이 서사시는 주로 이 세상이 어떻게 생겼는가, 해와 달, 별, 인류, 사람의 존재는 어떻게 생겨났는가를 자세하게 말합니다. 그 다음에 '아이누 유카르'라는 것이 등장해요. '아이누'는 '사람'이라는 뜻입니다. '흉노', '돌궐' 이런 말들도 다 '사람'이라는 뜻이죠. '에스

그림 17
아이누 가족 사진

키모'도 사람이라는 뜻입니다. 다른 말로 '이누이트'라고 하잖아요. 아이누와 같은 어근이라고 생각됩니다. 오이나 다음에 아이누 유카르, 즉 사람에 대한 서사시가 등장해요. 주로 남매가 등장하고, 누나에 의해서 키워진 아이가 일본인을 물리치죠. 보통 일본인을 와진이라고 해서 그들과 싸워 이겨나가는 이야기가 이 서사시의 주요 내용입니다. 이 점을 보더라도 명백하게 아이누 사람들은 일본 본토 사람들과 다르죠. 또 신앙비판서사시라고 있는데 이것을 '웬타라프 유카르'라고 합니다만, 약간 어려운 개념이에요. 생활서사시로 '메노코 유카르' 또는 '마트 유카르'가 있습니다. 주로 여성들이 자잘한 집안일을 소재로 삼아서 아기자기하게 이끌어가는 이야기들을 핵심적인 내용으로 하는 서사시입니다.

중국 원난성 나시족의 서사시와 일본 홋카이도 아이누 서사시가 아주 비슷하다는 것을 알 수 있어요. 어느 정도 차별성은 있지만 거의 같은 양상으로 전개되는 것을 볼 수 있습니다. 시간적으로 순서가 흘러가는 양상이 비슷합니다. 아이누 서사시에서 카무이 유카르는 곰 서사시입니다. '오이나'라는 성전聖傳은 아이누랏쿠르 인간 냄새 나는 신가 주인공이고, 악마를 영원히 퇴치합니다. 아이누랏쿠르라는 남성 영웅이 나무를 베자 그 귀신이 마을을 해치는데, 이를 물리치는 내용의 남성 영웅서사시죠. 와진, 일본 사람들을 대상으로 싸우는 이야기가 핵심이고요. '웬타라프'는 신앙적 세계관을 비판하는 서사시이고, '메노코 유카르'는 여성들이 부르는 서사시라고 할 수 있습니다.

일본에서는 동북 지역을 도후쿠라고 말합니다. 여기는 원래 아이누 사람이 살았어요. 그러다가 야마토やまと, 재팬Japan, 대화大和, 왜倭족이라고 하게 되었죠. '와'和가 힘을 발휘해서 점점 밀어냈습니다. 전쟁을 치르면서 계속 쫓겼습니다. 결국 오늘날 주로 살고 있는 영토가 홋카이도입니다. 그 다음에 쿠릴 열도가 있어요. 그리고 사할린은 러시아 겸 일본령이었잖아요? 제2차 세계대전 이후 1951년 샌프란시스코 강화조약에 따라 일본이 사할린 섬 남부에 대한 영유권을 포기하지요. 현재는 섬 전체가 러시아 영토입니다. 어쨌든 지도를 보시면 아이누의 영토가 이렇게 넓었습니다. 그런데 지금은 그 넓은 영토에서 밀려나게 된 것이죠.

그림 18
빨간색 부분이 현재 아이누족이 살고 있는 지역, 분홍색 부분이 과거 아이누족 세력이 강했던 지역

가슴 아픈 사연이 하나 있습니다. 어떤 교사에게 들었던 이야기예요. 일본의 태평양전쟁 시절입니다. 아이누 아이들에 대해 차별이 있었어요. '네코'라는 말 아시죠? 일본어로 고양이라는 말입니다. 아이누 말로는 '주뻬'라고 해요. 한 아이누 아이가 창 밖에 있던 고양이를 보고, "주뻬 봐라." 라고 했던 거예요. 그러니까 선생님이 나오라고 해서 애를 때렸고, 아이는 아이누 말을 쓰지 말라고 가르쳤는데 썼다고 하여 하루 종일 벌을 세워놨어요. 아이는 피가 맺혔습니다. 그렇게 있다가 집에 갔어요. 아이가 시무룩하니까, 할머니가 구슬렸어요. "너 무슨

일이 있었니? 얼굴이 왜 그러니?" 라고 하니까, "오늘 낮에 학교에서 고양이 네코를 주떼라고 했어요. 그래서 매를 맞고 하루 종일 벌을 받았어요." 라고 해요. 할머니는 손주를 감싸 안고 "네가 잘못한 게 아니란다." 라고 하면서, 아이에게 본격적으로 아이누 말을 가르치기로 합니다. 아이가 워낙 영민해서 일본 말도 잘하고 아이누 말도 잘했어요. 이때 운명적으로 학자 한 사람이 그곳에 와요. 긴다이치 교스케金田一京助11입니다. 그분이 중학생 아이를 봤는데, 일본어는 물론이고 아이누 말도 그렇게 잘할 수가 없어요. 할머니가 다 전수해준 거죠. 아이가 진짜 훌륭하다는 걸 알고, 긴다이치 교스케는 아이의 도움을 받아 아이누 사람들이 부르는 유카르를 모두 필사할 수 있었어요. 나중에는 이 아이의 천재성을 발견하고 도쿄대학에 넣으려고 도쿄로 데려와 자기 집에 하숙을 시켰어요. 그 아이의 도움을 받아 연구를 계속하고자 한 거죠. 그런데 그 아이가 어찌된 영문인지 도쿄에 와서 시름시름 앓다가 대학교도 들어가지 못하고 12월에 죽었어요. 죽기 전에 어렸을 때 보았던 아이누에 대한 기억을 글로 남기고 책으로 썼어요.12 그 책이 베스트셀러가 됩니다. 아직까지도 지속적으로 팔리고 있어요. 아이누 사람들의 현실입니다. 그 아이가 쓴 마지막 후기는 눈물 없이는 못 봐요. 너무 마음이 아픕니다. 지금 그렇게 잘 살고 드넓은 벌판에서 뛰어놀던 삶의 터전이 서서히 바람 앞에 촛불처럼 꺼져가고 있죠. 그것이

11 긴다이치 교스케(金田一京助, 1882~1971). 일본의 언어학자이자 민속학자. 특히 아이누 문화에 큰 관심을 기울여, 일본 아이누학의 선구자로 꼽힌다. 도쿄대학 교수를 역임했다. 1918년 홋카이도 조사연구 여행 도중 아이누 민족 문화와 특히 유카르에 정통한 칸나리 마츠(金成マツ, 아이누 이름은 이메카네)의 집에서 그녀의 양녀 치리 유키에를 만난다.

12 치리 유키에(知里幸惠, 1903~1922). 홋카이도 노보리베추 출생으로 아이누 민족이다. 어릴 때부터 할머니에게서 아이누 전래의 유카르를 듣고 자랐다. 훗날 긴다이치 교스케 교수를 만나 구전되던 유카르를 문자로 기록하는 데 결정적으로 기여한다. 죽기 전 남긴 원고는 1923년 『아이누 신화집』으로 출간되었다. 여동생 치리 마시호(知里眞志保, 1909~1961) 역시 아이누 언어를 전문적으로 연구하는 학자로 성장한다.

그림 19
치리 유키에(좌), 긴다이치 교스케와 아이누 민속에 대해 증언을 하고 있는 아이누 여성들(우)

아이누 사람들의 운명이에요. 그래서 저는 긴다이치 교스케라는 학자를 다시 평가합니다. 홋카이도에 긴다이치 교스케의 기념비가 있어요.

그 사람은 아이누 사람을 배신하지 않은 거죠. 아이누 사람을 일깨워주고, 아이누 사람에게 힘을 불어넣어준 대표적인 학자로 여전히 존경받고 있습니다. 아이누 사람들이 우리 땅을 돌려 달라, 하며 정치적으로 투쟁하고 있다고 『아이노 군쇼』 이야기를 했지요. 앞장선 사람들이 누구예요? 다 우리 피를 가진 젊은이들이에요. 그 사람들이 도의회의원도 하고 국회의원도 하고 그랬어요. 신화를 공부하는 처지에서는 참으로 소중한 지역이라고 생각해요.

자, 〈이오만테〉를 봅시다. 곰을 잡아서 제사를 지냅니다. 목을 찔러 죽여요. 이 곰을 잡아서 〈이오만테〉라는 제사를 지내는데, 제사를 지내면 이제 더 이상 먹이를 먹이지 않습니다. 겨울잠을 자는 곰을 발견하면 어미는 산에서 잡아먹어요. 새끼는 불쌍하니까 데려와서 작은 우리를 지어주고 키웁니다. 곰을 사람처럼 대해요. 사람과 동물이 형제라고 믿거든요. 그래서 일정한 크기가 되면, 옷을 입고 축제를 해요. 이 축제를 곰을 보내는 축제, '이오만테' 라고 합니다. 곰을 잡고 죽이는 것이죠. 아이누 종족은 기골이 장대합니다. 그리고 무늬가 있는 옷

을 입는데, 이 옷에 따라서 씨족이 판가름돼요. 어떤 문양을 입느냐에 따라서요. 또 이 사람들은 털이 많아요. 털북숭이입니다. 여자들도 털이 많아요. 남자들은 가슴에 털이 어마어마합니다. 모든 것이 다 커요. 힘은 장사고요. 실제 곰을 죽이고서 제물을 바치고 의례를 지내는 것을 일본인들이 그림으로 그려 놓았어요. 곰에게 정중하게 대하는 것은, 너희 아버지와 어머니에게 돌아가서 말하라는 겁니다. "인간 세상에서 행복하게 잘 살다가 많은 음식을 대접받고 왔다."고 말입니다. 아까 말씀드린 서시베리아 만시한티족의 경우는 하늘로 올라가는 나무에 곰 머리를 걸쳐놔요. 그런 다음 그 지역을 신성한 지역이라고 하고, 하늘과 소통할 수 있는 곳이라고 합니다.[13]

동아시아 소수민족 벼농사 기원신화, 그 확장과 변이

중국 윈난성 소수민족이 거처하는 곳은 도작稻作 문화와 밀접한 연관이 있습니다. 쌀농사 기원지가 있는 곳, 특히 자포니카의 기원을 이루는 지역이 윈난성 소수민족 지역이라고 해요. 아마 벼농사는 이곳에서 시작되었을 거라고 추론합니다. 이 지역은 그만큼 중요한 문화적 원천

---

[13] SBS 창사 20주년 특집 다큐멘터리 〈최후의 툰드라-3부 곰의 형제들〉, 2010.11.28. 참고.

그림 20
이오만테

지라고 할 수 있어요.

쌀농사의 기원에 대한 와족의 신화에 따르면, 그들의 가장 오래된 선조인 야 톰과 야 타이라고 하는 부부가, 처음에 올챙이였다가 개구리가 되고 곧 괴물이 되어서 동굴에 살고 있었어요. 비바람도 피하고 몸도 건사하기 위해서요. 그들은 여기저기로 먹을 것을 구하러 나가 사슴, 멧돼지, 산양 같은 동물을 잡아먹었는데, 어느 날 멀리 사람 사는 동네에 가서 사람 하나를 잡아먹고는 두개골을 동굴로 가져옵니다. 먹거리 역사에서 사람 잡아먹는 것, 식인食人이 굉장히 중요한 요소예요. 그때까지 두 사람에게 아이가 없었는데, 인간을 죽이고 나서는 아이가 많이 생겨납니다. 생김새도 인간의 모습이었죠. 야 톰과 야 타이는 인간의 두개골을 기둥 위에 놓고 충심으로 숭배합니다. 둘은 죽을 때가 다가왔다는 것을 느꼈을 때, 자손들을 불러 모아 자신들의 기원에 대해 이야기해주면서 계속해서 사람의 목을 바치라고 유언합니다. 와족은 이 원조의 유언을 충실히 따라 최근까지도 계속해서 목을 자르는 행위를 행했죠. 이렇게 시도한 엽두제가 1950년대 중반까지 지속되었어요. 걸리면 죽는 거죠. 기꺼이 먹이가 되고, 다시 후손이 된다는 명확한 관념이 와족의 기원신화에 들어있는 것입니다. 와족이 목을 자르는 계절은 3월에서 4월, 즉 농경이 시작되는 시기입니다. 그들은 가져온 목이 작물의 풍요를 약속한다고 믿었어요. 목은 우선 부락의 성소인 북같이 생긴 오두막집에 가지고 가는데, 대부분의 경우 거기에는 목재로 만든 북이 대소 한 쌍씩 놓여 있습니다. 이것이 아마도 원조 부부의 구현일 거라고 생각합니다.14 와족의 고가들은 멋지고 아름다워요. 그렇지만 마을 한 편에서는 그런 일이 벌어지는 거죠. 동굴벽화를 보면, 성기가 유독 강조되어 있어요. 씨의 원천이라고 생각하는 거죠. 지역적인 생식 내역 같은 것을 강조하기 위해서 이런 그림을 남기는 겁니다. 재미있는 것은 〈쓰강리〉司崗里라고 하는 서사시가 따로 존재한다는 사실입니다.

사람들이 안무과이安木拐라는 여신에게 찾아와서 곡식이 없어졌다고 하소연합니다. 사정은 이렇습니다. 신들의 다툼으로 말미암아 세상에 홍수가 있었어요. 뒤를 이어 금과 은, 쌀과 좁쌀이 싸움을 시작하였습니다. 금과 은은 자신들이 세상을 차지해야 한다고 말하면서 쌀과 좁쌀을 학대했어요. 쌀은 금에게 얻어맞아 둥근 모습에 움푹 자국이 생기고 오늘날처럼 길쭉하게 되었으며 얼굴의 빛깔도 노란 색으로 변하게 되었습니다. 쌀과 좁쌀은 화가 나서 숲으로 도망가서 숨었고, 숲에서 강으로 가서 다시 숨게 되었습니다.

사람들은 먹을 것이 없어지자 온갖 풀을 뜯어먹었고, 심지어 흙도 파먹기 시작했습니다. 그래서 곳곳이 움푹 파이게 되죠. 마침내 금과 은을 먹고자 하니 금과 은이 깊은 곳으로 숨었습니다. 오늘날 금을 쉽게 발견할 수 없는 게 사람들에게 잡혀 먹히지 않기 위해서인 거예요. 안무과이가 동물들을 데리고 볍씨와 좁쌀을 찾으러 나섭니다. 뱀을 동원해 강물에서 볍씨를 찾아냈습니다. 인간이 쌀을 먹게 된 것이죠. 좁

---

14 大林太良, 「農耕民と死すべき人間」, 『神話學入門』, 東京: 中央會論社, 1982, pp.134~135. ; 李子賢, 「獵頭祭 獵頭的起源」, 『中國各民族宗教與神話大詞典』, 北京: 學苑出版社, 1993. pp. 589~592.

쌀을 찾기 위해 거머리를 동원했는데, 엉덩이에 좁쌀을 붙여 데리고 나왔습니다. 인간은 마침내 먹거리를 확보했고, 뱀에게는 보답으로 인간 세상에서 똬리를 틀고 살게 했지요, 집안의 수호신이 됩니다. 이것이 '업'이죠. 한국의 풍습으로 말하면 업구렁이라고 합니다. 그리고 거머리는 인간의 피를 빨아먹게 되었어요.

인간은 곡식을 수확하면 감사의례를 하는데, 와족은 새로운 곡식이 돌아오는 신미절新米節에 합니다. 사람을 살해하는 엽두제 기원신화와 이 〈쓰강리〉에 있는 기원신화는 전혀 다른 내용입니다. 수렵 시대에서 벼농사 시대로 전환하는 대조적 신화를 와족이 가지고 있다고 할 수 있어요. 어떤 중국학자는 와족이 쌀을 발견하고 쌀을 벼농사의 기원으로 삼은 대표적인 종족일 거라고 말합니다. 와족이 언제부턴가 사람머리를 못 바치게 하니까 이제 소머리를 바치기 시작해요.

자, 이제 좀 더 생각을 발전시켜서, 우리가 2단계를 말했지만 이것을 일렬로 세울 필요가 있다고 생각합니다. 인류 최초의 채취와 사냥의 단계가 있었어요. 중국 원난성 와족의 〈머리사냥〉, 인도네시아 서세람섬West-Ceram의 〈전쟁과 머리사냥의 기원〉이라고 하는 특별한 이야기도 같은 단계를 말하고 있어요. 둘 다 사람을 잡아먹고 사람머리를 잡으려고 전쟁놀이를 하는 대목이 신화에서 등장하기도 합니다. 사람을 잡아먹을 수 있는 것이죠. 그것이 최초의 먹거리 단계, 즉 채취와 사냥 단계이고요. 그 다음에 농사의 단계로 변합니다. 한국의 〈밀의 기원〉이라든지, 오키나와 〈벼의 시작〉이라든지, 서세람의 〈하이누웰레〉, 서세람의 〈지상에 쌀이 나타나게 된 연유〉 같은 신화에 나오는 농사 단계를 말합니다. 이렇게 진행되면 사냥과 농사를 병용하는 단계가 등장합니다. 이때 제주도에서는 〈궤네깃당신본풀이〉라고 하는 특별한 본풀이를 구현하고, 돼지고기를 먹는 특별한 의례를 거행합니다. 돼지는 두 가지가 있죠. 야생의 돼지, 즉 멧돼지가 있고, 집에서 키우는 집돼지가 있습니다. 농사 단계에서는 가축을 키우는 시대로 전환하는 것이죠. 중국 윈난성 모쒀족摩梭人 나르인들의 '부콰스부'殺猪祭祖15, 중국 호남 상서와 귀주 동북지역 먀오족의 '송저'送猪, 이족의 '산신제' 등이 이런 단계를 보여준다고 할 수 있습니다. 인류의 먹거리 진행에서 가설을 세우고 본격적으로 논한 사례가 흔치는 않습니다. 우리는 서세람이라든지 중국 윈난성의 소수민족, 우리나라 제주도, 오키나와 사례들을 들어서 이야기를 할 수 있는 것이지요.

물론 인간이 죽지 않고, 〈하이누웰레〉 신화처럼 사람이 죽은 데서 곡식이 나오는 게 아니라, 볍씨를 구해다가 농사를 시작하는 신화도 존재합니다. 다른 쪽에 가서 훔쳐 오는 것이지요. 그래서 볍씨 훔치는 신화들이 있는 것입니다. 마치 프로메테우스가 불을 훔쳐와 인간에게 주듯이 말입니다. 다음에 가축과 돼지 제의가 발생합니다. 돼지는 아주 주요한 단백질 공급원이죠. 이만큼 절실한 고기가 어디에 있습니까. 양이라든지 염소, 돼지, 소 등은 주요한 먹거리로 제공되는데, 이런 것들을 바치면서 신을 경외하는 것이 제사의 출발점이라고 볼 수 있습니다. 돼지고기를 바치면서 제사를 지내는 것도 중요한 의례인데, 제주도나 윈난성의 모쒀족, 이족, 바이족 등에서 이런 모습을 볼 수 있습니다.

윈난성 이족의 산신제에서는 돼지 한 마리를 잡아 피를 나눠 마십니다. 그러곤 균등하게 분배하죠. 칼잡이가 잡아서 주면, 딱 그 분량이 돼요. 그 칼잡이한테 아무도 도전하지 않습니다. 받은 만큼 가져가는 거

---

15 홍희, 「쓰촨 나르인'부콰스부(殺猪祭祖)' 의식과 모계가정」, 《동아시아고대학》 제19집, 동아시아고대학회, 2009.

예요. 우리나라에서도 똑같은 의례를 합니다.

제주도 돗제 제주도 상차림에는 돌래떡, 돔이 보입니다. 옥돔을 보통 솔래니, 솔라니, 솔랑이 등으로 말하죠. 주잔산전, 과일도 있습니다. '신가리매'라는 창호지를 둘러놓았고요. 미식米食을 받는 신에 대한 제사의례죠. 그래서 육식을 받는 신을 위해 뒤에서 따로 돼지고기를 자르는 것입니다. 이런 사람들은 보통 마을에서 백정 일을 조금씩 맡아서 하는 사람들이에요. 전문적인 백정은 아니죠. 고기도 부위별로 다 떼어냅니다. 옛날에는 한 번에 다 삶았는데, 지금은 냉장고나 김치냉장고가 잘 발달해서 생것으로 분배합니다. 열두 개를 만들어요. 고기를 부위별로 조금씩 떼어내 만든 것을 '열두 설반'이라고 합니다. 그런데 이 열두 개를 분배하는 법칙이 있어요. 이 중 두 개는 심방神房16 몫이에요. 이 사람만 두 개를 가져갈 수 있어요. 지금처럼 돼지고기가 흔하고 아무데서나 삼겹살을 구워먹는 시대가 아니었잖아요. 돼지고기로 조상한테 제사하던 시대였지요. 이 두 개의 몫은 굉장히 크다고 말할 수 있죠.

돗제는 보통 형이 하면 동생이 또 해요. 문제는 바로 그날 오후에 한다는 거예요. 실컷 먹고 배가 부른데, 오후에 또 가서 먹어야 해요. 몸무게가 3~4킬로그램은 족히 늘어서 오죠. 이걸로 끝이 아닙니다. 돼지 우린 국물에다가 모자반이라는 해초가 있어요. 그것을 '멈'이라고 하는데 멈국을 끓여서 줘요. 그걸 먹으면 1킬로그램이 확 불어 오릅니다. 그래서 다 차려놓고 〈궤네깃당신본풀이〉를 쭉 풀어가요. 이게 재미있는 서사시예요. 아까는 일반 제주도 분들의 집에서 하는 것이었고, 이건 심방집에서 해요. 14일 동안 굿을 하는데, 13일 동안 고기는 구경도 못해요. 14일째 비로소 고기를 먹죠. 그 돼지고기가 얼마나 달고 맛있

16 무당을 가리키는 제주 말.

겠습니까? 이것을 먹으면서 화해하는 것이죠. "우리가 그동안 애썼다. 이 굿은 위대했다." 라고 기념하면서 고기를 먹고 헤어지는 것이죠.

더불어 같이 하는 신화 공부

잠정적 결론이자 앞으로의 과제와 전망입니다. 중국 윈난성의 소수민족 신화를 왜 공부하는지, 어떻게 공부해야 하는지 생각해볼 필요가 있습니다. 그러기 위해서는 무엇보다 우리 신화를 온전하게 이해하는 게 중요합니다. 남의 것 잘 알자고 공부하는 것은 아니잖아요. 더불어서 같이 공부하는 것이고, 그 가치를 세계 여러 나라 여러 민족의 다른 신화들과 비교해야 하는 것이죠. 제주도, 중국 윈난성, 일본의 홋카이도 아이누, 남쪽의 아마미 열도, 오키나와 등과 비교하면 세계적 가능성을 타진할 수 있다고 생각합니다. 앞으로 제4세계, 더 나아가 제5세계까지 다 밝혀내야 우리의 임무가 완수되는 거예요.

질문 벼에 대해서 말씀하셨는데요. 우리나라에 소로리라고 있어요. 거기에서 볍씨가 발견되었다고 하는데, 선사시대 최초의 재배라고 하는 것 같던데요. 윈난성 와족 신화를 말씀하시면서 '윈난성에서 볍씨가 만들어졌다', '윈난성에서 벼농사가 시작되었다'고 하셨는데, 혹시 우리나라에서 벼농사가 먼저 시작되었을 수도 있지 않을까 하는 생각이 듭니다.

답변 전 세계 모든 곳에서 벼농사는 일거에 시작되었을 거예요. 가장 먼저 이루어진 쪽이 다른 곳으로 전파해주었을 거라는 게 일반적인 가설 방법이었어요. 이제 그것을 시정해야 합니다. 전 세계가 그렇게 전파되었다면, 왜 그곳들에서만 동시에 그런 현상이 생겨났는가를 설명할 수 없기 때문입니다. 따라서 볍씨는 전 세계에 보편적으로 다 존재했을 것입니다. 탄화된 볍씨를 발견했다고 말씀하셨지요? 물론 최근 획기적인 고고학적 유물 발견 가운데 하나입니다. 제가 말씀드리는 것은 그런 고고학적 유물과는 별도로, 그런 제의적 기원과 신화를 가지고 있는 지역을 유추해 보건대, 훨씬 더 설득력을 가지고 있는 쪽, 먹거리 변화를 핵심적으로 잘 보여주는 곳이 와족 지역이고, 그래서 중국 윈난성을 중시하자 이 말이었습니다. 유물은 별개의 사실일 수도 있다고 생각해요. 그러나 더 중요한 사실은, 세계 벼의 분포에서 크게 보면 학명으로 자포니카와 인디카가 있어요. 제가 보기에 자포니카와 인디카의 분기점은 윈난성이에요. 그것을 설명하는 가장 좋은 방법은 크롭의 견해입니다. 전문적인 학자의 견해이긴 하지만, 자포니카는 쌀의 점도가 끈적거려요. 이것을 먹으려면 도구를 이용해야 해요. 그래서 젓가락과 숟가락을 만들어 낸 것이죠. 한중일은 젓가락을 사용하잖아요? 숟가락을 사용하는 건 우리밖에 없어요. 우리는 숟가락을 밥에 본격적으로 도입했습니다. 더불어 밥과 잘 맞는 음식으로 국을 개발했어요. 다른 쪽은 점도가 약해요. 그것이 인디카입니다. 인디카는 훅 불면 날아갑니다. 안남미가 그렇죠. 그래서 점도를 맞추기 위해 커리라는 것을 만들어요. 손으로 비벼먹습니다. 저열한 문명이 아닙니다. 쌀의 특성과 환경에 따른 벼의 분포가 그런 문화를 만들어 낸 것입니다. 또 하나의 중요한 문화가 있어요. 다시 크롭의 의견을 가져오면, 인디카 분포권에서는 양념을 하는 방식이 달라요. 우리는 밑간을 하잖아요. 밑간을 하는 세계적 분포는 딱 양분되어 있어요. 소금입니다. 우리는 소금을 한 번 더 가공한 간장을 써요. 그것이 또 중요한 분포권인데,

그 분기점이 어떤 학자는 카자흐스탄이라고 해요. 제가 보기에는 윈난성을 기준으로 윗선에서 결정되었을 거라 생각합니다. 문화적으로 대단히 중요한 분기점이 윈난성이에요. 제가 공부해서 안 사실이기도 하지만, 최근에 나온 『벼농사와 의례』라는 책에도 나옵니다. 중국 윈난성에서 중국하고 일본인 학자들이 모여 학술대회를 열고 쓴 책입니다. 그 책을 보고서 어마어마한 사실들을 많이 알게 되었어요. 중국 학자와 일본 학자가 사이가 나빠지기 전입니다. 자, 이제 우리는 벼농사에 대해서 좀 더 본질적인 연구를 해야 될 때가 되었습니다. 그러나 제가 공부하는 영역은 인문학이고 인문학 가운데에서도 신화학이기 때문에, 기원신화를 기준삼아 제 견해를 말씀드렸습니다. 소로리의 탄화미는 제가 자세히 읽어보았어요. 그런데 고고학적 유물의 해석이라는 것이 그렇잖아요? 우리 문장으로 말하면 뼈대만 이야기 해놓았어요. 그래서 그렇다는 것인지 안 그렇다는 것인지 잘 모르겠어요. 대단히 조심스럽게 탄소연대측정기로 연대를 추정하는데, 그 시차가 대략 3천년 정도 납니다. 하나마나한 것이죠. 조금 더 면밀하게 시대가 특정되어야 하는데, 그렇지 않아 좀 곤란합니다. 저는 고고학을 전공하지 않았으므로 조심스럽게 신화를 가지고 그렇게 말씀드린 것뿐입니다.

질문 카무이 유카르가 곰에 관한 서사잖아요. 우리나라 단군신화에도 곰이 나오는데요. 옛날에 곰을 토템처럼 숭배했다고 하나요? 그런 거랑 관련이 있잖아요. 그래서 우리나라에도 나오는 것인지, 또 이 서사시가 굉장히 중요하다고 하셨는데 어떤 점에서 그렇게 중요한지 궁금합니다.

답변 좋은 질문을 하셨습니다. 시베리아가 얼마나 광활하고 먼 곳인지는 잘 아실 거라고 생각합니다. 아까 잠깐 언급했지만, 서시베리아의 끝부분, 우랄산맥 북쪽 너머에 한티하고 만시라고 하는 특별한 부족이 있어요. 이들은 모두 곰을 숭배하며 살아요. 곰 숭배의 핵심은 먹거리 확보입니다. 결국은 곰 노래를 부르고 곰을 예찬해서 곰을 잡아먹자는 이야기예요. 그 다음, 아까 말씀드린 아이누의 곰 서사시가 있어요. 여기에 덧붙여, 이제 블라디보스토크 옆에 나나이족, 한자어로는 혁철족赫哲族이라고 하고, 중국식으로는 허저족이라고 발음합니다만, 그 나나이족이 이제 소수민족으로 한 7천여 명이 살아있는데, 여기도 곰을 숭배합니다. 역시 잡아먹겠다는 것이지요. 우리도 그 흔적의 일부로 곰 신화를 가지고 있어요. 그런데 우리의 경우 곰이 먹거리의 대상은 아니죠. 웅녀가 사람이 되어 환웅과 결혼을 해서 단군왕검을 낳았어요. 일정하게 변이된 내용이지만, 곰을 대상으로 하는 이야기죠. 서사시가 있다는 것은 이 지역에서 공통적이에요. 그런데 우리는 이것을 3인칭화 했어요. 나나이족도 3인칭입니다. 이렇게 되는 것이죠. "하늘에 환인이 있었는데, 환인의 아들 환웅이 소위천하라." 3인칭으로 서술이 되잖아요. 곰을 숭배의 대상으로 삼았다는 증거입니다. 먹거리이지만 신격화된 것이죠. 한티와 만시, 여기서는 '내'가 주어입니다, 내가 곧 곰이죠. 내가 하늘로부터 내려왔다. 곰의 영혼과 화자의 영혼이 동일해요. 신화적 은유법이 가장 잘 조화된 시점이라고 생각합니다. 그런데 시베리아 한티 만시족과 아이누 두 군데만 나뉘어 있어요. 세계 서사시에서 3인칭으로 된 곰 이야기하고 1인칭으로 된 곰 서사시가 양립하고 있는 셈이지요. 1인칭 쪽이 훨씬 더 원형일 가능성이 있어요. 무당들이 흔히 공수라는 것을 합니다. "나는 네 아버지다." 라고 이야기를 해요. 아버지가 되어 이야기하는 것이잖아요? 무당의 공수에 1인칭 말하기 시점이 있어요. "나는 최영장군이다." 굉장히 중요한 어법이죠. 이런 공수식 어법을 서사시가 가지고 있습니다. 시베리아로부터 홋카이도까지, 어마어마한 길이입니다. 8천km 이상이에요. 그런데 동일하게 그 서사시가 양립해서 전하고 있습니다. 제가 강의시간에 학생들에게 이 서사시 두 개를 다 보여줘요. 학생들이 깜짝 놀랍니다. 어떻게 그렇게 먼데도 1인칭으로 서사시가 전하느냐 하는 거예요. 거기에 비밀이 있습니다. 동시발생이죠, 곰을 먹거리로 삼은 집단에. 먼 거리를 걸어와 정착해서, 혈족도 다르고 인종도 다르니 성립시킬 수는 없다고 생각해요. 그래서 전파론은 제가 보기엔 무의미한 것 같습니다. 먹거리를 하다 보니까 그런 사고방식이 자연스럽게 그 단계에 있었던 것이지요. 그 부분을 설명하려고 했던 것이고요. 그런 의미에서 곰 신화, 곰 의례가 중요하다고 할 수 있습니다. 정리된 자료에서 한 12개 정도가 곰 서사시인데요. 아직 공개하지 않은 어마어마한 자료들이 있습니다. 장차 큰 책을 하나 쓰고 싶어요. 이제 욕심은 한티와 만시족까지 가는 거예요. 현지조사를 하면서 말입니다. SBS에서 특집을 해서 알았거든요. 그 사람들은 한국 사람처럼 생겼어요. 너무 똑같습니다. 거기에도 그런 서사시를 전하고 있어요. 그 서사시가 있는 것을 SBS 현지 답사팀이 몰랐던 것 같아요. 저는 이제 아이누 자료를 아니까 금방 연결을 시켜서 훌치기를 할 수 있었어요.

질문 그렇다면 1인칭 시점의 서사가 나올 수밖에 없는 환경들이 따로 있는 것인가요?

답변 모두 곰을 집안으로 데려와요. 그래서 곰 아버지, 인간 아버지, 곰 어머니, 인간 어머니, 곰 동생, 인간 누나와 같은 혈족관계를 형성시켜요. 그래서 동질화합니다. 곰을 집안의 한 가족 구성원으로 받아들이는 거죠. 그런데 환웅이 웅녀가 기도해서 여자가 되었다 하면 그것은 이미 신격화가 된 대상인 것이죠. 구성원이 아니잖아요. 바로 3인칭이 되는 것이죠. 시점 전환의 비밀인 것 같습니다. 그러나 아직 제가 그런 자료를 다 모아보지 못했으니, 조금 더 고민해 보아야 할 부분이 있습니다.

질문 아까 서시베리아와 동시베리아의 거리가 8천km 이상이라고 하셨는데요. 보통 문화를 보면 국수로드, 해상실크로드, 이런 식으로 길을 통해 전파되었고, 고대 신화도 길을 따라서 섞였잖아요. 이것들은 어떤 길에 의해서 전파된 것인가요?

답변 네, 그것이 전파론의 맹점이고요. 저는 그렇지 않다고 생각해요. 자, 아프리카 여자들도 베를 짭니다. 인도네시아에서도 베를 짰어요. 한국 여자들도 베를 짰어요. 섬세하거나 거칠거나 차이는 있지만 베를 짭니다. 인간은 언어를 만들어 냈어요. 맹점이 무엇인가요? 언어는 다 다르죠? 이것은 보편발생이에요. 멀리 있는 것을 쏴죽일 수 있다는 도구를 각자 다 만들었어요. 특별한 지역의 유물이 발견되었는데, 인도 것이다 하면 거짓말이죠. 거짓말일 수 있잖아요? 누가 가져다 놓았는데, 그것이 문화적 전파의 결과일 수 있다고 해석하는 것은 너무 무리한 이야기라는 거죠. 제 말씀은 보편적이라는 것입니다. 제주도에서 국제 학술대회를 했을 때[17], 아주 좋은 가설이 나왔어요. 요점만 말씀드리면, 지구가 행성이 되었잖아요. 처음엔 대지가 하나였어요. 그

---

[17] 조동일, 「세계신화의 지사학을 위한 제주도의 기여」, 제5회 제주학 국제학술대회. 〈신화의 보물섬 제주, 제주신화의 성격과 세계적 위상〉. 제주발전연구원 제주학연구센터 주최, 2016.10.7.

러다가 오늘날의 오대양, 육대주로 갈라졌습니다. 그런 것을 대상으로 연구하는 학문을 지질학이라고 하고, 그런 것을 통해서 역사를 재고하는 학문을 지사학地史學이라고 해요. 땅이 어떤 부분은 기이하고, 어떤 부분은 공통적으로 같잖아요? 그와 같다는 것입니다. 인류는 보편적으로 똑같이 전개가 되었지, 뭐가 하나 어디서 어디로 전파되거나 하지 않았다는 거예요. 그렇게 된 충분한 원인이 있었습니다. 제주도와 윈난성이 아주 비슷해요. 그 글을 최근에 완성했습니다.

이제 정리하겠습니다. 저는 지금 제 몸의 모든 한계를 쏟아 붓고 이야기하는 것입니다. 느껴지시죠? 제가 이 자리에 와서 왜 울겠어요. 아이누의 가야노 시게루萱野茂18 선생을 생각하면 눈물이 납니다. 통화를 했는데 어르신께서 대장암이 걸려 대장의 일부를 떼어냈다고 해요. "대장을 떼어내 아프시겠어요." 라고 했더니, 더 아픈 부위가 있다는 거예요. "머릿속에서 일본 놈의 지배를 받은 기억을 떼어내고 싶다." 고 하십니다. 그리고 돌아가셨어요. 그러면서 "김헌선, 네가 우리 홋카이도 아이누 사람의 아픈 부분을 이야기해라."고 하셨어요. 저는 그들을 생각하면 눈물이 나요. 제가 선물을 받았는데, 자그마한 돌이에요. 그것이 '인연의 돌'이에요. 그것의 큰 조각이 그분 집에 있는 거예요. 아주 예쁩니다. 그걸 주시면서 "나를 잊지 마라. 우리 민족을 잊지 마라." 하셨어요. 그래서 잊을 수가 없어요.

---

18 가야노 시게루(萱野茂, 1926~2006). 아이누인으로 언어학자 긴다이치 교스케의 영향을 받아 아이누문학의 채록을 시작하여 많은 작품을 책으로 남겼다. 1983년 아이누 민속관을 창설하고 아이누인 최초의 국회의원이 되었다. 저서로 『바람의 신과 오키쿠루미』(風の神とオキクルミ), 『카무이 유카라와 민담』(カムイユカラと昔話), 『다섯 개의 심장을 가진 신』(五つの心臓を持った神) 등이 있다.

참고자료

가야노 시게루(萱野茂) 저, 심우성 역, 『아이누 민족의 비석』, 동문선, 2007.
김헌선, 「제주도와 아이누의 구비서사시 비교 연구」, 《구비문학연구》 제14집, 한국구비문학회, 2002.
김헌선, 「중국 윈난성(雲南省) 리장(麗江) 나시족(納西族) 뭐써족(摩梭族) 답사기」, 《비교민속학》 40호, 비교민속학회, 2009.
김헌선, 「제주도 돗제와 궤네깃당 본풀이 연구」, 《탐라문화》 제31호, 제주대학교 탐라문화연구원, 2007.
클로드 레비-스트로스 저, 강주헌 역, 『우리는 모두 식인종이다』, 아르테, 2015.
조동일, 『동아시아구비서사시의 양상과 변천』, 문학과지성사, 1997.
권태효, 『중국 운남 소수민족의 제의와 신화』, 민속원, 2004.
김선자, 『중국 소수민족 신화기행』, 안티쿠스, 2009.
김선자, 『오래된 지혜』, 어크로스, 2012.
강정원, 「시베리아 곰 신화와 곰 의례」, 『동북아 곰 신화와 중화주의 신화론 비판』(이평래 외), 동북아역사재단, 2009.
이정재, 『동북아의 곰 문화와 곰 신화』, 민속원, 1997.
박정임, 「아이누 민담 연구-아이누 민담에 나타나는 곰의 신성을 중심으로」, 강원대학교 대학원 석사학위 논문, 2009.
사라시나 겐조(更科源藏) 저, 이경애 역, 『아이누 신화』, 도서출판 역락, 2000.
EBS 세계테마기행-중국소수민족기행 3부 윈난, 소수민족의 봄. 2015.2.16.
EBS 세계테마기행-바람과 구름의 땅, 윈난 2103.5.20.~5.23.
EBS 세계테마기행-윈난 소수민족기행 1부 윈난의 봄, 먀오족의 새해맞이. 2014.3.3.
EBS 세계테마기행-윈난 소수민족기행 2부 찬란한 대지의 보물, 하니족의 다랑논. 2014.3.4.
EBS 세계테마기행-윈난 소수민족기행 3부 중국 속의 작은 타이, 다이족. 2014.3.5.
EBS 세계테마기행-윈난 소수민족기행 4부 윈난의 원시부족, 와족. 2014.3.6.

제3강

중국 윈난성 소수민족 먀오족의 신화 세계

김혜정(백석대 교수)

우리의 〈콩쥐팥쥐〉 이야기와 먀오족의 〈오러와 오도〉 이야기

이번 시간엔 옛날이야기를 먼저 하나 들려드리면서 시작해야 할 것 같습니다. 먀오족^{묘족, 苗族}에 대해 모르시는 분도 계시겠고 잘 아시는 분들도 계시겠지만, 우리 이야기와 먀오족 이야기를 함께 들려드리며 오늘의 강의를 풀어볼까 합니다. 먼저 우리나라 〈콩쥐팥쥐〉 이야기는 다 아시죠? 다 아시지만, 제가 다시 한 번 들려드리겠습니다.

옛날에 젊은 부부가 살았어요. 예쁜 딸을 낳았는데 이름이 콩쥐였죠. 콩쥐를 낳고 오래지 않아 불행히도 엄마가 일찍 죽어버렸어요. 아빠는 고심 끝에 그래도 내가 혼자 애를 키우는 것보다 여자가 있어서 애를 단속하며 키워야겠다며 재혼을 하죠.
재혼한 여자는 콩쥐와 비슷한 또래의 딸을 데리고 들어오게 됩니다. 그래서 같이 살아가는데, 계모는 날이 갈수록 콩쥐에게 아주 많은 일을 시키면서 콩쥐를 괴롭혀요. 콩쥐는 계모가 시킨 일을 꾸역꾸역 해 냅니다. 계모가 콩쥐에게 시키는 대표적인 일들은 이래요. 계모는 콩쥐한테는 나무로 된 호미를 주고 산등성이 자갈밭을 매라고 하고, 팥쥐한테는 쇠로 된 호미를 주고 집 근처 모래밭을 매라고 하죠. 팥쥐에게 시킨 일은 너무 쉬운 거예요. 팥쥐는 모래를 호미로 슬슬 매다가 집에 와서 밥을 먹곤 했죠. 반면, 계모가 콩쥐에게 그래요.

"너, 그 밭을 다 매기 전까진 집에 올 생각도 하지 말거라."

콩쥐는 나무 호미를 들고 산을 겨우겨우 올라가서 밭을 매는데, 호미질 몇 번 하니까 호미 머리가 똑 떨어지는 거죠. 콩쥐가 엉엉 웁니다. 한참 울고 있는데 어디선가 "음메." 하는 소리가 들리더니, 하늘에서 검은 암소가 내려와 울고 있는 콩쥐에게 묻습니다.

"콩쥐야, 왜 울어?"

콩쥐가 울면서, "우리 엄마가 이 밭을 다 매기 전까진 집에 들어오지 말라고 했어. 그래서 밭을 매는데 나무 호미가 부러져서 울고 있어."라고 해요.

그러자 암소가 말합니다.

"그래? 걱정 마! 내가 매줄게. 너는 저기 계곡물이 흐르는 데 가서 맨 위 상탕에서는 머리를 감고 중탕에서는 목욕을 하고 하탕에서는 발을 씻고 와."

콩쥐는 검은 암소의 말이 이상했지만 시키는 대로 씻고 옵니다. 씻고 왔더니 세상에, 이 암소가 밭을 다 매놓고 있는 거예요. 콩쥐는 너무 기분이 좋았죠. 암소가 다시 콩쥐한테 말을 합니다.

"그런데 콩쥐야. 너 배고프진 않아?"

물론 배고프죠. 엄마가 돌아가시고 난 다음은 계속 배고프죠. 그래서 콩쥐가 "응, 배고파." 했더니, 암소가 말합니다.

"치마를 좀 벌려봐."

콩쥐가 앞치마를 벌리니까 거기에 암소가 응가를 뿌직뿌직 싸는 거예요. 그런데 그게 응가가 아니고 사과, 배, 약과, 꿀떡 이런 것들인 거죠. 콩쥐가 맛있게 먹었는데도 많이 남아서 신나서 집으로 가지고 가는 겁니다.

"어머니 저 왔어요. 문 열어 주세요."

그러자 계모가 집안에서 대답합니다.

"그럴 리가 없지! 네가 밭을 다 매고 올 리가 없잖니?"

"아니에요. 밭을 다 매고 맛있는 것도 얻어 왔는걸요." 라고 하니까 계모가 문을 살짝 엽니다. 콩쥐가 문 안으로 사과나 배를 건네주니 계모가 받아 보고 너무 맛있는 거예요. 들어오라고 하고는, 이 과일은 제사에서나 볼 수 있는 귀한 과일인데 이걸 도대체 어디서 났냐고 다그치니까 콩쥐는 사실대로 다 이야기합니다.

그랬더니 계모가 "너는 내일 여기 모래밭을 매거라." 라고 하고는 다음날 팥쥐를 산으로 보내죠. 역시나 팥쥐가 나무 호미로 밭을 매다가 호미가 똑 부러지니까 엉엉 울고, 그러자 암소가 하늘에서 내려와 왜 우냐고 묻고, 팥쥐는 콩쥐가 했던 것과 똑같은 대답을 하죠. 팥쥐는 암소가 시킨 대로 상탕, 중탕, 하탕에서 씻고 오고 그 사이에 암소는 밭을 다 매줍니다. 그리고는 팥쥐한테 "배고프지 않니?" 하니, 팥쥐가 "배고파요." 라고 대답하죠. 그러자 암소는 팥쥐에게도 "치마를 대!" 라고 합니다. 팥쥐는 신이 나 치마를 넓게 펴서 댔더니 암소가 거기에 자기의 항문을 대고 설사 똥을 푸짐하게 싸주죠. 온 몸에 설사 똥이 묻은 팥쥐는 울면서 집에 갑니다.

계모는 멀리서 딸이 알록달록 차려입고 오는 것을 보고 암소로부터 예쁜 옷을 얻어 입었다고 좋아했는데, 가까이 온 팥쥐의 모습을 보니 온 몸에 설사 똥이 묻어 얼룩덜룩한 무늬가 졌던 거죠. 팥쥐가 막 울며 오니까 계모는 화가 나서 콩쥐를 또 때립니다. 거짓말을 했다고요. 콩쥐는 계모에게 핍박을 받으며, 또 계모가 시킨 어마어마한 양의 가사노동에 시달리면서 세월은 흐릅니다.

어느덧 콩쥐와 팥쥐는 열다섯 살쯤 됩니다. 콩쥐가 사는 마을과 도랑을 사이에 둔 마을에 외삼촌이 살고 있었는데, 외삼촌댁에 잔치가 벌어졌어요. 콩쥐도 너무 가고 싶은데 계모랑 팥쥐는 자신들만 단장을 하고 먼저 갑니다.

콩쥐는 잔치에 너무 가고 싶었기에 계모에게 용기를 내어 "나도 데려가주세요." 라고 말을 합니다. 계모는 여러분이 잘 아시는, 세 가지 노동을 시키죠. 첫 번째, 깨진 독에 물을 가득 부어 놓고 와라. 두 번째, 벼 세 섬을 주면서 다 찧어놓고 와라. 세 번째, 베를 세 필 짜놓고 와라. 콩쥐에게는 한 달이 걸려도 다 못할 과제죠. 그것들을 다 해놓고 오라고 하면서 가버립니다. 콩쥐는 잔치에 갈 생각에 동이를 이고 얼른 우물에 가서 물을 길어옵니다. 그러나 아무리 부어도 물독에는 물이 차지 않아요. 늘 텅텅 비죠. 왜 그런가 하고 아래를 봤더니 구멍이 나 있었어요. 콩쥐는 너무 슬퍼서 엉엉 울었죠.

그랬더니 어디선가 두꺼비가 나타나서 묻습니다.

"콩쥐야, 왜 울어?" 하니까 콩쥐는 "물독에 구멍이 났는데, 나는 여기 물을 채워야 놀러 가는데……." 라고 하니 두꺼비가 "독을 약간 기울여봐." 라고 말합니다. 콩쥐는 두꺼비 말대로 독을 약간 기울이니, 두꺼비가 그 아래로 들어가 등으로 물독의 구멍을 막아줍니다. 콩쥐가 물을 붓자 물독에 물이 가득 차요. 그 전에는 대여섯 번 물을 길어다 채워야 했는데, 한 번만 부어도 물이 금방 차는 신비로운 일이 벌어집니다.

다음은 곡식 찧기예요. 콩쥐는 열심히 곡식을 찧습니다. 하지만 세 섬을 언제 다 찧어요? 한참을 찧다가 울고 있는데, 속 모르는 참새들이 어디선가 한 가득 날아오더니 볏섬에 달라붙어 막 먹느라 정신이 없는 거예요. 그 모습을 보고 콩쥐가 너무나 속상해서 잉잉 울면서 "참새들아, 저리 가!" 하며 참새들을 쫓았죠. 글쎄 참새들이 날아오른 자리를 보았더니, 낟알들이 모두 하얗게 껍질이 벗겨져 있는 것이었습니다. 참새들은 곡식을 먹은 게 아니라 순식간에 껍질을 까주고 날아갔던 거지요.

이제 마지막 과제죠. 콩쥐는 베를 열심히 짜려고 하는데, 아시겠지만, 베는 쉽게 짜지는 게 아니죠. 아무리 짜도 천의 길이는 쉽게 늘어나지를 않는 거예요. 그래서 다시 '잉'하며 울고 있는데, 하늘에서 무지개가 내려오더니 선녀가 무지개를 타고 내려와서 콩쥐에게 묻습니다.

"콩쥐야, 왜 우니?" 하니까 콩쥐가 사연을 말하죠. 그러자 선녀는 "걱정 마. 내가 짜줄게. 너는 얼른 이 옷과 이 신발을 신고 잔치에 가거라." 하며 자기 옷과 신발을 줍니다. 콩쥐는 선녀가 준 예쁜 옷과 꽃신을 신고 신이 나서 막 달려갑니다.

외삼촌이 사는 마을을 가려면 작은 시내를 건너야 합니다. 콩쥐가 그 시내에 놓여있는 징검다리를 막 건너고 있는데, 그때 "물렀거라! 신임 원님 행차시다. 물렀거라!" 하는 벽제소리가 나죠. 길에서 비키라는 소리가 나니까, 콩쥐는 우왕좌왕하다가 그만 신발 한 짝이 벗겨져 물 속으로 떨어져 버립니다. 그렇지만 신발을 줍지 못하고 얼른 징검다리를 건너 길가 숲에 엎드려 있었어요. 옛날에 나라님이나 높은 분이 행차하면 길에 같이 서 있을 수 없었잖아요. 길 밖으로 나가야 했어요. 원님이 말을 타고 지나가는데 징검다리의 중간쯤 오더니 움직이지 않습니다. 원님이 내려다보니까, 지금까지 한 번도 본 적 없는 예쁜 꽃신이 있는 거죠. 원님이 "저 꽃신을 주워오너라." 하니, 나졸들이 얼른 주워왔어요. 원님이 그 꽃신을 보니, 정말로 예쁩니다. 이 정도의 꽃신을 만들 실력이면 신발 주인의 성품이며 재주며 인물은 볼 것도 없을 것 같습니다. 그래서 원님은 이 신발의 주인을 내 색시로 삼겠다고 하죠. 사람들에게 수소문을 하니 지금 온 동네 사람들이 다 저 잔칫집에 모여 있을 것이니 그곳에서 찾아보라고 합니다. 원님도 말을 돌려 그 잔칫집에 갔고, 신발에 맞는 사람을 내 부인으로 삼겠다고 하니까 이사람 저사람 다 신어보는 겁니다. 기가 막히게도 계모가 그 신발의 주인이 자신이라고 하면서 신발을 신어봅니다. 팥쥐 엄마, 이미 팥쥐 아빠 있잖아요. 이혼인지 사별인지, 이제는 콩쥐 아빠 있잖아요. 그런데 또 결혼을 하겠다는 건지. 아무튼 계모도 신발을 신어보았는데, 발에 맞지 않으니 원님에게 볼기를 맞죠. 그러고도 정신을 못 차리고 이제 팥쥐를 충동질해서 "너도 신어봐!" 라고 합니다. 팥쥐도 신어봤지만 역시나 맞지가 않아요. 그래서 다시 볼기를 맞죠. 이제 마지막으로 콩쥐가 신어보니 발에 딱 맞는 거예요. 그리고 콩쥐가 나머지 신발 한 짝을 원님에게 보여주니, 원님은 "바로 너로구나. 내 짝이로구나." 했죠.

그렇게 해서 두 사람은 결혼해서 행복하게 잘 산다는 이야기죠.

여기서 신발은 여성의 성을 상징하는 의미가 있죠. 자기한테 딱 맞는 여성을 구한다는 의미 말이에요. 전 세계적으로 〈신데렐라〉 설화는 20세기 초에 천 편 이상 전승되고 있는 것으로 알려져 있습니다. 당시까지 유럽을 중심으로 조사된 것만요. 이후, 조사되지 않은 지역까지 합치면 몇 만 편은 족히 되지 않을까 싶습니다. 그런데 아시다시피 여기까지는 우리가 잘 알죠. 그런데 그 뒤가 있는 것도 아시나요?

콩쥐랑 원님이랑 행복하게 같이 사는데, 팥쥐가 너무 배가 아픈 겁니다. 그래서 한 번 놀러가죠. 원님이 멀리 출타했을 때 팥쥐가 콩쥐네 집에 놀러갑니다.

"콩쥐야, 원님은 안 계시니?"

"응. 멀리 출타했어."

그 말을 들은 팥쥐가 콩쥐의 집 안으로 들어와서는 콩쥐가 입는 것, 먹는 것, 사는 것 보니 너무 부러워요. 기어코 팥쥐는 콩쥐가 입고 있는 옷의 깃을 들추더니 "어머, 너 목에 때가 왜 이렇게 많니? 너 이래서 원님에게 사랑을 받겠니? 안 되겠다. 내가 때 좀 밀어줄게. 우리 저기 연못에 목욕하러 가자." 하는 겁니다.

팥쥐는 콩쥐를 끌고 연못에 가서 목욕을 하는 척하면서 뒤에서 확 밀어 연못에 빠뜨려 죽이죠. 이 장면 때문에 동화로 만들어지기가 쉽지 않았죠. 결혼해서 행복하게 사는 걸로 보통 끝내는데, 〈콩쥐팥쥐〉 이야기를 조사해보니 이러한 뒷이야기가 이어지는 것이 더 일반적인 모습이었습니다. 팥쥐는 콩쥐를 물에 빠뜨려 죽이고는 자기가 콩쥐 옷을 다 차려입고 방에 들어가서 딱 앉아 있습니다. 그리고 며칠이 지나서 원님이 돌아옵니다. 원님은 아내가 어딘가 달라진 것 같다고 느낍니다. 첫째, 얼굴이 너무 까매요.

"여보. 나 없는 사이에 무슨 일이 있소? 왜 이렇게 얼굴이 까매졌소?" 하고 묻습니다.

"원님이 언제 오시나 매일 마당에 나가서 기다리느라 얼굴이 타서 그래요."

"아, 그렇소? 근데 여보, 얼굴에 왜 이렇게 곰보 자국이 생겼소?"

"제가, '이리 오너라.' 소리만 들리면 원님이 오시는 줄 알고 급하게 나가다가 마당에 콩을 널어놓은 멍석에 엎어지는 바람에 곰보 자국이 생겼잖아요."

"아, 그렇소? 그런데 당신 목은 왜 그렇게 쭉 길어진 것이오?"

"제가, 원님이 오시나 안 오시나 고개를 길게 빼서 담을 넘어다보느라고 이렇게 목이 길어졌잖아요."

"아, 그런가." 하고는 원님은 더 이상 의심하지 않고 같이 삽니다.

그러던 어느 날 원님이 연못가를 산책하는데 전에 보지 못한 아주 예쁜 꽃이 있는 겁니다. 구연자마다 함박꽃이라고 하고 연꽃이라고 하기도 하는데, 원님이 그간 보지 못한 너무 예쁜 그 꽃을 하인더러 꺾어 오라고 하니까, 하인이 몇 명 도전해도 꺾지를 못합니다.

원님이 "아니, 그걸 왜 못 꺾지?" 라고 하면서 자기가 직접 꽃을 꺾으니까 꽃이 댕강 끊어집니다. 너무 예쁘고 향기도 좋아서, 옛날집의 문고리 아시죠? 동그란 문고리. 거기다가 꽂아둡니다. 들락날락하면서 향기를 맡으며 '야, 좋다!' 하는데, 팥쥐가 들락날락할 때는 거기서 긴 손톱의 손이 나와 팥쥐 머리를 마구 쥐어뜯습니다. 연못에서 가져왔다고 하니, 팥쥐가 "이거 콩쥐의 화신 아니야? 안되겠다!" 하고 꽃을 뽑아다가 원님 없을 때 아궁이에 던져버렸죠. 때마침 이웃집에 있는 할머니가 불씨가 꺼졌다고 불씨를 얻으러 찾아왔어요. 그래서 "저 아궁이에 가서 얻어가세요." 라고 팥쥐가 말하죠. 할멈이 아궁이에 가서 재를 뒤져 불씨를 꺼내는데, 거기에 예쁜 구슬이 들어있는 거예요.

할머니가 탐심이 나 아무도 모르게 구슬을 얼른 앞치마에 싸서 집으로 가지고 옵니다. 그리고는 천에 예쁘게 싸서 바구니에 담아 장롱 안에 넣어두죠. 그날부터 할머니가 외출했다가 돌아오기만 하면 맛난 밥이 늘 차려져 있는 거예요. 너무너무 놀라요. 며칠 뒤에 몰래 숨어서 봤더니, 구슬을 넣어놓은 그 장롱에서 예쁜 아가씨가 툭 튀어나오더니 음식을 하고 나서 다시 장롱 안으로 들어가려고 하는 거예요. 할머니가 잽싸게 달려들어 옷자락을 잡습니다.

"아가씨, 누구야?" 하고 얼굴을 살펴보니까, 전에 봤던 원님 색시인 거예요. 그래서 "원님 색시, 여기 왜 있어요?" 하니, 콩쥐는 그 동안의 사연을 다 말합니다. 그러면서 콩쥐는 "할멈, 내일이 할멈 생일이라고 하면서, 원님을 좀 초대해서 식사를 대접해요. 내가 음식은 다 할게요." 라고 부탁해요.

그래서 다음날 원님이 옆집 할머니가 부르니까 진짜 왔어요. 식사를 하려고 상에 앉았는데, 아무리 젓가락질을 하려고 해도 하나는 짧고 하나는 길었어요.

원님은 타박하며 "아이고, 할멈. 젓가락이라도 좀 제대로 놓소." 하니까 갑자기 장롱 안에 있던 콩쥐가 튀어나오면서 "젓가락 바뀐 줄은 알면서 마누라 바뀐 줄은 모르시구려!" 하는 거죠. 이제 원님이 모든 사실을 알고 집으로 돌아가서 팥쥐를 죽입니다. 콩쥐는 팥쥐의 살을 얇게 육포를 떠 항아리에 소금 한 켜, 살 한 켜 쌓아 젓갈을 담아 계모한테 보냅니다.

계모가 그걸 받고는 "딸은 역시 부잣집으로 시집보내고 볼일이야. 이런 육젓을 다 보내주네." 하고 열심히 먹다가, 맨 마지막에 손톱하고 머리카락이 나오는 걸 보고 "으악!" 하고 놀라서 죽었습니다.

이것이 우리나라 〈콩쥐팥쥐〉 이야기의 또 다른 결말이에요. 이러한 결말이 우리나라 〈콩쥐팥쥐〉 설화의 본 모습인데, 사실 동화책으로 대중에게 더 많이 알려져 있는 건 결혼해서 끝나는 이야기이죠. 이러한 뒷이야기가 있는 설화가 더 오래된 이야기 버전이 아니었나 하는 생각이 듭니다.

이 얘기를 왜 하냐면, 이번 시간에 제가 강의할 것이 먀오족 신화세계인데요. 우리에게는 너무 생소한 먀오족의 신화세계를 바로 이야기하는 것보다 그들의 옛이야기를 잠깐 보면서 이들도 우리와 비슷한 이야기를 있다는 것을 안다면, 공감대와 이해의 폭이 더 클 것으로 생각되기 때문입니다.

먀오족에도 우리의 〈콩쥐팥쥐〉 같은 이야기가 많이 전승되고 있습니다. 그중 하나인 〈오러와 오도〉[1]라고 하는 이야기를 잠깐 들려드리겠습니다. 제가 이번 시간에 최종적으로 말씀드리고 싶은 주제는, 우리를 포함해 세계의 각 민족은 같으며 다르고, 다르며 같은데, 신화조차도 전 세계 민족마다 동질성과 이질성을 가지고 있다는 점입니다.

이제 먀오족판 〈콩쥐팥쥐〉 이야기인 〈오러와 오도〉 이야기를 해보겠습니다. 오러라는 소녀가 있었습니다. 오러의 엄마가 돌아가시자 아버지는 재혼을 하고 계모는 오도라는 딸을 낳습니다. 계모는 자신이

---

[1] 〈오러와 오도〉는 동화작가인 이영경이 붙인 제목으로, 본래 이 이야기의 제목은 〈오러와 샤오나(歐樂與召納)〉이다. 주인공인 오러(歐樂)는 우리의 〈콩쥐팥쥐〉 이야기에서 콩쥐에 해당하는 인물이며, 역시 어려서 친엄마를 잃었다. 샤오나(召納)는 오러와 혼인을 하게 되는 청년의 이름이다. 오러의 여동생인 오도(歐豆)는 계모와 아버지 사이에서 태어난 딸이다. 본래의 제목이 여주인공과 남주인공을 강조한 것이라면, 이영경은 우리의 〈콩쥐팥쥐〉 이야기처럼 두 이복자매의 이름을 강조하여 제목을 지었다. 이 이야기는 먀오족의 옛이야기를 기록한 여러 자료집에서 보이는데, 대표적으로 다음의 것들을 들 수 있다. 「歐樂與召納」, 『苗族民間故事選』, 上海文藝出版社, 1981, pp. 174~186. ; 「歐樂與召納」, 『中華民族故事大系(藏族·維吾爾族·苗族)』, 上海文藝出版社, 1995, pp. 783~795.

낳은 딸 오도에게는 좋은 옷, 좋은 음식을 주면서 아무 일도 시키지 않습니다. 반면, 오러에게는 다 떨어진 옷을 입히고 남은 밥을 주면서 물 긷는 일 등 온갖 힘든 일들을 시킵니다.

　이처럼 먀오족 이야기에서도 계모와 의붓딸의 갈등이 나옵니다. 먀오족은 은장식이 굉장히 발달되어 있는 민족이기도 해요. 꽃 축제跳花場가 있는 3~4월에 먀오족을 들여다보면 여성들의 옷과 머리 장식이 굉장히 화려한데, 여성들의 솜씨가 얼마나 발휘되느냐에 따라서 좋은 배우자를 얻을 수 있는 확률이 높고, 또 결혼을 잘하고 못하고 결정이 된다고 합니다.

　〈오러와 오도〉를 보면, 오도가 입고 있는 옷은 언니인 오러가 만들어준 옷이고 그 옷을 계모의 딸이 입고 있죠. 오러는 늘 일을 하고 삽니다. 그러던 어느 날, '꽃 춤 놀이'라고 하는 축제가 열립니다. 우리의 〈콩쥐팥쥐〉 이야기에서 배우자를 만나게 되는 결정적인 사건이 뭐였죠? 콩쥐가 이웃마을 잔치 보러 가다가 원님을 만났죠? 우리나라는 거의 잔치에서 만나는데 소수민족들은 거의 축제가 있어서, 그 짝짓기 축제에서 배우자를 만납니다. 먀오족들은 워낙 넓은 지역에서 살아서 지역마다 여러 가지 축제가 있지만, 가장 유명한 것은 자매절姉妹節이라고 할 수 있습니다.[2] 여성들이 음식을 만들고 남성에게 대접하는, 젊은 남녀가 모여서 며칠 동안 먹고 놀면서 춤추고 자신의 배우자가 될 만한 짝을 찾는 그런 축제죠.

　그래서 여기 예쁘게 치장을 한 것은 오도, 계모의 딸이고 축제를 가려 합니다. 내용은 우리랑 거의 비슷하죠. 여주인공 오러는 축제에 갈

---

[2] 먀오족은 중국의 귀주성, 운남성, 호남성 등지에 넓게 흩어져 거주하며 지역마다 도화장(跳花場), 도화절(跳花節), 도광절(跳廣節), 자매절(姉妹節), 노생제(蘆笙祭), 감화성절(砍火星節) 등과 같은 다양한 이름의 축제가 있다. 우이원 슝커우 저, 오영화 역, 『먀오족 자매절』, 사람사는세상, 2015.

그림 21
먀오족 도화절(跳花節)
축제의 한 장면

수 없어 밭에 가서 일을 합니다. 그런데 어디선가 암소가 나타나더니 대신 일을 해주고, 여러 가지 장신구, 옷, 신발들을 제공해줍니다. 그래서 오러 역시 예쁘게 꾸미고 잔치에 가게 되죠. 잔치에 가서 대나무로 만든 악기 생황을 부는 멋진 청년 샤오나를 만나게 되고, 서로 수줍은 눈빛을 주고받습니다. 보통 모든 남녀가 함께 몇 번 춤을 추다가 자기한테 맞는 상대를 선택하죠. 그래서 같이 어울려 춤도 추고요.

그런데 시간이 늦어지면서 여주인공은 먼저 집으로 돌아오게 됩니다. 남주인공은 여성이 갑자기 사라져 버리자 당황하는데, 여동생이 방금 사라진 그 아가씨가 자신의 언니라며 함께 집으로 가자고 하여 데리고 옵니다.

먀오족의 결혼풍속이 그렇습니다. 혼례라는 것이 특별히 의례를 치르는 게 아니고 축제에서 만나 서로가 마음에 들면, 남성이 여성 집에 가 2~3일 머물고, 그런 다음 남성 집에 가서 평생 사는 방식으로 혼인이 이루어집니다. 이번 축제에 못 만나면 내년 축제에도 가야 하니까, 올해 꼭 혼인을 하고 싶은 사람은 축제에 가서 열심히 춤을 추어야 해요. 그리고 열심히 치장을 해야 합니다. 은장식이 화려해요. 새 문양,

꽃무늬, 그리고 물소 뿔 모양. 은이니까 가볍잖아요. 이런 것들로 온몸에 은치장을 하는데, 굉장히 아름답고 뛰어나요.

그림 22
먀오족의 생황(笙簧) 춤

어쨌든 계모는 오도가 너무도 멋진 총각을 데려오니까 기뻐하며 음식을 만들어 대접합니다. 계모는 오리백숙을 만들어 샤오나와 오도에게는 그릇 가득 살코기를 넣어주고, 오러에게는 뼈다귀만 수북이 담아줍니다. 그러자 샤오나는 한 가지 꾀를 냅니다. 눈이 부시니 불을 꺼달라고 하고, 어두운 틈을 타서 오러와 오도의 그릇을 바꿔놓습니다. 그런 과정들을 몇 번 거치면서 오러는 고기를 많이 먹을 수 있게 되고, 뼈를 깨문 오도는 이빨이 아프다고 짜증을 냅니다. 또 샤오나는 계모의 딸인 오도에게 술을 많이 먹입니다. 그래서 오도는 술에 취해 잠이 들어버려요. 오도가 잠든 사이 샤오나와 오러는 멀리 떠나고, 두 사람은 행복하게 잘 살게 된다는 이야기입니다. 이게 먀오족에서 전승되고 있는 〈신데렐라〉 유형 이야기입니다.

〈오러와 오도〉의 경우, 우리 〈콩쥐팥쥐〉랑 다른 것 같으면서도 같은 게 있어요. 계모와 계모의 딸, 전처 딸 사이에 갈등이 있죠. 아시겠지만, 〈신데렐라〉 이야기는 기본적으로 전처 딸이 온갖 힘든 노동의 숙련 과정을 거쳐 여성적으로 성숙해서 제대로 된 남편을 만나고, 계모 딸은 성숙하지 못해서 결국 결혼에 실패하게 돼요. 주제가 같다고 할 수 있습니다. 먀오족의 경우, 이 〈오러와 오도〉 말고도 다양한 종류의

그림 23
성장하고 축제에 참석한
먀오족 여성들

〈신데렐라〉 유형 설화가 전승됩니다.[3]

이처럼 중국 남서부에 살고 있는, 우리에게 매우 낯선 먀오족이라는 소수민족에게도 우리의 〈콩쥐팥쥐〉 이야기, 즉, 계모에 의해 핍박받던 전처딸이 훌륭하게 성장해 멋진 배우자와 혼인한다는 〈신데렐라〉 유형 이야기가 전승된다는 사실을 알았습니다. 또 두 이야기 모두 축제를 통해서 배우자를 만나고, 그 배우자가 가짜 신부의 방해를 뚫고 진짜 신부를 택해 혼인한다는 점도 공통됩니다. 하지만 먀오족의 〈오러와 오도〉는 우리 이야기가 갖고 있는 뒷이야기는 없죠. 이런 공통점과 차이점을 발견해내는 게 옛날이야기뿐만 아니라 신화 공부를 할 때에도 재미있는 부분이라고 생각해요. 그래서 먼저 이야기를 해드렸습니다. 이제 본격적으로 신화이야기를 해보겠습니다.

먀오족은 어떤 민족인가

지금까지 먀오족의 〈신데렐라〉 이야기와 우리의 〈콩쥐팥쥐〉 이야기가 어떻게 같고 다른지 설명해 드렸습니다. 중국 소수민족인 먀오족이

---

[3] 현재 중국 전역에는 22개 민족에서 47편의 신데렐라 이야기가 전승되고 있다. 먀오족의 경우는 〈오러와 오도〉 이외에 구이저우성과 윈난성 등지에 〈구나오와 구팅(谷瑙谷婷)〉, 〈시랑과 뤄리(喜郎和羅禮)〉와 같은 제목의 신데렐라 이야기가 전승되고 있다. 김혜정, 「한·중 신데렐라 유형 설화 비교 연구」, 경기대학교 대학원 국어국문학과 박사학위논문, 2012.

조금은 덜 낯설어졌을 거라고 생각됩니다. 그러면 먼저 먀오족이 어떤 민족인지 간단하게 설명해드리겠습니다. 먀오족은 인구수가 천만이나 됩니다. 서울 인구에 맞먹죠. 결코 적지 않습니다. 2014년 통계를 보면, 중국은 56개의 민족으로 구성되는데, 대다수를 차지하는 한족과 그 이외 55개의 소수민족이 있습니다. 먀오족은 그중 4위를 차지할 정도죠. 좡족壯族이라고 해서 광시성, 광둥성에 많이 사는 민족이 가장 많고요. 만주족이라고 해서 청나라를 이끌었던 만주족이 그 다음, 후이족回族라고 해서 회교도, 이슬람을 믿는 민족이 3위, 먀오족이 4위입니다. 구이저우성貴州省, 후난성湖南省, 윈난성雲南省 등지에 가장 많이 삽니다. 그중 구이저우성, 후난성은 윈난성운남성, 雲南省하고 이웃해 있습니다. 먀오족은 주로 후난이라고 하는 지역에 많이 살고요. 윈난성의 동북 지역에, 그리고 광시성 지역에도 많이 살고 있습니다. 천만 정도 인구 중에 8백만 정도가 그런 지역에 걸쳐 살고 있습니다.

윈난성에 가보면, 여기가 중국인지 아니면 태국인지 미얀마인지 헷갈릴 정도의 느낌입니다. 윈난성은 미얀마, 라오스, 베트남 등과 국경을 접하고 있습니다. 또 하이난海南에도 먀오족이 많이 살고 있습니다. 해외로 눈을 돌려보면 베트남, 라오스, 타이는 물론 미국, 프랑스 등에도 먀오족이 많이 살고 있다고 합니다.

중국 문명의 중심지로 산시성, 산둥성, 허베이성 같은 중원 지역을 꼽는데요, 먀오족은 거기서 멀리 떨어져 중국의 남쪽 지역에 살고 있지요. 그들이 살고 있는 곳은 우리가 보기엔 경치가 너무 아름답죠. 하지만 그들 입장에서 깊은 산골은 살기가 너무 척박해요. 우리가 보기에 '먀오족은 구이린桂林, 이런 아름다운 곳에 사는구나.' 할 수 있겠지만, 사실은 그렇지 않죠.

먀오족은 굉장히 이른 시기부터 역사에 등장합니다. 어느 역사 기록을 보면 상주시대[4]부터라고 하는데, 그게 기원전 천오백 년 이상 된 시기이니까, 이미 상고시대부터 역사서에 등장한 것이죠. 주로 남만南蠻이라고 호칭되던 오랑캐의 큰 부분을 차지하는 종족이라고 할 수 있습니다. 우리는 중국이 보기에 동쪽 오랑캐여서 동이東夷라고 하죠. 중국 한족이 보기에 먀오족은 남만인 거죠. 그래서 역사서를 보면 먀오족을 굉장히 잔인하고 지저분하다고 기록하고 있지만, 그건 순전히 한족의 관점입니다. 어쨌든 먀오족은 일찍부터 역사에 등장해 한족과 갈등하고 경쟁하다가 점차 남하합니다. 과거 먀오족은 황하와 양쯔강 유역에 많이 살았는데 남하하다가 하이난까지 도달하고, 또 국경을 넘어 메콩강 지역까지 진출합니다. 이 과정은, 먀오족의 몰락과 도피의 역사와 다름 아니죠. 그래서 사람 살기 척박한 지역으로 거주지를 옮기게 된 거죠. 평야는 농사가 잘되고 먹고 살기 좋기 때문에 한족 차지가 된 것이고요. 이런 까닭에 먀오족 신화에는 한족의 요소도 많이 습합되어 있습니다. 서로 갈등하면서 완전히 선을 그은 게 아니라, 서로 습합되면서 먀오족의 문화와 신화에 한족의 모습도 섞이게 된 것입니다.

먀오족의 창세신화

먀오족의 신화 중 창세신화를 살펴보겠습니다. 이 세상의 기원을 밝히는 신화가 창세신화죠. 창세신화라면 반드시 포함하는 세 가지 요소가 있어요. 첫째, 하늘과 땅이 어떻게 처음 생겼는지 하는 천지개벽 이

---

[4] 상주시대(商周時代). 은(상)나라(BC 1600?~BC 1046?)와 주나라(BC 1046?~BC 249) 시대. 즉, 춘추전국시대 이전의 중국 고대문명을 가리킨다.

야기. 둘째, 인류가 어떻게 생겨났는지에 대한 인류기원 이야기. 셋째, 해와 달과 뭇별들이 어떻게 해서 생겨나게 되었는지에 대한 이야기. 세계 창세신화의 대부분은 이 세 가지 요소를 반드시 포함하면서 그 밖의 요소들이 민족마다 문화마다 들고 날고 한다고 할 수 있습니다.

　중국 신화학자들은 중국의 창세신화, 즉 중국에서 내려오는 세상의 기원에 대한 신화를 여섯 가지 유형으로 나눴어요.[5] 첫 번째, 자연적으로 생겨나는 것, 하늘과 땅이 원래부터 있었다고 하며 시작되는 유형입니다. 두 번째, 출산으로 인해 생겨나는 것. 태초에 어떤 거대한 신적인 존재가 있어서 하늘과 땅을 낳아 세상이 생겨났다고 하는 유형이 있고요. 세 번째는 알로부터 생겨나는 유형이에요. 어떤 존재가, 어떤 신이, 어떤 기운이 뭔가를 만드는데, 혹은 낳았는데, 또는 뽑아냈는데 그게 알이었고 그 알로부터 하늘과 땅이 생겨났다는 유형이죠. 네 번째는 천지개벽 유형입니다. 원래 세상은 온통 암흑과 혼돈이었는데, 한 거인이 나타나거나 어떤 조화로운 사건으로 인해서 한데 엉켜 붙어 있던 것이 갈라지면서, 혹은 시루떡처럼 켜켜이 있던 것이 갈라지면서 하늘이 되고 땅이 되고 바다가 되었다는, 말하자면 하늘과 땅이 분리되는 개벽 유형이라고 볼 수 있어요. 다섯 번째는 조물주가 창조해서 생겨났다는 유형. 어떤 신이 하늘과 땅, 온갖 만물을 만들어 냈다고 하는 것이죠. 이러한 창조신 혹은 조물주 유형은 중국에도 다수 전승되고 있지만, 우리가 지금 가장 이해하기 쉬운 것은 성경의 〈창세기〉 부분이라고 볼 수 있겠죠. 마지막 여섯 번째는 변신 혹은 변성으로 생겨나는 유형입니다. 어떤 거대한 여신, 혹은 거대한 남신이 죽고, 그 사체가 조각조각 나더니 하늘이 되고 땅이 되었다는, 거인의 몸이 변해서

---

[5]　陶陽·鐘秀, 『中國創世神話』, 上海人民出版社, 1989, pp. 145~165.

세상이 생겨났다고 보는 유형입니다.

먀오족 신화는 이중 두 번째 출산으로 생겨났다는 유형과 세 번째 알로부터 생겨났다는 유형이 주로 발견됩니다. 이렇게 두 가지 또는 세 가지 이상의 유형으로 나타나는 이유는, 먀오족이 본거지에 살지 못하고 계속 중원에서부터 밀려나면서 다른 지역의 민족, 다른 지역의 문화와 섞이게 되면서 신화도 변화를 겪게 된 것이 아닌가 하는 생각입니다. 하나의 민족이라고 하면 한 가지 신화를 공유하는 게 맞거든요. 신화는 민족 단위로 전승되기 때문이죠.

〈먀오족고가〉苗族古歌라고 하는 신화 자료에 보면 세상의 시작은 이렇습니다. 우주는 최초에 구름 안개였다고 합니다. 한 마디로 기체였다는 거예요. 구름과 안개는 마치 알을 부화하듯이 꺼티科啼와 러티樂啼라고 하는 두 개의 거대한 알을 낳았어요. 구름에서 갑자기 알이 나온 거죠. 이 거대한 두 개의 알은 부화해서 하늘과 땅을 낳았다고 해요.6 앞의 창세신화 유형 중 세 번째 유형, 즉 난생형이라고 볼 수 있죠. 알로부터 태어나는 유형. 이런 짧은 신화가 전해지고 있습니다.

본격적으로 자세히 살펴볼 자료는 〈아페이꿔본〉阿陪果本이라고 하는 신화입니다.7 이 신화는 상당히 긴데 요약해서 말씀드려보겠습니다. 이것도 창세신화의 일종입니다.

지상에는 아페이꿔본이라는 존재가 있고, 천상에는 뇌공雷公이라는 존재가 있습니다. 이미 지상과 천상이 생겨난 이후의 일이죠. 둘은 의형제였어요. 이 아페이꿔본은 뇌공이 너무 자주 자신의 집으로 놀러오

6　陶陽 鐘秀, 같은 책, p. 150.
7　「阿陪果本」, 「中華民族故事大系(藏族 維吾爾族 苗族)」, 上海文藝出版社, 1995, pp. 634~641.

는 게 짜증이 난 거예요. 불만을 품고 뇌공이 가장 싫어하는 닭고기를 술안주로 제공했어요. 닭을 구워서요. 뇌공은 닭고기인 줄 모르고 맛있게 먹다가 "이거 맛있다. 이게 무슨 고기니?" 하고 물으니, "아, 그거 닭고기야." 라고 하니까 뇌공은 화가 났죠. 그래서 아페이꿔본을 도끼로 쪼개 죽이려고 합니다. 뇌공은 천둥번개의 신이니까요. 도끼로 쪼갠다는 것은 천둥번개로 쪼개 죽인다는 뜻일 겁니다. 아페이꿔본이 꾀를 냅니다.

"다음 두 가지 조건만 맞추면, 네가 언제든지 나를 죽여도 나는 아무 말 안 할게. 첫 번째, 칠 년 동안 이슬비를 좀 내려줘. 두 번째, 그러고 나서 나를 집 밖으로 끌어낼 수 있으면 언제든지 죽여도 돼." 라고 해요. 뇌공은 약간 지력이 부족했던 것 같습니다. 일단 눈앞에서 죽이지 않고 순순히 하늘로 올라가 이슬비를 칠 년 동안 내려줍니다. 그 사이 아페이꿔본은 산에 올라가 오동나무 등 나무껍질을 벗겨다가 집 둘레를 감싸고, 해자核字를 파두죠.

칠 년의 세월이 지나 뇌공이 아페이꿔본을 잡으러 왔어요. 그런데 그 사이 아페이꿔본의 집을 둘러쳤던 나무에 이끼가 낀 거예요. 발을 지붕에 올려놓는 순간 뇌공은 그만 미끄러져 해자에 빠져버렸죠. 아페이꿔본이 잽싸게 철망을 만들어놨다가, 그 철망으로 뇌공을 잡아다가 올가미를 씌워 가둬버립니다.

아페이꿔본에게는 딸과 아들이 있었는데, 딸의 이름이 더롱德龍이에요. 아들은 빠롱爸龍. 아페이꿔본이 애들한테 말하죠.

"내가 지금 뇌공을 소금 염장해서 먹으려고 해, 소금을 사러 갈 테니, 잘 지키고 있어. 절대로 불씨를 주면 안 돼!" 라고요. 그러곤 가버립니다. 남매를 뇌공이 꼬십니다.

"나에게 불씨를 좀 줘."

"우리 아빠가 안 된다고 했는데요."

"너희 마술 보고 싶지 않니? 그러면 불씨를 일단 물에 담가. 그러면 불씨가 죽잖니. 그걸 나에게 줘봐. 그럼 내가 불 피우는 마술을 보여줄게." 하니까 호기심 많은 아이들이 불씨를 물에 담근 후 뇌공에게 줬는데, 세상에, 뇌공은 갇혀 있지만 여전히 벼락을 쳐서 불을 피우는 능력이 있었던 거죠. 뇌공이 받은 불씨는 속까지 젖어있지 않았어요. 그것을 후후 불어 크게 피워서 철망을 완전히 불태우고 도망갔죠.

마침 집에 돌아온 아페이꿔본은 뇌공이 도망갔다는 이야기를 듣고 실망합니다. 뇌공은 이제 하늘로 올라가 씩씩거리면서 아페이꿔본에게 어떤 식으로든 복수하겠다고 생각해요. 그래서 지상에 홍수를 내리기로 했어요.

"너 한번 물에 빠져 죽어봐라."

그런데 한편 생각해보면 그래도 그 집 남매들 때문에 살았는데 그 아이들까지 죽이는 건 조금 마음에 걸려서, 아래를 내려다보다가 아페이꿔본이 외출한 틈에 얼른 내려가 아이들한테 말합니다.

"애들아, 내가 조금 있다가 큰물을 내릴 거야. 그러니까 너희는 내 말을 들어야 산다." 하면서 박 씨를 하나 심으라고 줍니다. 애들이 심고 돌아오니까, "가서 꽃이 피었나 봐." 해요. 아이들이 "아니, 지금 방금 심고 왔는데 꽃이 어떻게 피어요?" 하니까 "아니야. 가서 봐봐." 하죠. 아이들이 가서 보니 이미 꽃이 피어있었어요. "꽃이 피었어요!" 라고 말하니까, "그럼 열매가 맺었는지 한번 봐봐!" 라고 합니다. 다시 가보니, 정말 열매가 맺어 있었어요.

"열매 맺었어요!" 라고 하니까, 뇌공이 말해요.

"그럼 박이 이만하게 크게 자랐는지 봐봐."

"아니, 방금 열매가 맺었는데 어떻게 자라요. 그리고 나는 박이 그렇게 큰 건 보지도 못했는데요." 하면서 가보니 정말 박이 크게 열려 있었어요. 그래서 뇌공이 애들에게 그 박을 따오라고 시킵니다. 애들이 박을 따오니까, 하루 만에 커다랗게 자란 함지박을 뇌공이 쓱싹쓱싹 가르고 파서 하나씩 주면서, "잘 가지고 있어." 라고 한 거죠. 비가 오면 이걸 타고 피신하라고 알려주고 하늘로 올라갑니다.

외출했다 돌아온 아페이꿔본도 애들이 못 보던 박을 타고 있으니 애들에게 물었고, 이 사실을 모두 들은 아페이꿔본은 자기 것은 없냐고 물어요. 그러더니 산으로 올라가서 나무를 베어 자기도 얼기설기 배를 한 척 만들어 두죠. 그리고 곧 뇌공이 비를 내리는데 무려 49일 동안이나 계속됐죠. 세상이 다 잠겼어요. 모든 사람이 다 빠져죽었고요. 신화에서는 동물, 식물 다 물에 잠겼다고 표현하고 있어요. 물이 거의 하늘에 닿을 듯이 차올랐다고 해요. 결국 더롱, 빠롱 남매와 아페이꿔본만 살아남았던 거죠. 아페이꿔본이 탄 배가 거의 하늘까지 닿았지요.

아페이꿔본은 뇌공이 세상을 멸망시킨 게 화가 나 하늘로 올라가서 뇌공을 혼내주고 싶었습니다. 그래서 하늘 문이라고 할 수 있는 남쪽 하늘의 문 근처를 얼씬거리는데, 일월수日月樹라고 하는 나무가 높이 자라 하늘 끝까지 닿아있는 거예요. 얼른 배에서 뛰어 내려 그 나무에 올라탑니다. 나무를 잡아타고 올라가는데 마침 뇌공이 하늘에게 애들이 다 죽었는지 보고 오라고 하여, 하늘이 남문을 열고 밑을 내려다 보고 있었어요. 그때 일월수를 타고 올라오는 아페이꿔본을 보고 얼른 문을 닫고는 뇌공에게 가서 아페이꿔본이 오고 있다고 말했죠. 하늘과 뇌공은 당황해서 "그럼 우리 일단 반가운 척 맞아들이자. 그런 뒤에 일월수를 베어버리고 도망가지 못하게 한 후 죽이자!" 라고 합의했어요. 어쩔 수 없이 아페이꿔본을 맞아들였고, 다시는 도망가지 못하도록 열두 개의 태양을 내려 보내 일월수를 태워버렸죠.

아페이꿔본은 뇌공을 죽이겠다고 온 하늘을 쫓아 다닙니다. 뇌공이 엄청난 존재임에도 불구하고 아페이꿔본에게 안 되는 부분이 있었나 봐요. 열심히 도망 다니다가 그만 뇌공의 상징인 쇠막대기를 놓쳐버립니다. 아페이꿔본이 그것을 주워들어서는 뇌공을 때려요. 그래서 지금까지도 천둥번개가 이는 겁니다. 아페이꿔본이 뇌공을 잡느라고 내리치는 소리가 바로 천둥번개인 거죠. 아페이꿔본가 뇌공을 뒤쫓으며 때리는 와중에 물을 때리면 그 물이 흘러 강과 바다가 생기고요. 땅이 있는 부분을 때려 언덕과 산이 생겨났다지요. 구릉과 산이 생기고 강과 바다가 생겼다고 하는 것은 전형적인 지상 창조의 신화소라고 할 수 있겠죠.

한편 열두 태양이 나와 나무를 태워버리고 49일 동안 내린 물을 모두 거둬들입니다. 물이 다 말랐다는 말이지요. 그래서 더롱과 빠롱 남매도 땅에 내려 먹을 것을 찾아요. 그런데 아무리 돌아다녀도 사람이라고는 자신들 외에 남아있지 않습니다. 그래서 울기 시작해요. 여동생이 엉엉 울고, 오빠가 위로하는 상황이 지속됩니다. 그러다가 여동생 더롱은 오빠 빠롱한테 제안합니다. 이 부분이 참 재밌는 부분인데요,

"이러다가는 인류가 싹 멸망하겠으니, 우리 둘이 결혼 할까?" 하는 거죠. 더롱이 오빠에게 인류 번식을 위해서는 우리 남매끼리라도 혼인을 하자고 말한 거예요. 그랬더니 빠롱이 얼굴이 흙빛이 되어서는 벌벌 떱니다. 그러고는, "내가 전에 뇌공한테 듣기로는 남매끼리 근친혼을 하면 벼락에 맞아 죽는대. 안 돼." 라고 합니다. 더롱은 자기가 청혼

을 했는데 거절당한 것도 속상하고, 인류가 멸망될 걸 생각하니 그것도 속이 상해서 계속해서 조릅니다.

그러자 빠롱은 이렇게 제안을 합니다.

"대나무 쫙 갈라진 두 쪽이 합쳐지거나, 맷돌 한 짝을 산에서 떨어뜨려 두 개가 포개지면, 그런 말도 안 되는 우연이 일어난다면, 내가 너랑 결혼해주지." 라고 말이에요.

더롱과 빠롱은 대나무를 쪼개고 맷돌을 가지고 각각 동쪽 산과 서쪽 산으로 올라갑니다. 먼저 대나무를 각자 동쪽 산 서쪽 산에서 굴렸고, 아래 내려와 봤더니 두 개가 딱 하나로 붙은 거죠.

"오빠, 거봐. 우리 결혼하자."

"아니야. 맷돌도 해보자."

그래서 숫 맷돌, 암 맷돌을 각자 가지고 올라가서 굴리는데, 막 쫓아 내려갔더니 숫 맷돌 위에 암 맷돌이 딱 포개진 거예요. 그래서 결혼을 해야 하는데, 아직 결혼을 하지는 않습니다. 사실 먀오족 신화에는 남매가 결혼하기까지 일곱 단계가 있죠.

"결혼하자."

"안 돼."

오빠가 계속 조건을 걸고 거부를 하니까 더롱은 너무 속상해서 마천령摩天岺이라고 하는 높은 고개에 올라가 통곡을 해요.

"오빠가 나랑 결혼 안한대." 라고 통곡하는데, 그 소리가 너무 큰 거예요. 그 소리가 하늘까지 닿아서 아페이꿔본이 남천문南天門을 열어보니 딸이 그렇게 울고 있는 것입니다.

아페이꿔본은 먼저 아들한테 "결혼해. 너네 그러다가 인류 다 망해. 뇌공이 지금 나한테 쫓겨 다니느라 지친 상태야. 너희가 무슨 짓을 해도 벼락을 못 쳐. 걱정 마." 하고 말하죠.

두 번째는 더롱한테 가서 "얼른 오빠한테 가봐. 오빠가 결혼해줄 거야. 그런데 하나만 명심해. 혹시 만약에, 너희가 결혼해서 어떤 돌덩어리 아이를 낳게 되면, 걔를 산산 조각 내서 여기저기 흩뿌려야 해." 라고 말입니다. 그러고는 문을 닫습니다. 다시 계속 뇌공을 쫓아 다니는 거죠.

남매는 결국 혼인을 하게 됩니다. 혼인한 지 열 달 만에 아이를 낳았는데 정말 눈도 코도 귀도 없는 부싯돌로 된 아이였죠. 부싯돌 아시죠? 부싯돌의 재료가 되는 마석이라고 하는 큰 돌덩어리 아이를 낳은 거예요.

남매는 아빠 말을 명심해 부싯돌을 조각조각 내서 집안, 들판, 산, 나무 위 등등 여러 곳에 뿌립니다. 집안에 두었던 조각은 자라서 오吳씨 성을 가진 자손이 되고요. 논두렁에 두었던 조각은 자라서 용龍씨 성을 가진 자손이 됩니다. 삼대에서 난 것은 마麻씨 성을 가진 자손이 되고요. 여뀌 풀에서 난 자손은 료蓼씨, 돌에서 난 자손은 석石씨 등이 되었다고 해서 성씨 기원에 대한 신화 이야기가 되기도 합니다. 현재까지도 먀오족 사람들은 일 년에 한 번씩 추수가 끝나면 조상인 더롱과 빠롱을 성대하게 기념하는 제의를 올린다고 합니다. 아기가 없는 부부들은 이들에게 기원하면 애가 생긴다고 하고요.

〈아페이꿔본〉 신화의 의미

중국 먀오족의 대표적인 신화이야기 한 편을 봤어요. 이 〈아페이꿔본〉 신화가 이야기 자체로 재미있잖아요. 그런데 재미로만 끝나서는 안 되죠. 이 자료가 의미하는 것들이 뭐가 있을까, 우리와는 어떤 관련이 있나, 생각해보는 시간이 되어야 하지 않을까 싶어요. 그래서 조금 더 간략하게 정리를 해봤어요.

아페이꿔본은 고유명사예요. 사실 아페이꿔본의 진짜 이름은 이게 아니에요. 중국 한자로 기록해서 그렇지, 이 사람들은 소수민족이고 자기네 언어를 기록할 문자가 없어서 한자를 빌려 기록한 것일 뿐입니다. 한족 연구자들이 먀오족 연구자들의 도움을 받아 조사하면서 기록해 놓은 것이 지금의 자료인 거죠.

이 신화를 한마디로 정리하면, 홍수를 통해서 인류가 재탄생하는 이야기인 거죠. 이 신화에서, 더롱과 빠롱이 낳은 부싯돌에서 생긴 자손이 최초의 인류가 아닌 것은 아시겠죠? 최초의 인류는 아니고 재탄생 인류예요. 인류의 재탄생에는 홍수 신화소가 중요한 역할을 하고 있습니다. 이러한 홍수설화 모티브를 가진 이야기 중에서 가장 대표적인 것이 〈노아의 방주〉일 거예요. 〈노아의 방주〉가 전승되던 중동 쪽과 먀오족이 살고 있는 동아시아가 얼마나 거리가 멉니까? 그런데도 놀라운 유사성이 있어요. 물론 세부적인 것에서는 많은 이질성과 차이를 보이죠. 며칠 동안 비가 내린 계기가 뭐였어요? 지상의 신과 하늘의 신이 싸우다가 하늘의 신이 속임수에 당한 게 화가 나서 비를 내린 거잖아요. 홍수 신화소가 우리가 잘 아는 〈노아의 방주〉와 비슷한 것 같으면서도 달라요. 〈노아의 방주〉에서는 절대자가 벌을 내리는 방법이 홍수였죠. 먀오족 신화에서는 아니죠. 지상 존재와 천상 존재 중 누가 더 센가, 지혜내기, 힘내기를 하는 과정에서 홍수가 발생하죠. 두 존재는 아직까지 하늘 위에서 서로 계속 엎치락뒤치락하고 있다고 하죠. 이런 부분이 유일신 창조자의 존재를 강조하는 〈창세기〉와 차이가 나는 부분입니다.

그리고 이 신화는 하늘과 땅, 인간세계와 신의 세계가 서로 소통했다가 분리되는 이야기예요. 뇌공은 하늘에서 내려왔고, 지상에 있던 아페이꿔본은 하늘로 올라갔잖아요. 그게 가능했다가, 일월수를 태워버리면서부터는 더 이상 지상과 천상을 오고 갈 수 없게 되죠. 여기서는 일월수라고 했는데, 여러분이 신화 공부하면서 자주 만나는 이그드라실과 같은 세계수죠.[8] 신화에서 빠지지 않고 등장하는 것이 세계의 중심이 되는 나무, 지상에서부터 천상까지 연결되는 우주목 혹은 세계수라는 존재일 겁니다. 이런 것이 중국신화에도 나와 있음을 다시 한번 확인할 수 있습니다. 그래서 하늘과 땅, 신의 세계와 인간세계가 원래는 왔다 갔다 하면서, 사이좋게 지냈는데, 이 사건을 계기로 분리되었다는 기원을 담고 있습니다.

또 이 신화는 남매혼, 근친혼 신화소도 담고 있죠. 우리나라에도 상당히 비슷한 이야기가 많이 전승되고 있지요. 우리도 홍수를 통해서 남매가 결혼했다는 신화가 꽤 많이 전승됩니다. 남매가 결혼을 해서 자손을 낳아 인류가 탄생했다는 신화는 인류탄생에 관한 신화입니다. 우리나라에 전승되고 있는 남매혼 신화소와 관련되어 가장 유명한 것은 〈달래강 설화〉, 〈달래고개 설화〉인데요, 대표적인 근친혼 이야기이죠.[9] 하지만 이 이야기들은 더 이상 신화가 아니고 전설로 전승됩니다. 후대로 올수록 근친을 통해 인류가 퍼졌다는 관념을 더 이상 사회적으로, 또 윤리적으로 용납하지 못하기 때문에 〈달래강 전설〉에서는 남성

---

8 이그드라실은 북유럽 신화에 나오는 세계수(世界樹) 혹은 우주수(宇宙樹)의 이름이다.
9 어느 남매가 여름날 함께 길을 가다가 고개에서 소나기를 만났다. 누이의 옷이 비에 젖자 몸에 찰싹 달라붙었다. 어쩔 수 없이 누이의 몸매를 보게 된 남동생은 저도 모르게 아랫도리가 불끈 솟았다. 부끄럽게 생각한 나머지, 돌을 들어 제 성기를 쳐서 죽고 말았다. 앞서가다가 뒤늦게 그 사실을 알게 된 누이는 남동생을 끌어안고서 "차라리 달래나 보지, 말이나 해보지." 하고 통곡했다고 한다. 그곳을 달래고개라 한다. 이런 설화는 우리나라 전국에 걸쳐 전승된다. 「달래고개설화」,(한국민족문화대백과, 한국학중앙연구원)

주인공이 죽게 되는데, 이것이 신화의 신성성이 거세되고 그 자리를 전설의 비극성이 채우게 되는 변화인 것이지요. 〈아페이꿔본〉 신화에서는 오빠가 굉장히 두려워하잖아요. 그런데 후대에 전해지는 이야기에서는 남성 주인공이 죽게 되는 이야기로 근친혼을 굉장히 부도덕하게 여기는 것으로 전개된다고 볼 수 있습니다.

다시 〈아페이꿔본〉 신화로 초점을 돌리면, 이 신화에서는 출산과 난생 신화소가 결합되어 있는 것을 볼 수 있어요. 출산을 통해 부싯돌을 낳았다고 했죠. 사람은 포유류라서 출산을 하면 새끼를 낳죠. 반면, 새나 물고기는 알로 종족 번식을 하죠. 그런데 이 이야기에는 두 가지가 다 있습니다. 일단 낳았어요. 무언가를 낳았는데 눈, 코, 입 아무것도 없는 덩어리예요. 이것을 출산과 난생 설화가 결합된 것이라고 볼 수 있습니다. 왜 결합되어 있을까요?

사실은 우리 〈주몽신화〉에서 주몽도 알로 태어나잖아요. 그것이 무엇을 상징하는지 아시죠? 알이 태양을 상징한다고 볼 수 있습니다. 여기서도 그런 태양일 수 있지만, 태양보다는 먀오족의 신앙과 민속 관습이 상당히 많이 연결되어 있는 것 같아요. 먀오족은 만물에 영혼이 깃들어 있다고 보죠. 만물을 신으로 숭배하는 인식이 있어요. 따라서 최초의 어머니와 최초의 아버지가 낳은 조각조각이 흩어져서 만물이 되었기 때문에, 만물은 모두 신성하고 거기에 영혼이 깃들어 있다는 신화적이고 신성한 인식이 생기는 거죠. 동시에 류씨, 용씨, 마씨 등과 같은 성씨가 발생하는 성씨 기원신화이기도 하죠. 신화를 나누는 여러 분류 중에 성씨 기원신화도 있는데, 이 〈아페이꿔본〉 신화는 성씨 기원신화도 됩니다.

〈아페이꿔본〉 신화는 지형 형성과 기원에 관한 신화도 되죠. 우리나라 지형 형성에서 가장 대표적인 신화는 두 가지입니다. 우선 제주도의 〈설문대할망〉 신화가 있습니다. 설문대할망 같은 경우는 앞치마에다가 흙을 가득 담아서 제주도를 만들면서 앞치마에 구멍이 뻥뻥 난 것이 쌓여 오름이 되었다고 합니다. 그 오름은 사실 화산분화구인 거지요. 선문대할망이 앉아서 소변을 보는데 오줌발이 세서 섬이 하나 떠내려갔는데, 그게 바로 지금의 우도라는 거죠. 지형을 창조하는 전형적인 여신신화입니다.

〈설문대할망〉이 바다 쪽 지형창조신화라면, 내륙 쪽에도 지형창조신화가 있어요. 다음은 평안도 지역에서 전승되다가 1923년 정도에 기록된 이야기입니다.

엄청나게 덩치 큰 거인이 있었어요.10 그런데 너무 덩치가 크니까 옷을 해 입을 수가 없는 거예요. 그래서 맨날 울고불고 하니까 왕이 "왜 자꾸 우세요?" 라고 물었죠.

"옷 좀 입고 싶어요." 라고 거인이 말해요. 그러자 왕이 "경상도 전라도 충청도에서 나는 모든 베를 당신 몫으로 해서 옷을 해 입으세요." 라고 했죠. 그것들을 이어 옷을 해 입었지만 여전히 모자라요. 그래도 거인은 신나서 덩실덩실 춤을 추었죠. 그랬더니 삼남 지방에 그늘이 지는 거예요. 춤사위의 옷자락에 가려 그늘이 지니까 삼남 지방 사람들은 이게 무슨 일이에요? 해가 죽고 달이 죽어 흉년이 드니까 막 항의를 하지요. 할 수 없이 임금이 여기를 떠나달라고 거인에게 정중하게 부탁하죠. 거인이 울면서 만주 쪽으로 가요. 만주 쪽으로 갔더니 허허

---

10 손진태 저, 김헌선 강혜정 이경애 역, 「조선 산천의 유래」, 『한국 민화에 대하여』, 역락, 2000, pp. 29~30.

벌판이에요. 먹을 게 없어서, 배가 고파서, 흙을 막 퍼 먹었어요. 목이 말라 이번엔 바닷물을 마셨어요. 배탈이 났지요. 똥을 백두산 근처에서 뿌직뿌직 쌌는데, 오줌도 나왔대요. 그래서 이리로 가서 압록강, 저리로 가서 두만강, 가장 높이 쌓인 똥은 백두산, 나머지 똥들은 산맥이 되었다고 합니다.

이 신화는 제가 지어낸 것이 아니고 민속학자 손진태 선생이 1920~30년대 우리나라 자료를 조사하고 기록한 자료집에 나와 있습니다. 이것 역시 지형창조 신화인데, 거인이 창조한 경우예요. 〈아페이꿔본〉 신화에서도 거인이라고 말하진 않았지만 사실은 그렇게 지상과 천상을 오가고, 나무를 타고 천상에 올라가서 뇌공을 때려 부수고, 한 번 내려 친 게 천둥번개가 되는 것은 거인신의 형상을 띤다고 볼 수 있을 거예요. 그러면서 인류의 기원, 이 먀오족의 기원신화가 되는 거죠.

〈아페이꿔본〉 신화를 홍수신화라고도 하지만, 방금 보신 것처럼 다른 여러 가지 신화소들을 두루 포함하고 있어서, 하늘땅을 처음 만든 것은 아니지만 인류와 지형 등을 창조한다는 의미에서 창세신화의 한 유형으로도 볼 수 있습니다.

〈수탉이 태양을 부르다〉

다음으로는 두 번째 먀오족 신화자료인데, 앞서의 것처럼 길지는 않습니다. 〈수탉이 태양을 부르다 公鷄叫太陽〉[11]라고 하는 자료입니다.

아주 옛날 하늘에 일곱 개 태양과 일곱 개의 달이 떠 있었습니다. 앞

---

[11] 「公鷄叫太陽」, 『中華民族故事大系(藏族 維吾爾族 苗族)』, 上海文藝出版社, 1995, pp. 642~645.

서 〈아페이꿔본〉 신화에서는 열두 개의 태양이었죠. 이 일곱 개의 태양과 달은 평상시에는 서로 사이좋게 번갈아 떠올랐어요. 그래서 기후도 딱 좋았죠.

그런데 어느 날 자기들끼리 다툼이 나서, 한꺼번에 일곱 개의 해와 일곱 개의 달이 떠올랐어요. 그랬더니 매일이 밝은 날이에요. 살 수가 없어요. 봄, 여름, 가을, 겨울 계절 구분이 없어요. 잠을 언제 잘지 모르겠어요. 하늘도 땅도 불타오르듯이 너무 뜨겁고, 모든 강물이 말라버렸고, 나무도 죽고, 숲도 시들고, 동물도 죽고, 사람도 살 수가 없는 지경에 이르게 됐지요.

그때 눠야挪亞라는 젊은이가 하나 있었어요. 젊은이가 사람들이 고통 받는 모습을 보면서 이런 재앙을 없애버려야겠다고 생각했죠. 그래서 마을사람들을 모아 만물이 말라죽고, 가축도 다 말라죽는 것을 두고 볼 수 없다면서, 자기가 보니 저기 냇가, 강가 위에 자라는 뽕나무는 시들지 않았는데, 그 뽕나무를 베어다가 활과 화살을 만들어 "내가 저 태양과 달을 쏴버리겠어요"라고 했어요.

사람들이 의견을 냅니다. 눠야는 사람들을 이끌고 바위 위로 올라가서 반나절 만에 뽕나무를 베어오고, 칡넝쿨을 베어서 활과 화살을 만들어요. 눠야는 활과 화살을 메고 마을사람들과 작별해요. 태양과 달을 쏘려면 가장 높은 곳에 가야 하지 않겠어요? 그래야 적중률이 높잖아요? 그래서 높은 산을 향해 떠났어요. 온갖 고생을 하죠. 구불구불한 산길, 절벽을 지나 동쪽 가장 높은 산꼭대기까지 올랐어요. 활에 화살을 장전하고 해와 달을 겨냥해 하나씩 쏴서 맞춰 떨어뜨렸어요. 다 쏴버릴까 하다가 문득 그런 생각이 들었어요. 내가 생각하기에 태양은 남자고 달은 여자야. 음양 하나씩은 남겨두어야 하지 않을까? 해서 각

각 하나씩 남겨두자 하고 집으로 돌아왔어요. 불타오르던 열기는 사라지고 기후는 다시 시원해졌죠. 살만해진 거죠.

  그런데 문제가 또 생기기 시작했어요. 남아있던 해와 달이 화살에 맞을까봐 너무 걱정이 된 거예요. 그래서 하늘 끝자락에 숨어 나오려고 하지를 않아요. 세상은 해도 없고 달도 없고, 늘 어둡고 깜깜하고 암흑이 되어, 오늘이 어제 같고 내일이 오늘 같은 그런 날이 계속 되었죠. 봄, 여름, 가을, 겨울 계절도 변화가 없어지니까, 당연히 만물이 다 죽는 거죠. 불행이 해결되지 않는 거예요. 방법을 또 찾아야 했어요. 세상이 어둠에 휩싸여서 하루를 일 년같이 지냈거든요. 사람들이 어둠속에서 생활하는 것을 보고 눠야는 마음이 너무 아팠죠. 사람들은 눠야에게 태양이 없으니 모두 얼어 죽고 굶어 죽게 생겼다고 투정하고 하소연하기 시작했습니다.

  눠야는 태양과 달을 불러내야겠다고 생각합니다. 그래서 사람들에게 저 해와 달을 부르기 위해서 가장 큰 소리가 나는 게 무어냐고 물으니까, "사자가 가장 큰 소리를 내죠." 라고 해서 물어물어 사자를 찾아갑니다. 눠야는 사자더러 "하늘을 향해 한번 크게 울어줄 수 있어요?" 라고 하자, 사자가 "어흥." 하고 우니까 해와 달은 그 소리가 너무 무서운 거예요. 화살에 맞는 것보다 더 무서운 거예요. 그래서 더 꽁꽁 숨어버렸어요. 눠야는 다시 사람들에게 세상에서 가장 높고 깊은 소리가 무어냐고 물어보니까 수소의 울음소리라고 했어요. 다시 수소를 찾아가서 울어달라고 하죠. 수소가 "음메." 하고 우니까 이제 그 울음소리가 산과 들을 흔드는 거예요. 그러니 해와 달은 지진 난 것처럼 두려워진 거죠. 더욱 꽁꽁 숨어버렸어요. 그래서 이번에 눠야는 사람들더러 세상에서 가장 듣기 좋은 소리가 무어냐고 물어보니까 하나같이 수탉

울음소리라고 하는 거예요. 뉘야가 수탉더러 울어달라고 했는데, "꼬끼오." 하고 첫 번째 우니까 해가 "뭐지?" 하고 살짝 나올락 말락 해요. 두 번째 "꼬끼오." 하고 우니까 절반쯤 나왔어요. 세 번째 우니까 해가 딱 나왔어요. 그러니까 온 세상에 찬란한 빛이 지상 끝까지 쫙 퍼지게 된 것이죠. 그렇지만 달은 여전히 소심해요. "나는 아직 무서워, 아무도 없을 때 갈래." 하고 숨어 있다가 밤이 되어서야 나타났고, 이 순서대로 순번을 짜게 되면서 세상에 질서가 생긴 거죠.

이렇게 해서 수탉소리를 듣고 아침에 해가 떠오르고 밤엔 달이 떠오르자, 세상은 다시 푸르러졌고 사계절이 생겨났고 나무가 자라고 꽃이 피고 곡식이 열매를 맺게 되었어요. 뉘야가 수탉이 인간을 대신해 태양을 떠오르게 했고, 인간에게 행복을 가져다 줬잖아요. 상을 줘야죠. 그래서 수탉에게 증표라고 하면서 붉은 벼슬을 내려준 거예요. 지금까지도 먀오족 사람들은 집집마다 수탉을 키우고 있어요. 지금도 수탉은 태양이 나오도록 '꼬끼오'를 외치고 있습니다.

먀오족의 창세신화와 우리의 창세신화

이 이야기를 들으면서 우리나라 어떤 신화가 떠오르시나요? 제주도에서 전승 되는 신화가 있습니다. 하늘에 태양이 두 개 혹은 세 개가 떠오르니까 활로 쏴서 떨어뜨리는 내용이 육지가 아니고 놀랍게도 제주도에 전승되고 있어요. 〈천지왕본풀이〉라고 하는데, 대별왕과 소별왕 두 형제가 등장하는 〈천지왕본풀이〉 신화가 〈수탉이 태양을 부르다〉와 많이 유사하다고 볼 수 있습니다. 이런 신화 역시 전 세계적으로 공통적이지요. 또한 중국 한족의 대표적인 영웅신화라고 할 수 있는 〈예

羿〉 신화12와도 같은 유형이에요. 우리나라의 〈천지왕본풀이〉, 먀오족의 〈수탉이 태양을 부르다〉, 중국 한족의 〈예〉 신화, 이 세 자료들은 전형적인 영웅신화이면서 동시에 우주 전체, 일월을 조정하는 신화라고 할 수 있습니다.

또 이번 시간에 배웠던 〈아페이꿔번〉 신화이야기와 〈수탉이 태양을 부르다〉 신화이야기를 총체적으로 정리하면, 출산과 난생 기원신화가 들어있어요. 우리나라 신화와 중국신화도 부분적으로 공통점이 있죠. 우리 〈주몽신화〉에서도 난생 신화소가 보이기 때문이죠. 그리고 홍수 신화 또한 우리나라도 있고 중국도 있습니다. 남매혼 신화도 마찬가지로 우리도 있고 중국 먀오족에도 있습니다.

인류기원신화도 마찬가지입니다. 혹시 우리나라 인류기원신화를 들어본 적 있으세요? 〈창세가〉라고 해서, 1910~20년대에 함경도에서 무당을 했던 김쌍돌이라고 하는 사람이 구연한 〈창세가〉에서는 우리나라 인류기원에 대해 이야기합니다.13

옛날에 하늘과 땅이 맞붙어 있던 그 시절에 미륵님이라고 하는 거인신이 생겨났어요. 어디서 생겨났는지는 모르지만 미륵신이 생겨나서 윗부분을 잡아 늘렸어요. 그랬더니 가마솥 꼭지같이 쫙 늘어났습니다. 늘어난 그 틈을 타서 이쑤시개 같은 커다란 구리기둥을 네 귀퉁이에 세우면서 하늘과 땅이 분리됩니다. 그러면서 더 이상 맞붙지 않게 하는 거죠. 그 미륵님이 하늘과 땅을 분리시키는 거인신 역할을 합니다. 또 당시에는 해도 둘, 달도 둘이었는데, 달 하나는 떼어서 북두칠성 남

12 한족 신화에 나오는 예는 천하의 명궁으로, 하늘에 열 개의 태양이 한꺼번에 뜨자 아홉 개를 쏴서 떨어뜨린다.
13 김헌선, 『한국의 창세신화』, 길벗, 1994, pp. 230~235.

두칠성을 만들고, 해 하나는 떼어서 큰별과 잔별들을 만듭니다. 그리고 물과 불의 근원을 찾아 세상에 생겨나게 합니다. 또 미륵님은 한손에는 금 쟁반, 한손에는 은 쟁반을 들고 하늘에 축수를 합니다. 축수를 하니까 하늘에서 금 쟁반에는 금 벌레, 은 쟁반엔 은 벌레가 떨어져서, 금은 남자가 되고 은은 여자가 됩니다. 나중에 그 벌레들이 사람이 된 거죠. 사람이 되어 결혼을 해서 우리 민족이 생겨났다고 합니다.

이 신화를 듣고 기분이 나쁠 수도 있어요. 우리 조선 사람이 벌레로부터 생겨났다고? 물론 이것보다 더 고급스러운 인류기원신화가 있죠. 바로 〈단군신화〉입니다. 벌레가 아니고 조금 더 진화한 곰으로부터 태어난 우리 민족 기원신화죠.

이 〈창세가〉는 창세신화가 반드시 갖추어야 할 세 가지 요소, 즉 하늘과 땅이 생겨나는 천지개벽 신화소, 일월 조정 신화소, 그리고 인류기원 신화소를 모두 갖추고 있습니다. 미륵님이 일월을 조정하는 거인영웅신적 면모는 중국 한족의 〈예〉 신화와 유사합니다. 또 우리의 대별왕, 소별왕이 일월을 조정했다는 〈천지왕본풀이〉도 〈예〉 신화와 유사하지요.

앞서 먀오족의 〈수탉이 태양을 부르다〉에서도 뉘야라는 영웅이 활과 화살을 이용해 일월조정 신화소가 발견되는 것을 확인할 수 있었습니다. 그러면, 우리와 먀오족은 중국의 〈예〉 신화를 가져다가 각자의 창세신화를 각색한 것일까요? 아니면 반대로 소수민족신화와 우리의 신화를 한족들이 가져다 썼을까요? 대다수의 한족 학자들은 한족이 당연히 오래되고 기록도 많이 남아있기 때문에 한족에서 다른 소수민족으로 여러 가지 문화적 요소들이 넘어갔을 거라고 여깁니다. 그러나 꼭 그렇지만은 않죠. 한족과 접촉한 소수민족뿐 아니라 접촉하지 않은, 세계 여러 다른 나라에도 이런 신화소가 있다는 점에서 한족만의 독창성, 저작권을 주장하기는 어려워요. 이처럼 신화는 민족과 지역을 넘어 세계적 보편성을 지니고 있는 것이죠.

그렇다면, 먀오족 신화만의 특징으로는 무엇이 있을까요? 우선 하늘과 땅이 굉장히 근접하다는 인식, 하늘과 지상이 소통하고 하늘의 신과 지상의 인간이 힘과 지혜를 대결할 수 있다는 인식이 반영되어 있다는 점이 특징적으로 보입니다. 또 민족과 성씨의 기원이 대홍수 뒤에 살아남은 남매가 혼인하여 낳은 부싯돌 조각에서 생겨났다는 사고가 매우 독특한 것 같습니다.

마지막으로 말씀드리고 싶은 것은, 세계의 신화를 공부하면서 특히 먀오족 신화를 공부하면서 먀오족은 우리와 어떤 접점이 없을 것 같다는 생각이 들지만, 막상 신화를 자세히 들여다보면 우리와 닮은 점도 상당히 많다는 점을 알게 된다는 것입니다. 또 동시에 우리와 먀오족의 신화는 확인한 바대로 다른 점도 많지요. 그리고 그 같고 다른 점이 의미하는 바가 무엇인지를 연구하는 것이 신화연구의 재미가 아닌가 싶습니다. 이번 시간에 가볍고 쉽게 먀오족의 신화를 정리해 보았는데요, 차후 진행되는 다른 선생님들의 강의로 더 깊은 신화의 세계에 빠져보시기를 바랍니다.

보충 〈콩쥐팥쥐〉 이야기를 조금 더 해볼까 합니다. 그렇게 팥쥐를 목 잘라 죽이거나 교수형을 시키는 것도 잔인할 텐데 왜 포까지 떠야 했을까요? '계모는 못된 짓을 했잖아, 그럴 수 있어' 라고 할 수도 있지만, 옛이야기를 뒤집어볼 필요가 있어요. 이 이야기는 지금이야 동화

책으로까지 나오기 시작했지만, 제 기억에 2000년대 초반까지 동화책에 등장하지 않았어요. 애들이 보기에 비교육적인 거죠. 하지만 이 비교육적이라는 요소가 잘 살펴보면 상당히 교육적인 겁니다. 옛날에는 이 이야기를 애들한테 해줬으니까요. 이 설화가 이야기하는 진짜 의미는 이래요. 계모와 딸을 잔인하게 죽이는 것이 곧 미성숙한, 언제까지나 부모 그늘 아래서 사는 사람은 결코 독립해서 살 수 없다는 걸 역설하는 거죠. 따라서 콩쥐와 팥쥐는 한 사람의 두 가지 면이라고 볼 수 있어요. 팥쥐는 일을 하나도 하지 않잖아요. 제대로 된 혼인 절차도 거치지 않죠. 콩쥐는 제대로 된 노동활동과 연애활동도 하고 결국은 짝을 만나 혼인에 성공하잖아요. 미성숙한 존재를 그렇게 잔인하게 죽여 없애는 것은 우리 심리에서 퇴행을 방지하는 한 방법인 거죠. 미숙했던 과거를 철저하게 부셔 버리고 앞으로 나아가라는 의미가 이 설화에 담겨있습니다. 옛이야기는 지금은 재미 차원에서 들려주고 읽습니다만 근대 사회가 되기 이전에, 제도적 교육이 확립되기 이전의 시대에서의 옛이야기는 아이들을 위한 훌륭한 교육 도구였던 것입니다. 때문에, 옛 어르신들이 이 이야기를 하신 거죠. 우리의 〈콩쥐팥쥐〉 이야기나 먀오족의 〈오러와 오도〉 이야기나 모두 그 숨겨진 이면에 "소녀야, 제대로 일을 배우고, 제대로 연애를 하고, 제대로 독립해 진정한 어른이 되어라!" 하는 의미를 담고 있는 것은 아닐까요.

참고자료

EBS 세계테마기행-윈난 소수민족기행 1부 윈난의 봄, 먀오족의 새해맞이. 2014.3.3.
EBS 세계테마기행-중국소수민족기행 1부 먀오족의 땅, 구이저우. 2015.2.16.
김선자, 『중국 소수민족 신화기행』, 안티쿠스, 2009.
김헌선, 『한국의 창세신화』, 길벗, 1994.
김혜정, 「한·중 신데렐라 유형 설화 비교 연구 : 한국의 〈콩쥐팥쥐〉와 중국의 〈灰姑娘〉을 중심으로」, 경기대학교 박사학위 논문, 2013.
서울여자대학교, 『먀오족의 숨결』, 서울여자대학교출판부, 2008.
손진태 저, 김헌선·강혜정·이경애 역, 『한국 민화에 대하여』, 역락, 2000.
우이원·슝커우, 오영화 역, 『먀오족 자매절』, 사람사는세상, 2015.
이영경, 『오러와 오도』, 길벗어린이, 2008.
陶陽 鐘秀, 『中國創世神話』, 上海人民出版社, 1989.
國民間文藝研究會貴州分會 主編, 『苗族民間故事選』, 上海文藝出版社, 1981.
民族故事大系編纂委會, 『中華民族故事大系(藏族 維吾爾族 苗族)』, 上海文藝出版社, 1995.

제4강

중국 쓰촨성 싼싱두이 유적과 신화

홍윤희 (연세대 교수)

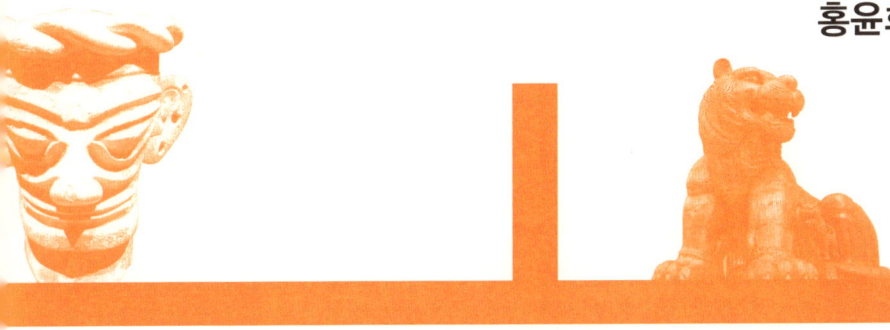

남방실크로드의 기점 쓰촨성

첫 번째 강의에서 김선자 선생님께서 남방실크로드 지도를 보여주시며 쓰촨성四川省 청두成都가 남방실크로드의 기점이라고 설명하셨을 겁니다. 중국은 각 성마다 성도省都가 따로 있습니다. 쓰촨성의 성도가 바로 청두이고, 이곳으로부터 몇 갈래의 남방실크로드, 곧 영관도, 오척도, 장가도가 시작됩니다. 여러분이 이번 시간에 저와 함께 공부하실 싼싱두이 삼성퇴, 三星堆는 바로 이 부근에서 발견된 문명 유적입니다.

중국은 크게 여섯 개로 지역을 구분하는데요, 쓰촨성은 그중에서도 서남 지역에 해당됩니다. 쓰촨 서쪽에는 시짱西藏 자치구, 바로 티베트가 있고요, 동남쪽으로는 구이저우성貴州省이 접경하고 있습니다. 그 남쪽으로는 여러분들이 공부하셨던 윈난이 있고요. 그래서 중국에서는 티베트, 쓰촨, 구이저우, 윈난을 합쳐서 서남 지역으로 분류합니다.

그림 24
중국 6개 지역 구분도

보시는 것처럼 쓰촨성은 굉장히 넓은 편이죠. 중국의 성 중에서 다섯 번째로 넓습니다. 쓰촨성에는 수도인 청두 외에도 동쪽에 충칭 직할시도 있지요. 중국에 네 개의 직할시가 있는 것 아시죠? 하나가 중국의 수도이자 정치의 중심지인 베이징, 경제의 중심지인 상하이, 베이징하고 굉장히 가까운 곳에 있는 톈진, 또 한 곳이 바로 1997년에 새롭게 네 번째 직할시로 들어간 충칭입니다. 충칭은 1940년부터 대한민국 임시정부가 있었던 곳이어서 우리에게도 각별한 곳이죠.

쓰촨성은 거대한 분지와 고원 형태의 지형을 갖추고 있습니다. 대체로 사방이 높은 산으로 둘러싸이고, 그 안에 넓은 땅이 펼쳐진 곳이라고 생각하시면 됩니다. 게다가 쓰촨성에는 장강長江, 양쯔강의 줄기가 지나가고 있습니다. 외부로부터 적당히 고립된 곳이면서도, 굉장히 풍요롭고 물산이 풍부한 살기 좋은 곳이에요. 이렇게 그 안에서 독립적으로 발전하기 좋은 지형을 가지고 있다 보니, 이 성의 수도인 청두는 예부터 '비와 가뭄이 사람의 뜻을 따르는 곳', 그래서 '굶주림을 모르는 곳'이라고 불렸다고 합니다.

쓰촨성은 옛날에는 파촉巴蜀, 내지는 촉蜀이라고 불렸습니다. 촉이라는 말은 많이 들어 보셨을 거예요. 중국의 유명한 역사소설 『삼국지연의』에서 삼국, 즉 '위, 촉, 오' 중의 촉입니다. 지금도 '촉'은 쓰촨성의 별명으로 쓰입니다. 중국에서는 각 성마다 따로 부르는 약칭이 있어요. 이 약칭은 각 성의 자동차 번호판 같은 데에도 쓰이는데요, 쓰촨성의 약칭은 쓰촨의 '촨' 자를 따서 촨川이라고 합니다. 하지만 중국어로 '쓰촉, 蜀'라고 해도 사람들은 쓰촨을 가리키는 말로 알고 있죠.

그림 25
쓰촨성 간략 지도

이곳은 기후도 온난하고 습도도 높아서 농사가 굉장히 잘 되고요. 광물 자원도 상당히 풍부합니다. 그리고 까마득히 높은 산들이 굽이굽이 많아서 굉장히 아름다운 성으로 이름이 나있지요. 쓰촨성에는 세계자연유산이면서 중국에서 가장 아름답다고 하는 지우자이거우九寨溝도 있고, 중국에서 가장 큰 석불인 러산대불樂山大佛도 있습니다. 또 '중국' 하면 생각나는 동물인 판다의 고향이기도 하죠. 또 쓰촨 요리는 베이징 요리, 상하이 요리, 광둥 요리와 더불어 중국의 4대 요리로 꼽힙니다. 쓰촨의 술과 차도 대단히 유명합니다. 또 다채로운 문화와 전통을 지닌 소수민족들도 아주 다양하게 살고 있죠. 예컨대 이족彝族은 윈난성뿐만 아니라 쓰촨성에도 많이 살고 있고, 티베트족도 티베트 자치구에만 사는 것이 아니라 쓰촨성에도 많이 살고 있습니다. 그밖에도 창족강족, 羌族, 먀오족묘족, 苗族 후이족회족, 回族 등 여러 소수민족들이 살고 있는 곳이기도 합니다. 『삼국지』 촉한蜀漢의 근거지이다 보니, 청두에 가면 제갈공명을 모셔둔 사당 무후사武侯祠도 있습니다. 또 쓰촨은 예로부터 문인의 땅입니다. 중국에서 가장 유명한 시인 이백의 고향이고

그림 26
싼싱두이 박물관

요, 소동파의 고향이기도 합니다. 뿐만 아니라 두보나 백거이 같은 시인들도 다 쓰촨에 왔었기 때문에 '모든 문인들은 다 촉 땅에 들어온다'라는 말이 있을 정도입니다. 두보는 청두에서 9년 정도를 살았기 때문에, 그를 기념하는 대표적 장소인 두보초당杜甫草堂도 청두에 있습니다.

중국에서 딱 한 군데를 골라서 여행을 가신다 하면, 쓰촨을 추천해드리고 싶을 정도로 아주 매력적인 곳입니다. 그리고 그 매력을 더 배가시키는 요소가 바로 싼싱두이 유적이 아닐까 생각합니다.

싼싱두이 유적 발굴과 고촉 문명

싼싱두이는 쓰촨성 광한시廣漢市 서북쪽 야쯔허鴨子河 남쪽 기슭에 위치하고 있습니다. 청두에서 북쪽으로 대략 40km 정도 떨어져 있어서, 싼싱두이에 가려면 보통 청두에서 시외버스를 타고 4, 50분 정도 달려 먼저 광한시로 가야 합니다. 광한시에서 시내버스로 갈아타고 서쪽으로 7km, 15분 내지 20분 정도 달리면 싼싱두이 박물관에 도착합니다.

그런데 이 싼싱두이, 우리말로 삼성퇴라고 하는 이 이름을 보면 석삼三자에 별 성星자, 언덕 퇴堆자로 되어 있잖아요? 이 이름에는 전설이 얽혀 있습니다. 하늘에서 옥황대제가 흙을 세 줌 땅으로 뿌렸답니다.

그 세 줌 흙이 이 광한 땅에 떨어져, 나란히 서 있는 세 개의 언덕을 이루었는데 그것들이 꼭 하늘에 떠있는 세 개의 샛별 같다고 해서 싼싱두이라는 이름이 붙여졌다고 합니다.

그런데 싼싱두이가 있는 쓰촨으로 가는 길은 예부터 굉장히 난코스로 유명했습니다. 쓰촨이 험준한 산들로 둘러싸여 있다 보니 그랬겠지요. 그래서 쓰촨을 이야기하면 늘 등장하는 유명한 시가 바로 이백의 「촉도난」蜀道難입니다. 시인 이백이 장안長安=西安에서 지내다가 쓰촨으로 다시 돌아갈 때, 산에 걸려 있는 가느다란 잔도棧道를 지나게 되었습니다. 산 절벽은 깎아지를 듯 높고 잔도는 너무 위태로우니 건너가기 얼마나 아찔했겠습니까. 그러다보니 자연스레 탄식하듯 터져 나온 시가 바로 「촉도난」이라고 합니다. 제목은 말 그대로 '촉으로 가는 길의 어려움'이라는 뜻입니다. 내용은 이렇습니다.

"아이쿠, 위험해라! 높기도 해라! 촉으로 가는 길은 푸른 하늘 오르기보다 더 어렵구나."
(噫嘻, 危乎! 高哉! 蜀道之難, 難於上靑天)

과장이 좀 심한 것 같죠? 그런데 바로 이어서 이런 구절이 나옵니다.

"잠총과 어부가 나라를 세운 시대가 얼마나 아득한가. 그로부터 4만 8천 년이 지났네."
(蠶叢及魚鳧開國何茫然, 爾來四萬八千歲)

여기 잠총蠶叢과 어부魚鳧가 4만 8천 년 전 이 촉 지역에 나라를 세웠다고 하는 구절이 등장하지요. 4만 8천 년이라는 표현은 시적 상상력을 발휘한 부분이라고도 할 수 있겠지만, 잠총과 어부가 고촉국古蜀國을 세웠다고 하는 기록은 이백의 시뿐만 아니라 중국의 다른 문헌에서도 드문드문 전해져 왔습니다. 사실 고촉국은 신화나 전설 속의 나라 같은 것이었는데, 싼싱두이의 고고학적 발견이 이 고촉국의 신비를 벗겨낸 셈이 되었습니다. 그 이전에 중국에서는 주로 중원의 오래된 문화들, 예컨대 상商 문화나 주周 문화를 중요하게 여겨 왔는데, 싼싱두이는 상나라와 비슷한 시기나 그 이전부터 청두 부근에 더 높은 수준의 문화를 지닌 나라, 즉 고촉국이 존재했다는 사실을 보여준 것입니다.

그런데 동서양을 막론하고 위대한 발견들은 대부분 우연한 사건으로 시작됩니다. 싼싱두이도 마찬가지입니다. 이 유적은 보통 1986년에 발견되었다고 알려져 있지만, 그것은 그 중심부인 1호갱과 2호갱이 발견된 시기를 기준으로 하는 것이고요, 실제 시작은 1929년이었습니다. 1929년 봄에 광한 지역의 옌다오청燕道誠이라는 농민이 아들과 함께 논에 물을 대려고 수차를 이용해 도랑의 물을 퍼냈습니다. 그 과정에서 옥석기, 옥종, 옥장 같은 보물들이 3백여 점이나 나온 것이죠. 소문을 들은 골동품상들이 이곳에 모여들었고, 그때 '광한 옥기'가 유명해집니다. 이 소식이 학자들의 귀에도 들어갑니다. 그래서 1932년 화서협화대학현 쓰촨대학의 미국인 교수 데이비드 그레이엄David C. Graham이 직접 조사에 착수하죠. 데이비드 그레이엄은 당시 화서협화대학에서 박물관장을 지내며, 문화인류학과 고고학을 강의하던 학자였습니다. 1934년에는 쓰촨성 교육청과 광한현 정부의 동의를 얻어 발굴팀을 꾸리고, 월량만月亮灣 유적지에서 고고학 조사와 발굴을 진행한 다음 그 결과를 논문으로 발표합니다. 발굴한 곳은 현재 싼싱두이 유적의 핵심

그림 27
싼싱두이 유적지 지도

부인 1호갱과 2호갱에서 동북쪽으로 약간 떨어진 곳입니다. 이때 발견된 문화는 싼싱두이 문화가 아닌 '광한 문화'라고 불렸습니다. 그리고 아쉽게도 중일전쟁 등을 겪으면서 발굴 작업은 중단됩니다.

그러다가 1950년대 가서 천성天成 철도라는 것을 건설하거든요. 산시성陝西省 바오지寶鷄와 쓰촨성 청두를 잇는 철도여서 지금은 바오청寶成철도라고 부릅니다. 그런데 이 철도를 건설할 때 서남박물원의 원장이었던 펑한지馮漢驥라고 하는 사람이 광한 월량만 유적지를 다시 조사하기 시작합니다. 이때 쓰촨성 문화국이나 박물관, 쓰촨대학 역사학과 등이 동참하게 되죠. 하지만 이때도 싼싱두이의 핵심 지역까지는 발견하지 못하고 그 언저리에서만 발굴이 이루어집니다. 하지만 이때 펑한지가 당시 발굴지였던 월량만이 아니라 거기에서 서남쪽으로 좀 떨어진 마무허馬牧河 건너편, 즉 지금의 싼싱두이 지역이 고촉국의 중심 도읍지라고 추정합니다. 결국 그의 추측이 맞았던 것이죠.

제4강 중국 쓰촨성 싼싱두이 유적과 신화 **135**

앞서 야쯔허 남쪽에 싼싱두이 유적이 있다고 말씀드렸는데요, 지도에서 북쪽에 흐르는 큰 강줄기가 바로 야쯔허입니다. 싼싱두이 유적은 그 규모가 전체적으로 12km² 정도 됩니다. 아주 어마어마하죠. 그리고 그 남쪽으로 동쪽, 서쪽과 남쪽 성벽의 일부가 발견되었는데, 그 성벽들의 안쪽이 고촉국의 도성이었다고 생각하시면 됩니다. 그 안에 마무허라는 작은 하천이 도성을 관통하며 흐르는데, 그 마무허를 기준으로 동북쪽에 월량만이 있고, 월량만 남쪽으로 진짜 싼싱두이가 자리 잡고 있는 것이죠.

싼싱두이 1호갱이 발굴된 것은 1980년대에 들어서서입니다. 마무허 바로 북쪽에 벽돌공장을 짓게 되었는데, 일꾼이 흙을 파다보니 무언가가 탁 걸린 겁니다. 그렇게 옥장玉璋, 즉 평평한 막대기 모양의 옥기가 하나 발견됩니다. 고고학 발굴팀이 소문을 듣고 현장으로 달려가 폭염 아래 한 일주일가량 발굴을 하게 되는데요. 그렇게 해서 1986년 7월 18일에 발견된 것이 바로 1호갱입니다. 이때 싼싱두이의 중요한 보물 중 하나인 황금지팡이가 처음 발견되고요, 이어서 황금가면, 청동 인두상人頭像을 비롯한 다양한 청동기, 옥기, 석기, 상아, 조개껍질, 도기 같은 것이 발견됩니다. 여기에서 수많은 상아가 발견되었다는 것은 참 놀라운 일입니다. 왜냐하면 이 지역은 코끼리 서식지가 아니었거든요. 코끼리 골격 전체가 발견된다거나 하는 일은 없었어요. 그렇다면 상아는 다른 지역에서 이곳으로 전해진 것이겠죠? 또 조개껍질이 나온 것도 흥미롭습니다. 호랑이 이빨처럼 맞물린 모양의 조개껍질 수천 개가 쏟아져 나왔는데, 이건 인도양 심해에서 나오는 조개였거든요. 옛날 인도 사람들이 화폐로 사용하던 것이죠. 이 역시 다른 지역에서 싼싱두이로 전해졌다는 뜻이지요.

한편 2호갱은 바로 한 달쯤 뒤인 8월 16일에 발견됩니다. 이 역시 벽돌공장 일꾼이 발견했습니다. 2호갱에서는 유물이 약 1,300점 정도가 나왔는데, 그 중 청동기가 735점, 금기가 61점, 옥기가 486점 정도 됩니다. 여기에서도 상아와 조개껍질이 많이 나왔고요. 무엇보다 2호갱에서는 청동으로 만든 사람의 대형 전신상이 나왔는데, 서 있는 사람이라고 해서 보통 청동 입인상立人像이라고 부릅니다. 커다란 청동 가면들도 쏟아져 나왔습니다. 무엇보다 싼싱두이의 최고 보물이라고 할 수 있는 대형 청동 신수神樹, 즉 청동으로 만든 신성한 나무들이 발견됩니다. 1호갱보다 더 정교하고 아름답고 진귀한 유물들이 2호갱에서 대거 발견된 것이죠. 그리하여 3천 년 이상 잠들어 있었던 문명의 흔적이 모습을 드러내며 세상을 놀라게 한 겁니다.

그림 28
2호갱에서 발견된
청동 입인상

고고발굴을 하면 층위학이나 유형학, 탄소연대측정 같은 방법을 써서 그 연대를 밝혀내잖아요. 그렇게 밝혀진 바에 의하면 1호갱은 중국사에서 상 문화 은허殷墟1 초기, 2호갱의 경우에는 은허 말기 정도에 해당된다고 합니다. 하지만 싼싱두이 문화 자체는 그보다 더 일찍 시작되었다고 합니다. 중원문화를 기준으로 보자면 싼싱두이 문화는 거의 용산 문화 시기에 시작되어서 상·주 교체기까지, 약 1600년에서 2000년 정도 존속되었던 문화라고 합니다. 따라서 싼싱두이 문화는 중원의 상나라나 주나라보다 더 일찍 시작된 고촉국의 문화였고, 이곳이 그

---

1 중국 허난성(河南省) 안양현(安陽縣)에 있는 은대(殷代) 중기 이후 도읍의 유적.

제4강 중국 쓰촨성 싼싱두이 유적과 신화 **137**

도성이었다는 사실이 밝혀진 것이죠.

	중국				메소포타미아	이집트
	황하유역		장강유역			
4000		상류	중류	하류		
	앙소문화					
3000			굴가령문화	양저문화	초기왕조	초기왕조
	용산문화		석가하문화		아카드	고왕국
2000	이리두문화	싼싱두이문화			고바빌로니아	중왕국
					카시트	신왕국
	상(은)	이리강기			앗시리아	말기 왕조
1000		은허기				
	서주					
	춘추					
	전국				아케메네스 왕조	
	진				셀레우코스 왕조 파르티아	
BC/AD	한					
	위진남북조				사산 왕조	로마
	수					
1000	당/오대/송				이슬람	

고촉국은 중국 문헌에 신화나 전설처럼 등장하던 나라라고 말씀드

렸는데요, 역사에서 처음으로 파촉巴蜀2이 등장한 것은 은·주 교체기입니다. 주나라 무왕武王이 은나라 주왕紂王을 벌하기 위해서 다양한 세력을 규합하여 연합군을 꾸렸을 때, 그 연합군의 일원으로 중국 역사에 처음 등장합니다. 이후 진시황의 천하통일 전까지 춘추전국시대 동안 파와 촉은 중국 역사의 본무대에서는 한 발 물러나 있었습니다. 그러다가 진시황의 통일 과정에서 진나라에 점령되면서 이곳에 파군과 촉군이 설치되고, 다시 중국의 범위에 들어오게 된 것이죠. 하지만 이렇게 중국의 역사 무대에 등장하기 이전부터 고촉국이 존재했음이 싼싱두이 발견으로 밝혀진 것입니다. 물론 아직까지 고촉국의 구체적인 역사나 왕조의 계보 같은 것이 소상히 밝혀지지는 않았습니다. 앞으로 고고학적 발굴이 좀 더 이루어진다면 고촉국의 역사가 더 정밀하게 밝혀질 수 있겠죠.

고촉국 왕들의 신화

지금까지 주어진 자료들을 근거로 고촉국의 역사를 재구성하면, 잠총蠶叢, 백관柏灌, 어부魚鳧, 두우杜宇 그리고 개명開明 시대로 나눕니다.
하지만 실제로는 각각의 왕조로 보기도 합니다. 전설 속에서는 이들이 다 특정한 왕의 이름으로 등장하지만, 그 이름에 걸치는 시간이 몇 백 년씩은 족히 됩니다. 한 사람이 몇 백 년씩 살 수는 없었을 테니까요. 그래서 학계에서는 잠총, 어부, 두우와 같은 이름들이 어떤 씨족 단위의 조대朝代를 가리키는 말이었을 것이라고 추측하고 있습니다. 어

---

2 파촉(巴蜀)은 선진(先秦)시기에 지금의 쓰촨성과 충칭일대를 부르는 말이었는데, 동쪽이 파국, 서쪽이 촉국이었다. 따라서 지금의 충칭은 파, 청두는 촉에 속했다.

했거나 이 시대를 전하는 문헌 기록들은 신화적 색채가 농후한데요, 우선 고촉국의 대표적 신화들을 소개해 보겠습니다.

고촉국의 신화는『화양국지』華陽國志나,『촉왕본기』蜀王本紀에 등장합니다. 그런데『촉왕본기』는 원본은 사라졌고요,『수서』隋書「경적지」經籍志에 한나라 양웅揚雄이 지은 것이고 한 권이라고 기록되어 있습니다. 다행히 후에『전상고삼대진한삼국육조문』全上古三代秦漢三國六朝文이나『한당지리서초』漢唐地理書鈔 같은 책에 집록되어 우리에게 전해지고 있지요. 그런데 쉬중수徐中舒라는 학자는 이 책이 사실은 삼국시대 촉나라의 초주譙周가 지은『촉본기』蜀本紀인데, 표제에 이름이 잘못 기입되었고, '왕'자도 후에 잘못 덧붙여졌을 것이라고 주장했습니다. 현재는 이 주장이 거의 정설로 받아들여지고 있습니다. 어쨌거나 지금도『촉본기』대신『촉왕본기』라는 이름이 널리 쓰이고 있습니다. 이 책은 촉 지역의 옛 신화전설을 기록하고 있는 매우 귀한 자료입니다.

『촉왕본기』에서는 "촉왕의 선조는 잠총이라 하고, 그 후대는 백관이라고 했고, 그 후대는 어부라고 했는데, 이 3대는 각기 수백 년을 통치했고, 모두 신이 되어 죽지 않았다."고 합니다.『화양국지』「촉지」蜀志에서도 잠총, 어부, 두우에 관한 신화가 기록되어 있습니다. 그럼 우선 잠총에 대해서 살펴보겠습니다.

잠총에 대해서『화양국지』에서는 이렇게 전합니다.

"그 눈이 세로로 달려 있다. 처음으로 왕이라 칭했으며, 죽어서 석관과 석곽을 사용하자 나라 사람들이 그것을 따랐으므로, 세간에서는 석관과 석곽을 종목인縱目人 무덤이라고 한다."

눈이 세로로 달려 있다니, 어떤 것인지 잘 상상이 안 되시죠? 세로눈에 대해서는 뒤에서 다시 말씀드리기로 하고요, 그 뒷구절을 보면, 잠총이 석관과 석곽을 사용했다는 것은 장례에 돌로 만든 속관과 그 겉을 싸는 곽을 썼다는 것이고, 그것이 이 지역의 장례 습속이 되었다는 뜻이겠지요.

또 황휴복黃休復의 『묘정객화』茆亭客話라는 책을 보면, "촉 땅에는 잠시蠶市가 해마다 정월에서 3월까지 계속 열다섯 군데를 돌면서 열렸다." 라는 기록이 있습니다. 그 유래에 대해서 촉 땅의 노인들이 전하는 말로는, 옛날에 잠총씨가 촉의 임금이었을 때, 백성들은 정착해서 사는 것이 아니라 잠총이 머무는 곳을 계속 따라다니며 저잣거리를 이루면서 살았고 합니다. 잠시, 즉 누에시장은 여기에서 비롯된 풍습이라는 것이죠. 잠업이 흥성했기 때문에 이 시장도 '잠시'라고 불렀는데, 잠시에서는 누에치기에 필요한 도구도 팔고, 꽃이나 약초, 이런저런 집기 같은 것도 팔았다고 합니다.

그림 29
민간전설 속의 잠신
(蠶神, 누에신)

백관에 대해서는 이렇다 할 기록이 많지 않지만 백관이 2대 왕이었다거나, 잠총과 백관, 어부, 이 왕들이 죽고 나서 신이 되었다는 기록은 있습니다. 백관 왕조 역시 수백 년 동안 지속된 것으로 알려져 있고요.

이어서 3대 촉왕 어부에 대해 살펴보죠. 어부에 대해서 『촉왕본기』에서는 이렇게 전합니다.

어부는 전산에 밭을 일구고 살다가 신선이 되었다. 지금 그의 사당은 전산에 있다.

(魚鳧田於湔山, 得仙, 今廟祀之于湔.)

전산에서 밭을 일구었다는 구절 때문에, 사람들은 어부가 촉 땅의 사람들에게 농사를 가르친 왕이라고 추측합니다.

고촉국의 왕들에 대한 신화 중 가장 유명한 것은 바로 두우杜宇의 신화입니다. 옛날에 촉나라 사람들은 수가 많지 않았다고 합니다. 그런데 두우라는 남자가 하늘에서 주제朱提라는 곳으로 내려왔습니다. 그리고는 샘에서 태어난 리利라고 하는 여자와 결혼하지요. 이어서 두우는 스스로 촉왕이 되었고 망제望帝라고 불렸는데요, 문산汶山 아래 비郫라고 하는 땅을 다스렸습니다. 망제가 백여 세가 되었을 때, '형刑'이라는 지역에 별령鼈靈이라는 사람이 죽었는데, 그 시신이 사라져 형 땅의 사람들이 아무리 찾아도 찾을 수가 없었다고 해요. 사라진 별령의 시신은 사실 강물을 따라 비 땅으로 흘러왔지요. 신기하게도 비 땅에 도착한 별령은 갑자기 다시 살아나서 망제와 만나게 되었습니다. 망제는 죽었다 살아난 이 특별한 사람을 재상으로 삼았지요. 그런데 그때 옥산에서 물이 흘러넘쳐 홍수가 났어요. 망제, 즉 두우는 재상인 별령에게 홍수를 다스리라고 하죠. 별령은 옥산의 물길을 터서 백성들을 안전하게 지켰습니다. 그때 일어나서는 안 될 일이 일어납니다. 별령이 홍수를 다스리러 떠난 사이, 망제가 아름다운 별령의 아내와 사랑에 빠져 정을 통하게 된 겁니다. 하지만 망제가 파렴치한은 아니었나 봐요. 스스로 저지른 일에 수치심을 느낀 망제는 자기의 덕성이 별령보다 못하다고 여기게 되고, 결국 별령이 돌아오자 그에게 나라를 맡기고 스스로 떠납니다. 별령은 즉위하여 '개명제開明帝'라고 불리게 되지요. 그런데 촉나라 사람들은 망제를 꽤 좋아했던 모양이에요. 망제가 떠날 때 자규子規, 즉 두견새가 울었다고 하는데, 그 후로 촉 땅 사람들은 두견새가 울면 가여워하면서 망제를 무척 그리워했다고 하는 전설이 전해집니다.

한나라 허신許愼의 『설문해자』說文解字라는 책에도 관련된 이야기가 전하는데, 여기서는 망제가 별령의 아내와 정을 통하고 스스로 부끄러워 도망가 자규새로 변했다고 합니다. 그래서 촉 땅의 사람들은 두견새가 울면 "망제이시다." 라고 했다는 내용입니다.

한편 촉 땅을 맡게 된 개명제, 즉 별령은 노보를 낳았는데 그 또한 개명이라고 불렸다는 기록이 있습니다. 그 이후로는 왕들을 다 개명이라고 불렀다고 합니다. 그래서 '개명'이라는 이름 아래 수백 년씩 왕조가 유지된 것이겠죠. 개명 왕조는 12대에 이르렀다고 알려져 있습니다.

두우의 신화는 오래도록 널리 전해진 듯합니다. 당나라 때의 유명한 시인인 이상은李商隱은 아름답고 애절한 시를 많이 썼는데, 그중 「금슬」琴瑟이라고 하는 작품을 보면 이런 구절이 있습니다.

아름다운 저 거문고 어찌 오십 현인가.
한 줄 한 받침대마다 아름다운 시절이 어려 있네.
장주莊周, 장자는 새벽꿈에 나비가 되어 홀리고,
망제는 자기의 애절한 마음을 두견에 싣네.

지금까지 고촉국 왕들에 얽힌 신화를 살펴봤습니다. 그럼 이들의 시대 구분을 어떻게 하는지 알아보지요. 일반적으로 싼싱두이 문화는 1기부터 4기까지로 나누게 되거든요. 1기 문화는 지금으로부터 4800년 전부터 4000년 전까지에 해당되고요. 중원 문화로 따지면 용산 문화

시대에 해당됩니다. 문화 분포면적은 약 5km² 정도 됩니다. 그리고 신화에서는 잠총부터 백관 정도에 걸치는, 고촉 문명의 기원 단계이면서 신석기 말에 해당하는 단계라고 보시면 되겠습니다. 이 시기는 현지의 특색이 잘 드러나지만, 유물 중에 석가하石家河 문화나 양저良渚 문화 풍격의 옥기나 도기도 발견됩니다. 이를 통해 당시 청두 평원에서는 이미 장강 중하류 지역과 문화교류가 있었음을 추측할 수 있습니다.

2기와 3기 문화의 경우에는, 지금으로부터 4000년 전부터 약 3200년 전에 해당됩니다. 중원 문화 시기로는 하, 상 문화 시기에 상응하고요. 문화 분포면적은 총 12km² 정도 됩니다. 왕 중에서 백관의 경우에는 1기 문화로 보기도 하고 2기 문화로 보기도 하는데요, 어쨌거나 2~3기는 대략 백관과 어부 시기에 해당합니다. 고촉 문명이 형성되는 시기이면서, 청동기시대라고 보시면 되겠습니다. 이 시대의 싼싱두이 문화는 중국 장강 상류 지역 문명의 중심으로 발전했습니다. 또한 싼싱두이 1호갱과 2호갱에서 출토된 청동기, 금기, 옥기, 상아는 이 시기 싼싱두이의 야금술이나 청동기 주조 기술, 공예 등이 대단히 발달했음을 보여주는 증거입니다. 또 이 시기에 대규모의 종교의례가 행해졌다는 것도 알 수 있지요.

끝으로 4기 문화는 3200년 전부터 2600년 전에 해당합니다. 중원 문화 기준으로는 상말 주초부터 춘추시대 초중기 정도의 시기이고, 고촉국에서는 두우 왕조에 해당됩니다. 이 시기에 싼싱두이 문화는 점차 쇠퇴기이자 새로운 발전단계라고도 할 수 있습니다. 고촉국은 이곳에서 오래도록 번영을 누리다가 이 시기에 이르러 결국 고성을 버리고 싼싱두이 문화의 중심이 남쪽으로 이동한 것으로 보입니다. 2001년에 싼싱두이에서 남쪽으로 내려간 청두에서 또 다른 유적인 금사金沙 유적이 발견되거든요.[3] 이곳은 아마도 두우 왕조 시기에 도성을 이동한 흔적이라고 추정됩니다.

1기 문화	2-3기 문화	4기 문화
4800~4000년 전 용산문화 시대 잠총, 백관	4000~3200년 전 하·상 시대 (백관), 어부	3200~2600년 전 상말 주초~ 춘추시대 초중기 두우

싼싱두이 유물과 신화

그럼 싼싱두이의 대표적인 유물들을 구체적으로 살펴보면서 주제에 한걸음 더 다가가 보도록 하겠습니다. 싼싱두이에서 발견된 유물들이 워낙 많기 때문에, 그중에서 가장 유명하고 대표적인 청동기들이나 황금지팡이, 황금가면 등을 통해서 문명교류의 흔적들을 찾아보려고 합니다.

싼싱두이 박물관은 싼싱두이 유적에서 동쪽 성벽 쪽에 있습니다. 전시관은 크게 청동관과 종합관 두 개로 나뉘는데요, 입구로 들어가면 우선 청동관이 나오고, 더 들어가면 종합관이 있습니다. 청동관에는 말 그대로 주로 청동기가 전시되어 있고, 옥기나 석기, 금기金器와 청동신수 등은 종합관에 전시되고 있습니다. 박물관 마당에는 예전에 제사를 지냈던 제사 터를 상상해서 재현해 놓은 제사대가 있는데요, 제사대 꼭대기 한 가운데에는 커다란 청동 입인상 모형을 세워놨습니다. 거기에서 조금 더 걸어가면 동쪽 성벽을 보실 수 있고요.

그런데 제사대 꼭대기 정 중앙에 왜 입인상을 두었을까요? 아마도

---

[3] 청두시 진사(金沙)촌 일대에서 발견된 청동기 시대 유적지.

그림 30
제사대(좌),
제사대의 청동 입인상(우)

이 위치에 입인상이 있었으리라고 판단해서, 아니면 적어도 이 위치에 입인상이 어울린다고 생각해서 세워두었을 텐데요. 그 이유는 아마도 싼싱두이에서 이렇게 사람의 전신을 다 표현한 상이 이것 하나밖에 없기 때문인 것 같습니다. 사람을 표현한 나머지 청동기는 모두 두상이거나 가면처럼 생긴 인면상이거든요. 2호갱에서 출토된 입인상 실물을 보면 그 규모가 상당합니다. 전체 높이가 2m 62cm 정도이고, 키가 1m 72cm 정도 됩니다. 옛날 사람치고는 작지 않죠? 게다가 머리에 10cm 정도 되는 화려한 관을 쓰고 있어요. 청동으로 만들어져 무게가 180kg 정도 나갑니다. 옷자락엔 용무늬가 새겨져 있는데, 총 네 마리입니다. 눈썹은 굉장히 굵고, 눈도 굉장히 큽니다. 게다가 손 모양이 아주 특이하죠. 두 손 다 동그랗게 말려 있어, 무언가를 쥐고 있는 듯한 형상입니다. 아마도 제사를 지낼 때 사용하던 옥종이라는 옥그릇 같은 것을 들고 있었거나, 제사 때 쓰는 법기 같은 것을 들고 있었을 것이라고 추측합니다. 아마 가장 큰 샤먼이 지니는 상징물이었겠죠? 발은 맨발인데요, 발목과 손목에는 발찌, 팔찌 같은 장신구를 달았습니다. 흥미로운 것은, 발찌와 팔찌에 격자무늬가 새겨져 있다는 사실입니다.

그림 31
다양한 청동 인두상 앞면(좌),
청동 인두상 뒷면(우)

그런데 격자무늬는 이 지역 고유의 문양이 아니기 때문에 주의를 기울일 필요가 있습니다. 이 점은 뒤에서 다시 말씀드리겠습니다.

이밖에 청동으로 만든 사람 머리와 가면이 굉장히 많이 발견되었습니다. 인두상은 1호갱에서 13개, 2호갱에서만 44개, 총 57개가 나왔어요. 이 57개 인두를 다 진열해 놓았는데 얼핏 보기엔 다 비슷비슷하지만, 자세히 보면 놀랍게도 하나하나가 다 다르게 생겼습니다. 형식도 다양하고 장식도 각양각색입니다. 정수리가 평평한 것, 평평한 머리에 모자나 관을 쓴 것, 터번처럼 생긴 모자를 쓴 것, 땋은 머리를 둘둘 말아 올린 것, 원형 머리에 모자를 안 쓴 것, 투구를 쓴 것도 있습니다. 또 뒷면을 보면 머리카락을 뒤로 늘어뜨려 땋은 것이 상당히 많습니다. 변발의 풍속이 있었던 것이겠죠. 또 머리 뒤에 나비모양의 비녀를 꽂은 것도 있고요. 이 다양한 인두상들은 공통점도 있습니다. 바로 목 부분이 앞뒤로 모두 V자로 뾰족하다는 점인데요, 앞보다 뒤가 길게 내려옵니다. 이런 모양은 아마도 제사를 지낼 때 땅에 꽂거나 나무 기둥 같은 것 위에 꽂기 좋게 하려던 것이겠죠. 그리고 얼굴을 보면 일

그림 32
청동 인면상 정면(좌),
청동 인면상 측면(우)

반적인 중국사람, 특히 한족의 얼굴과 많이 다르죠. 싼싱두이 인두상은 얼굴의 선이 아주 굵습니다. 눈은 굉장히 부리부리하고, 눈썹은 아주 짙고, 코는 우뚝하고 크면서 넙데데하죠. 턱도 굉장히 강인하고 넓은 턱이고, 입도 아주 큽니다. 게다가 터번을 쓴 사람도 있는 것을 생각하면, 중원 사람의 모습과는 많이 다르다고 할 수 있겠죠. 그리고 지금은 거의 벗겨져 있지만, 원래는 이 인두상이 다 금박 가면을 쓰고 있었던 것으로 보입니다. 아주 얇은 황금가면을 씌워놓았던 것이 발견되는데, 정말 그 기술이 뛰어납니다.

또 주목할 만한 것으로 청동 인면상이 있습니다. 인두상과 다르게 인면상은 반원형의 가면 형태라고 생각하시면 됩니다. 안쪽이 비어 있습니다. 하지만 너무 크고 무거워서 진짜 가면으로 사용하지는 못했을 겁니다. 그 폭이 작은 것도 50~60cm 정도 되거든요. 그렇게 큰 가면이 얼굴에 맞는 사람은 없겠죠. 그렇다면 이런 인면상들이 어떤 용도로 쓰였을까요? 그 단서는 이마와 귀에 있습니다. 일반적으로 청동 인면상 이마에는 구멍이 뚫려 있고요, 귀 옆에도 구멍이 뚫려 있죠. 그것은 그냥 장식이 아니라 특정한 용도가 있는 것으로 파악되는데요. 아마도 제사나 의례를 지낼 때 그 구멍에 끈을 끼워 커다란 기둥이나 흙으로 만든 기둥 위에 고정시켜 놓았을 것이라고 추측해 볼 수 있죠. 또 다른 가설은 제사를 지낼 때 샤먼들이 이 가면을 양 손에 들고 춤을 추었을 거라는 설입니다. 옛날에 나례4 같은 것을 지낼 때도 가면을 손에 들고 춤을 추었다고 하는데, 그와 비슷한 용도였다는 것이죠. 그리고 이 인면상의 생김새도 앞서 본 인두상처럼 눈이 굉장히 크고 눈썹도 짙죠. 코도 크고 귀도 큰, 아주 선이 굵은 얼굴임을 알 수 있습니다. 이런 인면상은 1호갱에서는 1개만 나왔고, 2호갱에서 20개가 나왔습니다.

그림 33
종목 인면상

인면상 중에 가장 특이한 것으로 종목縱目 인면상을 들 수 있습니다. 종목, 말 그대로 세로눈입니다. 앞에서 잠총이 세로눈이었다는 신화를 말씀드렸는데요, 그 세로눈이 위아래로 길게 찢어진 눈이 아니라 이렇게 앞으로 쑥 튀어나온 눈이었나 봅니다. 이 종목 인면상은 안구가 앞으로 말뚝처럼 돌출된 모습입니다. 양쪽 귀도 굉장히 크고 과장되어 있죠. 입도 유난히 크고요. 특히 종목 인면상은 입술이 세 겹인 점이 특이합니다. 가장 큰 인면상은 높이가 65cm, 폭이 130cm입니다. 튀어나온 눈동자만 17cm 쯤 될 정도입니다. 이런 종목 인면상은 3점 정도밖에 없습니다. 아마도 굉장히 신성한 어떤 존재를 표현한 것이라고 생각합니다. 세로눈을 가졌다고 하는 잠총 같은 존재를 묘사한 것이겠죠. 즉 고촉국 사람들이 조상신으로 섬기는 대상을 묘사한 것이 이 종

---

4 나례(儺禮): 섣달 그믐날 가면을 쓴 사람들이 주문을 외면서 귀신을 쫓는 동작을 해서 묵은해의 잡귀를 몰아내던 의식.

그림 34
싼싱두이 눈

목 인면상일 것이라고 추측하고 있습니다. 어떤 종목 인면상은 코에서 구름 모양이 하늘로 70cm 쯤 쭉 올라가는 형태를 띠고 있습니다.

이것을 봐도 종목 인면상은 인면상 중에서도 굉장히 비범하고 신비스러운 힘을 가진 존재를 그린 것으로 생각됩니다. 흥미롭게도, 이렇게 툭 튀어나온 세로눈이 중국 소수민족 중 이족의 창세신화에서도 등장합니다. 이족 창세신화에서 거쯔 천신이 하늘에서 세 줌의 눈雪을 뿌려 세 세대의 사람을 만드는데요, 첫 세대는 외다리 인간, 두 번째 세대는 거인, 세 번째 세대는 두 눈이 세로로 된 사람들이었다고 하거든요. 아직까지 직접적인 연관성이 밝혀진 것은 아니지만, 종목 인면상의 튀어나온 눈은 분명히 이족 신화뿐만 아니라 남방실크로드를 따라 널리 퍼져 있는 '보호하는 눈'에 대한 신앙과 관련이 있을 것으로 추정됩니다.

싼싱두이에서도 눈眼 모양의 청동기 유물들이 많이 쏟아져 나와, 이 지역에 눈에 대한 숭배가 존재했음을 알 수 있습니다. 청동기 제조가 비용이나 공력이 많이 들다보니, 청동기로는 아무거나 만들지 않지요. 일반적으로 예기나 제기 같은 중요한 의례용 기물이나 높은 권력을 보여주기 위한 기물을 만들기 마련인데, 이렇게 눈만 따로 만들었다는 것은 눈의 상징성이 그만큼 중요했음을 보여주는 것이겠죠.

네팔이나 티베트의 스투파塔 중에는 '보호하는 눈'이 그려진 경우가 많은데요, 부처의 눈이라고도 불리는 두 눈이 딱 지켜보고 있죠. 부처님의 통찰력으로 아마 눈을 부릅뜨고 멀리까지 쏘아보며 사악한 기운들을 쫓아주는 것이겠죠? 얼마 전에 지진이 난 카트만두 스와얌부나트 불교사원에도 이런 스투파가 있었지요. 터키 여행의 대표적 기념품이 된 악마의 눈 나자르 본주Nazar Boncuğu 역시 재앙을 막아주는 부적으로 쓰이지요. 이렇게 종목 인면상의 종목이나 눈의 형상을 가진 청동기들을 보면, 남방실크로드를 따라 널리 퍼져 있는 '보호하는 눈'에 대한 신앙이 이곳 청두에도 존재했음을 알 수 있습니다.

그림 35
네팔 카트만두 스와얌부드나트 스투파의 보호의 눈

지금까지 주로 사람의 모습과 관련된 청동기를 보여드렸는데요, 이 밖에 동물 형태도 많습니다. 특히 새 모양의 청동기가 많고요, 무기나 제사에 쓰는 예기도 적지 않습니다. 하지만 싼싱두이 청동기 중 최고의 보물은 바로 청동으로 만든 신성한 나무, '통천신수通天神樹'입니다. 말 그대로 하늘로 통하는 신성한 나무라는 뜻입니다. 싼싱두이 박물관에서도 통천신수는 종합관 가장 안쪽에 따로 아주 웅장하게 만들어 놓았습니다. 전시실 안에 들어서면 바로 정면으로 유리관 안에 모셔놓은 커다란 통천신수가 보입니다.

청동으로 만든 이 통천신수도 2호갱에서 출토되었습니다. 전체 높이가 약 4m에 받침대가 92cm 정도 됩니다. 받침은

그림 36
터키 악마의 눈, 나자르 본주

그림 37
쌍신두이 통천신수

산을 표현한 것입니다. 따라서 산 위로 하늘을 향해 곧게 쭉 뻗어 있는 나무입니다. 그리고 위에서 용 한 마리가 나무를 타고 지상으로 내려오고 있습니다. 그 줄기는 크게 3단으로 나뉘고, 각 줄기마다 세 개의 가지가 있습니다. 그러니까 총 아홉 개의 가지가 있는데, 그 가지마다 꽃이 피어 있죠. 가지 아래로 두 송이, 위로 한 송이가 피어 있고, 위쪽에 핀 꽃에는 새가 한 마리씩 앉아 있어요. 모두 아홉 마리가 있는데, 학계에서는 보통 이 새를 중국 신화에 나오는 '태양의 새'라고 합니다. 태양의 새와 관련하여 『산해경』 「해외동경」에는 이런 구절이 나옵니다.

"양곡 위에는 부상扶桑이라는 나무가 있는데, 이곳은 열 개의 태양이 목욕을 하는 곳으로 흑치의 북쪽에 있다. 물 가운데에 큰 나무가 있는데 아홉 개의 태양이 아래가지에 있고 한 개의 태양이 윗가지에 있다."

또 「대황남경」에서는 "희화라는 여자가 감연甘淵에서 해를 목욕시키고 있다. 희화는 제준의 아내로 열 개의 해를 낳았다."는 구절이 있습니다. 이러한 기록을 바탕으로 일부 학자들은 이 신수가 바로 부상을 모델로 한 것이고, 아홉 마리 새는 아래 가지에 있는 아홉 개의 태양이라고 보기도 합니다. 중국 신화에서 열 개의 태양이 떠올라 예후예, 羿가 태양을 활로 쏘아 맞춰 떨어뜨린 이야기는 많이 들어보셨을 겁니다. 바로 그 신화 속의 태양의 새를 이 통천신수의 새와 동일시하는 해석이라고 할 수 있겠죠.

또는 통천신수가 『산해경』과 『회남자』에 나오는 건목建木을 모델로 한 것이라고 보기도 합니다. 건목은 기록을 보면 다음과 같이 일종의 하늘사다리를 상징합니다.

"나무가 있는데 푸른 잎에 자줏빛 줄기, 검은 꽃에 누런 열매를 맺으며 이름을 건목이라고 한다. 이 나무는 키가 100길에 가지가 없으며, 위는 아홉 구비 꼬불꼬불 구부러져 있고, 아래는 아홉 차례 뒤얽혀 서려 있다.… (이 나무는) 태호 복희씨가 하늘을 오르내리고, 황제黃帝가 가꾸고 지켰던 나무이다."(『산해경』「해내경」)

"건목은 도광에 있으며, 여러 제들이 이를 통해 오르내린다. 해가 중천에 뜨면 그림자가 지지 않으며, 목소리를 내어도 울리지 않으니, 천지의 중앙이다." (『회남자』「지형훈」)

하지만 건목의 구체적인 모습은 통천신수와는 다소 차이가 있지요. 건목은 가지가 없이 아홉 번 구불구불한 모양입니다. 또 부상이 아니더라도 나뭇가지에 새가 올라앉는 것은 어디에서나 흔히 볼 수 있는 일입니다. 하늘과 통하는 신성한 나무, 하늘사다리나 우주를 지탱하는 중심 기둥으로서 나무에 대한 상징 또한 전 세계의 신화에서 널리 찾아볼 수 있는 관념이죠. 그렇다면 꼭 이것을 한족의 문헌에 나온 부상이나 건목을 반영하는 것으로 억지로 끼워 맞춰 해석할 필요는 없겠죠. 또한 부상은 「해외동경」에 나옵니다. 지리적으로는 동쪽 끝을 반영하는 것이니 중원에서 한참 서남쪽인 이 지역과는 방위적으로 좀 맞

그림 38
태양의 수레바퀴

지 않습니다. 게다가 이 새가 태양을 상징한다고 하더라도, 사실 남방민족들에게도 여러 개의 태양이 있었다고 하는 신화는 꽤 널리 전해지거든요.

이 지역에서 새가 태양 숭배와 관련이 있었을 것이라는 추측은 충분히 가능합니다. 앞에서 싼싱두이에는 새의 모습을 한 청동기도 많이 발견된 것으로 보아 새에 대한 숭배 관념이 있었을 거라고 말씀드렸지요. 그런데 싼싱두이에서는 청동기로 만든 태양의 수레바퀴도 발견됩니다. 분명 태양 숭배 의식이 있었다고 할 수 있겠죠. 이 바퀴는 지름이 약 85cm 정도의 매우 큰 수레바퀴입니다. 따라서 싼싱두이 지역에서 새에 대한 숭배나 태양에 대한 숭배가 있었고, 이 두 가지는 분명 서로 관련이 될 수 있겠죠. 하지만 이렇게 태양숭배가 이루어졌을 것이라고 볼 수 있는 유물들도 다량 발견되는 것으로 보아, 이런 것들을 무리하게 중원 지역의 영향이라고 해석할 필요는 없을 것 같습니다.

한편 통천신수가 있는 이 전시실에는 또 다른 멋진 신수 두 그루가 함께 전시되고 있습니다. 하나는 아까 보신 신수보다는 조금 더 간단한 모습의 신수이지만, 역시 아홉 개의 가지에 새들이 한 마리씩 앉아 있는 모습입니다. 또 하나는 청동으로 만든 요전수搖錢樹라고 하는 나무입니다. 아시다시피 요전수의 '전'자가 돈을 뜻하는데요. 이 요전수는 한漢나라 때 쓰촨 지방의 무덤에서 많이 발견되는 것으로, 싼싱두이 문화와 직접적 연관은 없습니다.

문명교류로 보는 황금가면

이어서 황금유물들을 살펴보겠습니다. 이 지역에서 황금은 굉장히 귀했기 때문에 금기金器가 그리 많이 발견되지는 않았습니다. 하지만 그렇게 귀한 것들이 발견되었다는 점은 문명교류의 측면에서 꽤 의미심장합니다.

우선 황금지팡이부터 보겠습니다. 1호갱에서 처음 나온 유물이 바로 이 황금지팡이였는데요, 길이가 약 143cm정도 됩니다. 얇은 금박으로 동그랗게 말린 형태인데, 지름은 한 2~3cm정도이지만, 펼치면 너비가 7cm가 넘습니다. 굉장히 얇아서 무게는 0.5kg이 채 안 됩니다. 동그랗게 말린 안쪽에는 탄화된 나무의 흔적이 남아 있었다고 합니다. 따라서 나무지팡이 겉을 금박으로 씌운 형태였다고 생각하시면 되겠죠. 그런데 흥미로운 것은 지팡이의 위쪽

그림 39
요전수

46cm 정도에 새겨져 있는 문양들입니다. 아래쪽에 사람 얼굴이 있고, 그 위로 물고기와 새가 화살에 꽂혀 있는 문양이 위 아래로 두 개씩 총 네 개가 있습니다. 머리에 관을 쓰고 있고, 귀에는 삼각형 비슷한 귀걸이를 걸고 있죠. 그 위에 두 층으로 나눠진 문양은 각각 물고기가 등을 맞대고 있고, 새는 머리를 맞대고 있습니다. 그리고 불쌍하게도 화살에 꿰어 있습니다. 물고기는 등을 관통 당했고, 새는 머리를 관통 당했죠. 이 문양은 대체 무엇을 의미하는 것일까요? 이와 관련해서 몇 가지 해석이 있습니다.

우선 앞서 고촉국 신화에서 어부라고 하는 왕이 나왔었죠. 그런데

그림 40
황금지팡이(윗부분),
황금지팡이 문양

그 한자를 보면 '어'는 물고기 '부'는 오리를 뜻하지요. 따라서 이 지팡이가 어부의 지팡이이거나 그 권위를 상징하는 권장權杖이었을 거라는 해석입니다. 다른 하나 역시 신화와 관련됩니다. 앞서 두우의 재상이 별령이었고, 두우는 나중에 두견새가 되었다는 기록이 있었죠? 그런데 별령의 '별'자는 자라를 말하고, 별령은 물을 떠 내려와 살아나서 홍수도 잘 다스리는 존재로 그려지죠. 따라서 별령은 물고기와 관련되고 두우는 새와 관련되어, 이 지팡이에 그려진 문양이 별령과 두우를 상징한다고 보는 해석도 있습니다. 어느 것이 진실에 가까운지는 모르겠습니다만, 두 해석 모두 그럴듯하죠?

그런데 왕의 권위를 상징하는 이러한 황금지팡이는 중원 지역에서는 유례를 찾아볼 수가 없습니다. 이런 지팡이는 고대 서아시아 지역이나, 이집트, 그리스, 로마 같은 곳에서 발견되는 것들입니다. 따라서 싼싱두이의 황금지팡이는 오히려 이 지역들과의 영향관계를 보여주는 것으로 추측해 볼 수 있습니다.

다음은 황금가면입니다. 청동 인두상들이 원래는 황금가면을 쓰고 있었다고 했는데요, 그 벗겨진 가면을 보면 폭은 21cm 정도 되고 굉장히 얇습니다. 순금을 제련해서 얇게 금박을 만들고, 거기에 청동 인두상하고 비슷하게 윤곽을 만든 다음에 두 눈썹과 눈 부분을 잘라내 구멍을 만드는 거죠. 그것을 다시 청동 인두상에 붙여서 다듬질하고 잘라내서 딱 합쳐내는 과정을 거쳤을 테니, 대단히 정교한 공정으로 만들어진 것이라고 할 수 있죠.

그림 41
황금가면- 싼싱두이의 황금가면(위쪽)과 금사유적에서 발견된 황금가면(아래쪽)

이렇게 황금가면을 만드는 전통 역시 이 시기 중원 지역에서는 찾아볼 수 없습니다. 황금가면은 일반적으로 이집트에서 시작되었다고 알려져 있는데요. 유명한 투탕카멘의 황금마스크만 해도 기원전 14세기의 것입니다. 그리스에서도 수염을 기른 모습의 아가멤논의 황금마스크가 발견되었는데 기원전 15세기 미케네의 유물이라고 하죠. 게다가 멕시코, 콜롬비아, 페루의 고대 문명지에서도 황금가면이 발견됩니다. 이처럼 황금가면은 고대 문명이 최고도로 발달된 고대 이집트, 그리스, 로마, 인도, 중남미 등의 국가나 지역에서 제작되었다고 할 수 있습니다. 다른 지역과 마찬가지로 싼싱두이의 황금가면도 조형예술이나 황금 공예기술에서 아주 높은 수준을 보여주고 있죠. 따라서 고촉국 역시 고도로 발달된 문명을 지닌 국가였다고 추측할 수 있는 것이죠.

지금까지 살펴본 내용을 바탕으로 할 때, 싼싱두이 문화와 이 지역에서 이루어진 문명교류는 세 가지 경로를 생각해 볼 수 있을 것 같습니다. 중원과의 교류, 남아시아와의 교류, 그리고 서아시아와의 교류입니다. 우선 중원과의 교류의 흔적은 청동 예기나 도기, 병기 등에서 찾을 수 있습니다. 예를 들어 청동 준樽5은 중원의 풍격과 매우 비슷한데, 싼싱두이에서 발견된 것입니다. 이밖에도 상나라의 청동기와 비슷한 청동 도끼나 화살촉 등도 있습니다. 더 오래된 유물들, 예컨대 도기의 경우에는 얼리터우이리두, 二里頭 문화6 풍격과 비슷한 것들도 있고요. 하지만 문제는 이렇게 싼싱두이에서 발견되는 청동 예기들은 주로 뇌罍7나 준 같은 것이고, 중원 청동기문화에서 가장 핵심이 되는 정鼎8이 발견이 안 된다는 사실입니다. 싼싱두이 청동기의 주류는 인두상, 인면상과 같은 것들입니다. 그렇다면 중원과의 교류는 일찍이 상나라 이전에 시작되었으나 어느 시점부터는 중원보다 다른 지역, 다른 문화와의 교류가 더 활발했다고 보아야 할 것 같습니다.

그렇다면 남아시아와의 교류를 보여주는 흔적들을 찾아볼까요? 우선 싼싱두이 청동기 중에는 바다 생물들의 모습을 묘사해 놓은 것들이 발견되는데요, 아시다시피 쓰촨성 주변에는 바다가 없지요. 따라서 바다 생물들의 이미지가 발견되는 것은 이곳에서 가장 가까운 바다, 즉 남쪽으로의 진출이나 교류가 있었다는 흔적으로 볼 수 있겠죠. 또한 앞서 말씀드린 인도양 심해에서 나오는 조개가 싼싱두이에서 수천 건이나 발견된 것도 그렇죠. 이 조개는 고대 인도에서 실제로 화폐로 사용되던 것이거든요. 또 상아도 싼싱두이와 금사 유적에서 모두 천 점 이상의 거대 상아가 발견되지만 코끼리의 골격이 발견되지는 않지요. 이렇게 인도 아삼에서 서식하는 코끼리의 상아가 이곳에서 발견된다는 것은 역시

---

5 술통 혹은 술 단지.
6 기원전 2100년경~기원전 1800년경 또는 기원전 1500년경까지 중국의 황하 중류에서 하류를 중심으로 번창한, 신석기 시대에서 청동기 시대 초기에 걸친 문화. 허난성 옌스(偃師) 시의 얼리터우 유적에서 그 이름이 유래한다.
7 술독 혹은 술병.
8 흔히 세 개의 다리가 달리고 귀가 붙은 솥.

남방실크로드를 거쳐 남아시아의 인도 아삼에서 이곳으로 전해진 것으로 보아야 할 것입니다. 또 하나, 청동 입인상의 팔찌와 발찌에 격자무늬가 있는 것 역시 남아시아 문화의 영향이라고 볼 수 있습니다.

서아시아와의 문화교류도 싼싱두이 문화에 큰 영향을 미쳤을 것으로 보입니다. 황금지팡이, 황금가면, 청동 입인상, 금박을 입힌 청동 인두상, 신령스러운 동물 가면이나 청동 신수 같은 것들은 중국 본토나 파촉 지역 자체에서는 그 연원을 찾을 수 없습니다. 오히려 같은 시기 남아시아, 지중해 연안, 고이집트나 그리스 문화 등 남방실크로드와 연결된 지역들에서 그 유래를 찾아볼 수 있지요. 게다가 청동 인두상과 청동인상 모두 메소포타미아 지역의 문화전통이었는데, 후에 남아시아 고 인도의 하라파와 모헨조다로로 전해졌고, 그것이 이곳 싼싱두이 문화로 전해진 것으로 생각해 볼 수 있습니다. 지팡이 문화 역시 기원전 약 4천 년 전 서아시아의 우바이드 문화 제4기에서 기원했다고 하고요, 황금가면은 이집트에서 나중에 서아시아의 우르나 미케네 문화로 전해지며 유행했다고 하지요. 신성한 나무를 숭배하는 문화 역시 남방실크로드 여러 국가에 널리 퍼져 있었습니다. 아카드의 종교에서도 생명수에 대한 신앙이 있고, 우르인의 점토판 같은 데에서도 신수 도안이 발견됩니다. 게다가 고대 이스라엘의 『구약』에 나오는 아담과 하와 이야기에서도 아담과 하와는 어떤 신수의 양쪽에 앉아 있었다고 하지요. 그런데 그 나무는 싼싱두이의 나무처럼 삼층으로 되어 있고, 매 층마다 세 개의 가지가 있고, 매 가지마다 세 마리의 새가 있고, 말할 줄 아는 뱀이 나무 위에서 구불구불 내려오는 모습입니다. 앞서 보신 것처럼 싼싱두이의 신수도 매우 유사한 구조이고, 용 한 마리가 나무를 타고 내려오고 있었죠. 그래서 우훙吳紅이라는 학자는 이 신수가 건목이

나 부상이 아니라, 이스라엘 문화와 싼싱두이 문화 사이의 모종의 교류가 있었음을 보여주는 증거라고 주장하기도 했습니다. 꽤 그럴듯하죠?

게다가 싼싱두이에서 청동기로 만든 사람의 얼굴을 보면 특히 이러한 외래의 영향이 짙게 드러납니다. 우뚝한 코, 부리부리하고 깊은 눈, 넓은 콧마루, 평평한 광대뼈, 넓은 입의 윤곽, 게다가 터번 같은 것은 분명 중원의 풍격하고는 많은 차이를 보이며, 서아시아 사람들의 모습에 훨씬 가깝다고 할 수 있죠. 이렇게 싼싱두이에 나타난 다양한 청동인상은 남방실크로드 각 지역에 살고 있는 다양한 민족들의 형상을 반영한다고 할 수 있겠습니다. 따라서 현재 중국에서는 싼싱두이 문화를 중국 고대문명의 일부로 이야기하지만, 사실은 중원보다는 남방실크로드를 통한 서아시아나 남아시아와의 교류가 싼싱두이 문화 형성에 훨씬 더 결정적이었으며, 이를 통해 중원의 풍격과는 상당히 다르고 독특한 풍격의 문화를 이루어낸 것이 아닌가 생각합니다. 아쉽게도 싼싱두이에 관해서는 문헌기록이 매우 부족합니다. 그래서 지금도 계속해서 발견되고 있는 고고학적 자료들에 의존해서 이런 비밀들을 조금씩 밝혀내는 수밖에 없을 것 같습니다.

질문 인면상의 생김새가 제주도의 하루방과 비슷하다고 느꼈습니다. 혹시 어떤 연관성이 있는지요?

답변 아 그러네요. 눈이 부리부리하고요. 그런데 제주도와의 연관성까지는 아직 이야기가 되고 있지 않아요. 또 지금 이 남방실크로드 같은 경우에도 이런 교류가 있을 것이라는 가능성은 있지만, 그 경로나 다른 점들이 확정된 게 아닙니다. 어떤 교류의 길이 그려지기 위해서는 거점 도시들이 확정되어야 하잖아요. 그런데 거점 도시들이 아직

세밀히 드러난 것은 아니거든요. 매우 조심스럽긴 한데, 이 정도는 말씀드릴 수 있을 것 같아요. 지금 쓰촨 쪽은 아니고 윈난의 와족 같은 경우에 미얀마 쪽이나 인도네시아 쪽과 굉장히 유사해요. 거기가 보통 밭농사 지역인데, 문화지도를 그려보면 U자형을 따라서, 제주도와 일본 오키나와까지 이어지는, 신앙적으로도 비슷하고 문화적으로도 비슷한 문화권이 그려지고 있거든요. 그래서 아마 그 쪽 지역하고의 관련성에 대한 가설은 세워볼 수 있을 것 같습니다. 하지만 싼싱두이 인두상과 제주도 하루방의 관련성에 대해서 제가 지금 함부로 말씀드릴 수는 없겠네요. 흥미로운 질문, 감사합니다.

참고자료

웨난 저, 심규호 역, 『싼싱두이의 청동문명- 사라진 고대왕국, 고촉국의 신비』(전 2권), 일빛, 2006.
황젠화 저, 이해원 역, 『싼싱두이의 황금가면』, 일빛, 2002.
홍윤희, 『용과 중국인 그리고 실크로드』, 소명출판, 2013.
김선자, 「도상으로 본 중국신화 : 암각화에서 싼싱두이까지」, 《중국어문학논집》 제40호, 중국어문학연구회, 2006.
박석홍, 「고촉문화 청동 종목(縱目) 인면상의 눈과 시선의 함의 소고(小考)」, 《중국문학연구》 제46집, 한국중문학회, 2012.

제 5 강

중국 윈난성 소수민족 와족의 신화 세계

나상진(중앙대 교수)

아와산의 원시부족, 와족

이번 시간엔 중국 윈난성 소수민족 가운데 많이 알려지지 않은 와족 佤族의 신화 세계에 대해 이야기해드리려 합니다.

아마도 와족에 대해서는 많이 들어보지 못하셨을 거예요. 와족은 스스로를 '와佤', '바라오巴繞', '아와阿佤' 등으로 불렀는데, 1962년 중국 정부에 의해 정식 명칭이 '와족'으로 정해졌습니다. 와족의 '와'자는 종족 이름으로만 쓰이는 한자인데요, 사람 인人 변에 기와 와瓦 자가 붙어있는 글자입니다. '와' 음에 해당된 한자를 차용한 것이지요. 와족은 미얀마 북동부부터 윈난성 남서부에 걸쳐 거주하고 있습니다. 주로 윈난성 서남부에 있는 시멍西盟과 창위안滄源 와족 자치현에 많이 삽니다. 인구는 2010년도 기준으로 43만 명 정도입니다. 와족은 역사가 아주 오래된 민족으로 선진先秦시대 백복百濮계 중 복인濮人의 후예지요. 또한 부랑족布朗族, 더앙족德昂族과 함께 오스트로아시아 어족 몬·크메르

그림 42
시명 가는 길(좌),
와족 가옥(우)

어군에 속합니다. 와족은 오래전부터 다이족傣族과 인접한 지역에 거주해 왔습니다. 다이족은 상좌부 불교의 영향을 받아 불교를 믿게 되었는데, 그 영향을 많이 받은 것이 부랑족과 더앙족이에요. 그런데 와족은 불교의 영향을 받지 않고 와족의 전통문화를 유지하고 있을 뿐만 아니라, 백복계의 오랜 문화를 전승하고 있습니다.

 와족이 사는 곳을 찾아가는 길은 쉽지 않습니다. 윈난의 성도인 쿤밍昆明에서 차로 하루 종일 가야 와족이 사는 마을로 갈 수 있습니다. 와족 마을을 찾아가는데 높은 산도 몇 개나 넘어야 하고, 구불구불하게 이어지는 산길로 예닐곱 시간은 족히 가야만 합니다. 서남부 지역의 집들은 대체로 대나무와 목재로 지은 간란식干欄式 주택입니다. 와족의 나무집 이층에는 사람들이 살고 아래층에는 가축들이 삽니다. 그런데 와족은 아와산阿佤山에 살아서 아와인阿佤人이라고도 해요. 와족이 거주하는 곳은 산이 험준하고 숲이 빽빽하여 폐쇄적인 지리환경을 갖고 있어요. 그래서 외부와의 접촉이 적었지요. 또한 와족 전체가 한 군데 모여 살지 않고, 이곳저곳에 떨어져서 거주하는 촌락 구조를 가지고 있었기 때문에 강력한 부락 연맹이 이루어지지 못했습니다. 그렇기 때문에 리더십을 가진 지도자가 등장하는 이야기가 별로 없습니다. 마찬가지로 신의 계보에 있어서도 두드러지는 주신의 모습과 행적도 찾아보기 어렵습니다. 물론 와족의 가장 중요한 신으로 무이지木依吉가 있긴 하지만, 신성이 부각이 되기보다는 사람과 다른 존재로만 등장합니다.

와족의 창세서사시 〈쓰강리〉

와족은 〈쓰강리〉司崗里라는 창세서사시를 전승하고 있어요. '쓰강'이라는 말은 '동굴', '리'는 '나오다'라는 뜻입니다. 그래서 '쓰강리'라고 하면 '동굴에서 나오다'라는 의미를 갖고 있지요. 그들 민족이 최초에 동굴에서부터 시작되었다는 것입니다. 소수민족의 창세신화는 그 발생에서부터 전승되는 과정에서 자연종교나 민간신앙과 밀접한 관련을 갖습니다. 와족 역시 자연숭배와 정령신앙 같은 고유의 종교를 가지고 있습니다. 〈쓰강리〉라는 창세서사시에는 바로 이런 와족의 종교관념을 바탕으로 한 창세신화가 들어있어요. 중국 서남부 소수민족들은 대부분 각 민족마다 창세서사시를 전승하는데, 그들은 이것을 지혜와 지식의 총체로 간주하죠. 중국에서는 1950년대 말부터 소수민족의 구비전승에 대한 채록과 정리 작업이 본격적으로 진행되기 시작했습니다. 특히 구전의 경우 정리를 거쳐 '정리본' 형태로 출판되었지요. 물론 초기의 구비전승 자료에 대한 정리와 분석이 과학적이고 현대적인 방식으로 진행된 것은 아니었습니다. 또한 채록과 정리 과정에서 한족 채록자의 시각과 관점이 들어가 있는 경우도 있었습니다. 그때 정리자 의도에 따라 '미신적' 요소는 걷어낸다든지 각색도 하고, 또 소수민족 언어로 전승되는 단어를 한어로 바꾸는 과정에서 오류도 생기곤 했지요. 그래서 직접 현지답사를 다니는 게 중요하지요. 우리도 신화를 기억하고 있는 노인들을 직접 찾아가서 인터뷰를 하고 있습니다. 물론 이야기를 기억하고 있는 분들이 점점 줄어들고 있지만, 한어로 번역되기 이전에 구비서사로 전승되던 원래 모습을 탐색하려는 노력을 하고 있는 것이지요.

대부분의 소수민족에게 구전되어온 창세신화는 각 민족에게 있어 '경전'과 같은 역할을 할 뿐 아니라, 모든 집단 구성원들에게 강렬한 영향을 줄 수 있는 정신적 실체입니다. 한 민족의 창세신화가 이처럼 생명력을 갖고 전승되기 위해서는 어떤 조건들이 필요할까요? 먼저 사제, 즉 제사를 주관하는 사람이 있어야겠지요. 또한 그 신화를 믿는 사람들이 있어야 하고요. 그리고 정해진 날짜에 제의가 행해지는 장소가 존재해야 합니다. 이렇게 각 민족의 운문으로 된 창세신화가 제의 중에 계속 반복적으로 음송되면서 경전으로서의 권위와 규범성을 갖게 됩니다. 그런데 지금은 많은 곳에서 그러한 제의의 장이 사라져 버렸습니다. 만주 지역의 경우 더욱 심한데, 예를 들어 허저족赫哲族 지역에 가면 제의가 아예 다 사라져 버렸지요. 채록본도 최근에 와서야 나왔을 뿐, 제사를 지내는 곳이나 제사를 거행하는 사제 등이 모두 사라졌어요. 다행히 윈난에는 그러한 것들이 아직도 남아 있습니다. 그래서 〈쓰강리〉의 내용을 기반으로 한 와족의 제의 현장을 여전히 볼 수 있었지요.

와족의 인류기원 신화

이제 와족의 기원과 관련된 몇 가지 이야기를 해드릴게요.

와족의 기원에 대해서는 몇 가지 신화가 전승되고 있습니다. 첫째는 인류가 동굴에서 나왔다고 하는 신화입니다. 세상에 처음 땅이 생긴 이후 사람들은 동물들과 같이 생활하게 되었습니다. 그때는 동물도 사람처럼 말을 할 수가 있었다고 합니다. 그런데 사람들의 숫자가 너무 빠르게 늘어나다 보니 이 세상에 먹을 것이 남아나지 않았지요. 서로 더 먹으려고 싸우는 모습을 보고, 천신인 '다시예達西爺'는 그대로 두었다가는 세상이 다 망가져버릴 거라는 생각이 들어 불로 대지의 모든 것을 태워버리려고 했습니다. 땅의 여신인 메시용 哞西雍이 그것을 알고 미리 몇 사람을 산속 동굴 속에 숨기고 동굴 입구를 봉한 후 한 노파에게 입구를 잘 지키고 있으라고 했습니다. 천신의 불이 대지를 다 태우고 시간이 좀 흘렀습니다. 그리고 대지에 다시 생기가 감돌던 어느 날, 동굴 입구를 지키고 있던 노파의 풀

그림 43
와족 창세신화의 내용을 형상화 해놓은 구조물 자이창

로 만든 천막이 무너져 노파가 압사하고 말았습니다. 그러자 작은 참새 한 마리가 날아와 동굴의 입구를 주둥이로 쪼아 동굴 문을 열어주었고, 그 안에 있던 사람들이 걸어 나왔습니다. 와족은 지금도 선조를 동굴에서 나오게 해준 참새에게 고마워하고 소중하게 여깁니다. 그들은 이 동굴이 시멍현 웨쑹향岳宋鄕 난시카하南錫卡河와 미얀마 접경지역인 바거다이巴格岱의 산등성이에 있는 동굴에 있다고 믿고 있지요. 그곳에는 지금도 와족 마을이 있어요.

와족의 기원에 관한 두 번째 신화는 사람들이 동굴에서 걸어 나온 이후에 대한 이야기입니다. 동굴에서 나온 사람들이 아이들을 낳았는데 이 아이들이 아주 빨리 자랐다고 해요. 갑자기 세상에 사람들이 많아지자 먹을 것도 동이 났겠지요. 얼마나 먹을 것이 없던지, 나무라는 나무마다 껍질을 다 벗겨서 삶아 먹어 버렸습니다. 천신은 자연이 다 망가지는 것을 보고 화가 나서 사람들을 모두 물에 빠뜨려 죽이려고 홍수를 내리기로 했습니다. 하지만 인류를 불쌍히 여긴 천신이 착한 사람 하나를 세상에 남겨 놓기로 했어요. 홍수가 막 시작되었을 때, 천신은 두꺼비로 변신하여 웅크리고 앉아 있었어요. 홍수를 피해 도망가는 사람들을 막고 서서 도망가지 못하게 한 것이지요. 사람들이 마음이 너무 급하니까 두꺼비를 막 밟고 지나갔어요. 그때 다바이카達擺卡라고 하는 노인만이 그 두꺼비를 집어 사람들이 밟을 수 없는 높은 곳으로 옮겨다 놓아요. 천신은 남겨두어야 할 착한 인간을 찾은 것이지요. 천신은 다시 모습을 바꾸어 나타났어요. 그리고 노인에게 "이제 내가 홍수로 모두 다 쓸어버리려고 하니, 너는 살아남아 인류의 대를 이어라." 라고 하면서 "나무로 배를 하나 만들고 검은 암소 한 마리를 그

안에 태워 도망가라."고 시켰죠. 노인이 천신의 명령대로 배를 만들고 암소와 같이 배 안으로 숨었습니다. 마침내 본격적으로 홍수가 시작되었고 거친 물길이 사람들을 모두 삼켜버렸어요. 이제 노인하고 소, 단 둘만 남게 된 거죠. 그때 천신이 이렇게 말했습니다. "네가 암소와 혼인하지 않으면 인류의 대를 이을 수가 없단다." 라고요. 결국 노인은 암소와 부부가 되어요. 그래서 와족은 지금도 소를 숭배합니다. 자신들을 살려준 동물이자 조상이라고 여기기 때문이지요. 노인과 암소가 혼인한 지 3년 만에 조롱박 씨 하나를 낳았어요. 그 조롱박 씨를 심었을 때, 기적과 같은 일이 벌어졌습니다. 금방 자라난 조롱박 속에서 사람이 나온 거예요.

　이후 홍수에서 살아남은 노인이 나이가 많아서 죽게 되었습니다. 다바이카가 죽어서 그 영혼이 모웨이莫偉라는 신이 되지요. 모웨이는 곡물을 관장하는 신이며, 와족을 보호하고 수호하는 신입니다. 이처럼 다바이카라는 남자가 죽어서 곡물신이 되었다는 이야기가 전해지는 반면, 모웨이가 여신이라는 이야기도 있답니다. 그 이유는, 와족이 깊은 산속에 흩어져 살고 군락 형태로 거주하지 않았기 때문입니다. 지역에 따라 이야기의 형태가 조금씩 달라지는 것이지요. 하지만 한국의 곡물신 자청비를 비롯해 많은 소수민족 신화에서 곡물을 관장하는 신은 여신으로 등장하는 경우가 많습니다. 생명의 탄생과 씨앗을 관장하는 여신의 속성상 모웨이는 곡물을 관장하는 여신으로 보는 것이 더 합당할 것 같습니다.

　와족에게 잘 알려진 또 다른 이야기 하나를 소개하겠습니다. 〈쓰강리〉에도 등장하는 와족의 시조 어머니 안무과이安木拐에 관한 이야기입니다. 아주 오래전 안무과이가 물에 빠져 죽게 되었습니다. 그때 물

그림 44
룽탄공원(좌), 룽모예(우)

소가 여자를 구해줍니다. 나중에 이 물소는 안무과이가 세상을 다스릴 때 그녀를 도와주기도 했지요. 하루는 안무과이가 소와 시합을 했는데, 물소가 시합에서 지자 "내가 시합에서 졌으니, 나를 제물로 주겠다." 라고 했어요. "나를 먹어도 좋지만, 대신 내 머리를 소중히 여기고, 걸어놓아 머리를 보존해 달라."고 한 거예요. 와족 이외에도 중국의 많은 서남 소수민족이 소를 제물로 바치고 머리를 잘라서 걸어놓는 습속이 있는데, 이는 자신의 부유함과 용맹함을 위한 것이라고 말합니다. 하지만 와족에게 소는 그런 의미가 아닙니다. 부를 의미한다는 것은 나중에 나온 개념이지요. 그러면 와족에게 있어서 소의 원래 의미는 무엇일까요?

용이 산다고 전해지는 룽탄공원龍潭公園은 와족의 수많은 신화와 전설이 전해져오는 곳입니다. 호수 뒤편에 울창한 숲에는 와족이 신성시하는 룽모예龍摩爺라고 하는 성지聖地가 있어요. 룽모예는 '만신이 있는 곳이다'라는 뜻이죠. 오랜 역사를 가지고 있는 룽모예에는 마을이나 가정에 크고 작은 일이 있을 때마다 사람들이 찾아와 의식을 치릅니다. 또한 오래전부터 와족은 곡식의 씨를 뿌리기 전에 오곡의 풍성한 수확을 기원하며 제사를 지냈는데요. 그때마다 물소를 제물로 바쳤습니다. 그 의식을 지내던 곳이 이곳이지요. 제단 뒤로 이어진 깊은 계곡엔 제물로 바쳐진 물소의 머리뼈가 빼곡히 걸려 있습니다. 골짜기가 전부 다

그림 45
물소 무덤

물소의 무덤이에요. 이곳엔 와족의 간절한 염원이 담겨있습니다. 소는 와족에게 숭배의 대상이면서 풍요의 상징이기도 해요. 파종 전에 소를 잡아 오곡의 풍성한 수확을 기원하는 것이지요. 소를 잡은 후에는 그냥 버리는 것이 아니라 이곳에 소머리를 가지고 와서 걸어 놓고요. 이 것은 평생을 인간을 위해서 수고한 소가 죽어서 좋은 곳으로 가라고 위로해주는 그런 의미를 담고 있지요. 또한 와족을 보호해주고 지켜달라는 염원을 담고 있기도 합니다.

 와족에게 있어서 자연이나 자연물은 지배-피지배 관계라기보다는 서로 공존하고 서로 도와주는 관계입니다. 그래서 소가 인간을 위해 희생하지만 인간 역시 그 희생을 소중히 여기고 감사하는 것이지요. 또한 소에게 보답한다는 의미에서 소의 영혼이 좋은 곳으로 갈 수 있도록 기원하는 것입니다. 그런데 정작 현지에 가서 와족에게 물어보면 잘 모릅니다. 그런 일이 있었는지 전혀 모르는 사람들이 많습니다. 제사는 지내지만 그 원래 의미는 잘 모르는 것이지요. 서사는 사라지고 제의만 남은 경우라고 할까요. 하지만 후손들이 그 의미를 알든 모르든, 어쨌든 물소 머리들은 지금도 와족을 지켜주고 있지요. 시명 문학

예술계연합회의 니쌍尼雙 주석의 말에 의하면 룽모예에서 일 년에 몇 번 제사를 지낸다고 합니다. 와족력1으로 1월에 해당하는 음력 11월, 씨를 뿌릴 곳을 정하고 땅을 기경한 이후, 1월에서 3월 사이에 파종을 할 때도 이곳에서 제사를 지냅니다.2

와족의 곡물신화를 소개하기 전에, 윈난성의 여러 소수민족에게 전승되고 있는 곡물신화를 먼저 소개해 볼까요? 벼농사를 짓는 윈난 서남부 소수민족 중에서 와족과 하니족哈尼族에게 전해지는 독특한 곡물신화와 제의를 소개해보려고 합니다.

곡물의 기원에 대한 신화는 인류의 오래되고 보편적인 이야기입니다. 윈난 서남부 지역에 거주하는 소수민족에게 전해지는 이야기는 대개 벼의 기원에 관한 것입니다. 소수민족이 거주하는 곳은 대체적으로 면적은 넓고 인구는 적습니다. 대부분이 산지 혹은 고원지대, 협곡이기 때문에 농사짓기가 쉬운 땅이 아니에요. 그렇다 보니 곡물은 생존과 직결되어 있고, 자연스럽게 곡물에 대한 신앙이 생긴 것이지요. 그래서 윈난성, 특히 서남부 지역에 전해지는 곡물 관련 신화는 종류가 무척 다양합니다. 그들은 곡물을 신이 인간에게 주는 선물이라고 생각해요.

우선 소개해 드릴 이야기는 날개 달린 볍씨에 관한 이야기입니다. 먼 옛날, 야오족瑤族의 벼 낱알에는 날개가 있었다고 합니다. 그래서 해마다 벼가 익을 때가 되면 사람들이 밭에 가서 "벼들아, 집으로 가자! 이제 집으로 가야지!" 하고 외치면 벼들이 사람이 사는 집안의 곡식창

1   와족의 역법(曆法). 소수민족은 거의 자기들만의 고유한 역법을 지키고 있다.
2   와족의 '나무 북 끌기' 관련 의례는 졸고, 「윈난성 남부 소수민족의 곡물신화와 의례—윈난성 하니족·와족을 중심으로, 중앙대학교 외국학연구소, 《외국학연구》 제31집. 2015.

고로 날아갔다고 합니다. 그런데 어느 날 한 젊은 농부가 다 익은 벼를 집으로 불러들이려고 밭에 나갔어요. 남편이 밭에 나가 있는 동안 집안에 있는 아내는 곡식창고를 깨끗이 치우고 벼를 맞아들일 준비를 하고 있었지요. 그런데 아내가 곡식 창고를 다 치우기도 전에 벼 낱알들이 날아오기 시작한 거예요. 아내가 "그만 가라! 사라져 버려!"라고 하면서 욕을 했다고 합니다. 벼들이 화가 나서 다시 밭으로 돌아가려고 하자, 마침 집에서 키우던 검둥개가 달려들어 날아가는 벼 낱알을 쫓아갔어요. 끝까지 쫓아가서 벼 낱알 하나를 겨우 입에 물고 돌아왔지요. 이때부터 야오족은 해마다 햇곡식을 수확한 날을 축하하며 햅쌀로 처음 지은 밥을 개한테 주었다고 합니다. 이 날을 '햅쌀을 먹는다'는 뜻인 '츠신절吃新節'이라고도 하고, '햅쌀밥을 맛본다'라는 의미의 창신절嘗新節이라고도 합니다. 야오족뿐 아니라 벼농사를 짓는 서남부의 많은 소수민족이 햇곡식을 수확한 날을 축하하는 이런 제의를 거행하지요. 이족과 와족은 이것을 신미절新米節이라고 해요.

그 다음은 천신이 하늘에서 곡식의 씨앗을 내려주거나 혹은 신적 능력을 가진 인간이 하늘로 올라가서 곡식의 씨앗을 갖고 지상으로 내려오는 이야기입니다. 예를 들어 이족의 창세서사시 〈아허시니모阿赫希尼摩〉를 보면, 거인여신인 아허시니모가 세상 만물과 천신인 어아마額阿麻를 낳았습니다. 어아마는 땅을 향해 씨앗을 뿌립니다. 어떤 씨앗일까요? 사람의 씨예요. 이족은 사람도 신이 뿌린 씨로부터 태어났다고 생각하지요. 곡식의 씨앗도 뿌리고요. 심지어 이족의 창세서사시 〈메이거梅葛〉에서는 천신이 세상에 죽음의 씨앗을 뿌렸다고 합니다. 죽음의 씨앗이 뿌려지는 바람에 세상의 모든 것들은 다 죽게 되지요. 그래서 생명 있는 것들이 죽음의 씨앗을 피하려고 하는 이야기가 있어요.

마지막으로 신과 동물들이 함께 곡식의 씨앗을 전해주는 이야기입니다. 그중에는 새도 있고, 쥐, 거머리, 개도 있어요. 또 신성을 가진 인간도 있습니다. 예를 들어서 다이족과 더앙족은 쥐한테서 곡식의 씨앗을 얻었다는 이야기를 전합니다. 하니족의 경우에는 천신의 딸이 지상의 인간들을 불쌍히 여겨 하늘에서 몰래 곡식의 씨앗을 훔쳐서 인간세상에 가져다주지요. 무려 칠십 여 종의 곡물 씨앗을 가져다주었다고 해요. 이로 인해 천신이 크게 노하여 딸에게 저주를 내려 암캐로 변하게 했지요. 신의 노여움을 사서 암캐로 변한 천신의 딸은 인간세상으로 내려왔고, 지금까지 인간과 함께 살며 인간을 지켜주는 동물이 되었다는 것이죠. 이래저래 개와 관련된 이야기가 많이 등장합니다.

　소수민족 신화에 등장하는 동물들은 주변 환경과 밀접한 관계가 있습니다. 그들의 주변에서 쉽게 볼 수 있는 동물들이죠, 심지어 거머리도 등장합니다. 그런데 개가 인류에게 곡물의 씨앗을 가져다주었다는 신화에 주목할 필요가 있습니다. 이 신화는 분포지역도 넓고[3] 내용도 풍부하며 해석 또한 무척 다양합니다. 이와 관련된 민족들을 찾아보니 몇 개 민족을 제외하고는 주로 티베트·버마어군과 먀오·야오어군에 속한 민족들입니다. 재미있는 것은 야오족은 판후^{반호, 盤瓠}라는 개를 조상으로 섬기는 민족이거든요. 야오족, 서족^{畲族}처럼 개를 조상으로 여기는 민족들이 조상인 개가 후손들에게 은혜를 베풀어 곡물을 가져다주었다는 신화를 만들어냈을 것이라는 추측도 가능해요. 왜냐하면 윈난 지역에 거주하는 하니족, 이족 등 상당히 많은 소수민족들이 서북

[3] 『중국민간고사집성(中國民間故事集成)』・『중국가요집성(中國歌謠集成)』・『중국언어집성(中國諺語集成)』 등 삼투집성(三套集成)의 자료를 통해 볼 때, 개가 곡물의 종자를 가져온 신화는 두룽족(獨龍族), 리쑤족(傈僳族), 누족(怒族), 하니족, 창족(羌族), 푸미족(普米族), 투자족(土家族), 티베트족(藏族), 이족, 창족, 부이족, 둥족(侗族), 수이족(水族), 거라오족(仡佬族), 먀오족, 야오족, 서족 등 민족에게 전해진다.

쪽에서 옮겨온 민족들입니다. 부단한 이주 과정을 거쳐 남쪽에 정착한 이후 오래된 역사의 기억과 그들이 거주하고 있는 지리와 생태환경이 서로 융합되는 과정에서 다양한 신화 모티프들을 만들어 냈을 것이라고 추측할 수 있지요. 이에 관해서는 향후 좀 더 심도 있는 연구를 진행해 보려고 합니다.

와족의 곡물신화

다음 이야기는 와족과 관련된 것으로, 와족의 조상 혹은 영웅이 곡물의 씨앗을 전해주었다는 신화입니다. 와족의 창세서사시 〈쓰강리〉의 노래를 한번 들어보세요.

아, 우리 모두 다 같이 춤추고 노래하며 풍성한 수확을 축하해요.
어허허, 춤추고 노래하며 풍성한 수확을 축하해요.
차조는 말할 것도 없고, 모든 곡식이 다 맛있네요.
조상님들이 곡식 씨앗을 남겨 주었지요.
아주 먼 옛날, 조상님들이 사냥해 잡은 새의 모래주머니 속에
아직 채 소화되지 않은 곡식 씨앗이 있었답니다.
새도 먹을 수 있으면 우리도 먹을 수 있어,
한번 맛본 그 맛이 향기롭고 달콤했답니다.

와족 곡물의 씨앗은 조상이 직접 준 것은 아니고, 사냥한 새의 모래주머니 속에 아직 소화가 안 된 채 있던 씨앗을 찾은 것이죠. 앞에서 윈난 서남부 지역의 소수민족에게 전승되는 다양한 곡물 관

련 신화를 살펴보았는데, 신화를 통해 이들의 인식체계를 알 수 있었습니다. 첫째는 벼를 하나의 생명체로 여긴다는 것입니다. 제가 거웨戈約라는 마을에 갔을 때, 무당을 만났어요. 와족 말로는 '빠스빠'라고 하는데, '모바'가 큰 제사나 의례를 집전하는 사제라면, '빠스빠'는 치병治病을 맡아서 하는 무당입니다. 40세 된 나룽이라는 여자 분은 집안의 병자나 다른 여러 가지 우환을 없애주는데, 그 분은 강신무였어요. 무병을 앓고 나서 무녀가 되었는데, 평소에는 보통 사람과 다를 바 없지만 '그분'이 오시면 눈빛이 달라져요. 그때 마침 병이 나서 찾아온 사람이 있었어요. 그 사람은 자기 집에서 술과 약간의 쌀, 인민폐 5자오4를 들고 왔어요. 무당이 먼저 술병을 들어 올려서 한참을 쳐다보더라고요. 가지고 온 쌀을 유심히 보고 난 후, 병이 나서 찾아 온 사람의 점을 쳐주었습니다. 그 사람이 가지고 온 술과 쌀을 보면 그 사람의 영혼을 볼 수 있다고 합니다. 신기하죠? 우리도 쌀 점을 치긴 하잖아요. 그런데 그 사람이 가지고 온 술과 쌀을 살펴보고 점을 치는 것이 무척 신기했어요. 그 사람이 병이 난 이유는 그 집 마당 한가운데 서 있는 큰 나무를 베어버렸기 때문이라는 것이었어요. 쌀은 그 모습이 알의 형상과 비슷해요. '곡식'과 '알'은 상당히 유사한 점이 있지요. 하니족과 다이족 신화에 따르면 알 모양의 자갈을 곡혼穀魂의 상징물로 여겼다고 하는데, 이것은 '알'이 갖고 있는 생명의 상징을 보여주는 것이지요.5 그런 맥락에서 보면 각자 집안의 쌀도 그 집안에 살고 있는 사람의 영혼을 담고 있는 것이 아닐까요? 그래서 다른 집이 아닌 우리 집 쌀을 가지고 가서 점을 보는 것이 아닐까 하는 생각도 해봅니다.

---

4 10자오(각, 角)=1위안(元).
5 '곡식'과 '알'의 유사성에 관해서는 김선자, 「중국 원난성 소수민족의 '곡혼(穀魂)' 신화와 머리사냥(獵頭) 제의에 관한 고찰」, 《중국어문학연구회》 제102호, 2017.2. 참조.

와족은 곡식을 하나의 생명체로 여길 뿐 아니라 나아가 곡식에게 혼이 있다고 믿는 곡혼 신앙을 갖고 있었습니다. 서북 지역은 너무 한랭하니까 대체적으로 오곡 기원신화가 많이 전승 됩니다. 그런데 앞에서도 말씀드렸듯, 윈난 남부 지역에는 벼농사와 관련된 곡물신화가 다양하게 전승되고 있습니다. 그들은 곡식의 혼을 부르는 노래인 〈곡혼가穀魂歌〉를 전승하는데 벼에게 곡혼가를 불러주면 벼가 더 잘 자란다고 믿었던 것입니다. 〈쓰강리〉에 전승되어온 와족의 곡혼가를 불러 볼게요.

　벼를 수확할 때도 곡식의 혼을 불러야 해.
　볍씨 나으리. 좁쌀 아가씨. 토란과 좁쌀, 옥수수와 수수여.
　우리는 당신들을 만나기를 간절히 기다린답니다.
　어서 집으로, 마을로 갑시다.
　여러 가지 곡식들과 각종 작물들이여.
　우리가 당신들을 부르면, 집으로, 마을로 오세요. (중략)
　당신들이 우리를 길러 주었고, 우리들의 살림도 풍족하게 해주었죠.
　당신들이 우리를 배부르게 해주었지요.
　씨앗을 뿌리기 전에 주문을 외워야 해.
　곡혼이시여. 곡혼이시여. 볍씨 어르신, 붉은 좁쌀 아가씨.
　곡식들이 도랑 위에서 싹이 돋게 해주세요.
　아래 곡식 창고도 가득차고, 윗 창고에도 가득하게 해주세요.
　차조는 물론 모든 곡식과 각종 곡물들. 벼 마다 다 맛있네요.
　고관나리가 드시는 쌀은 모웨이께서 주신 곡물이니, 그에게 감사해야 하죠.
　어, 춤추고 노래하며 풍성한 수확을 축하합시다.

그림 46
라무구 제의(좌),
라무구 제의 전
모바 점복(우)

이렇게 노래를 부릅니다. 와족은 파종 전에도, 비가 너무 많이 내려 곡식이 잘 자라지 않을 때에도, 곡식의 혼에게 제사를 지내면서 〈곡혼가〉를 불러요. 벼가 잘 익고, 풍성한 수확을 할 수 있도록 기원하는 노래죠. 이 노래를 들어보면 곡식을 사람과 같이 영혼을 갖고 있는 하나의 생명체로 여겼다는 것을 잘 알 수 있습니다. 그래서 햇곡식을 수확하는 신미절에 제사를 지낼 때도, 곡식을 벨 때도, 곡식의 영혼에게 함께 집으로 가기를 청하며 이 노래를 부릅니다. 그러면 이제 곡물신화와 이와 관련된 제의로는 어떤 것이 있는지 알아보도록 하겠습니다.

먼저 와족의 신화를 바탕으로 한 제의를 소개해 보려고 합니다. 저는 교육방송의 〈세계테마기행〉이라는 프로그램에서 윈난성 소수민족의 신화를 바탕으로 거행되는 제의를 소개한 바 있어요. 소수민족의 제의는 축제의 성격을 동시에 갖고 있죠. 여러 민족의 축제는 닮은 듯 같고, 같은 듯 다른 모습이었습니다. 이번에 남방실크로드와 관련된 신화에 대해 강의를 하게 되어, 앞으로 기회가 닿으면 남방실크로드 노선의 민족 중 징포족景頗族이나 더앙족을 만나러 가보려고 합니다.

소수민족의 축제가 표면적으로는 화려하고 즐거운 민족의 명절로만 보일 수 있지만, 모든 축제마다 제의의 대상과 이와 관련된 신화가 있습니다. 하지만, 최근 축제의 현장에서 구연되는 대부분의 이야기들이 급속히 사라지고 있어요. 소수민족 축제의 현장에서 볼 수 있는 물건 하나, 머리장식이나, 복식의 색깔과 도안, 춤을 출 때 줄지어 서는 대열과 춤 동작 하나하나에 감추어진 상징성이 있어요. 그래서 그 속에 감추어진 상징을 알아보고자 현지사람들에게 물어보지만 원하는 대답을 거의 들을 수 없습니다. 예를 들어 제가 "왜 이런 옷을 입으셨고, 왜 이렇게 하시는 것이에요?" 라고 물어보아도 대답을 들을 수 없습니다. 그러면 제가 다시 이렇게 질문을 드려야 해요. "어릴 때부터 이렇게 하셨어요? 옛날부터 좋아하셨어요?" 이렇게 물어보면 말을 꺼내기 시작합니다. 각 소수민족의 복식은 특히 흥미롭습니다. 그래서 어느 곳으로 답사를 가든지 항상 그 민족의 복식을 주의해서 봅니다. 그 모든 것이 그들의 잃어버린 기억의 흔적들을 담고 있기 때문이지요. 말하자면 그들은 "역사를 머리에 쓰고, 옷으로 입고, 허리띠로 매고, 발로 신었다."고 말할 수 있지요.

와족의 북에 대한 신앙과 '나무 북 끌기'

이제 와족의 곡물 신앙과 관련한 제의를 소개하겠습니다. 이 제의는 와족을 대표하는 축제이며, 또한 와족을 대표하는 문화콘텐츠입니다. 한 마디로 이 안에 와족의 신화가 응집되어 있다고 말할 수 있지요. 먼저 볼 것은 '라무구'라고 하는 의례입니다. '라拉'는 '끌어당기다' 라는 뜻이고, '무구'라는 것은 목고木鼓, 즉 나무 북이라는 뜻이에요. 그

그림 47
나무 북

러니까 '라무구'라는 것은 '나무 북 끌기'라는 뜻입니다. 나무 북을 만들기 전에 제일 먼저 제사를 지내야 합니다. 나무를 베러 가는 날짜부터 베야할 나무를 고르는 것 모두를 신에게 묻습니다. 모든 제사 전에는 먼저 점을 쳐서 날짜를 정합니다. 소수민족이 점을 치는 방법은 여러 가지인데, 가장 많이 쓰는 것은 닭 점입니다. 닭을 삶고 난 뒤 닭 뼈가 갈라진 모양을 보고 점을 치기도 하고요, 달걀노른자를 비벼서 점괘를 알아보기도 합니다. 이렇게 닭으로 점을 쳐서 길한 날짜를 정하고 제사를 지냅니다. 북으로 쓸 나무도 점을 쳐서 적당한 나무를 고른 후, 그 나무에 제사를 지내고 마을로 끌고 와 북을 만들 준비를 합니다.

소수민족의 '북'은 와족 외의 다른 민족에게도 보이는데 그들이 북을 치는 이유는 다양합니다. 북은 신과 소통하는 아주 중요한 도구이거든요. 인간이 신에게 무언가 이야기하고 싶을 때 북을 치죠. 물론 마을에 어려운 일이 생겼을 때도 북을 쳐서 사람들이 모이도록 합니다. 와족은 오래전부터 북을 신성하게 여기는 신앙을 가지고 있습니다. 〈쓰강리〉에도 와족의 북에 대한 신앙을 기록하고 있습니다. 길게 통처럼 생긴 나무에 방망이를 넣어 두드려 신을 부르는데, 이렇게 함으로써 사악한 것을 물리치고 곡식의 풍성한 수확을 기원하는 것이지요. 일 년에 한 번씩 거행하는 라무구는 이 신앙을 가장 잘 보여주는 제사이며 축제입니다. 사진에서 나무통 같은 것이 바로 하늘과 소통할 수 있는 신성한 북입니다. 북 모양을 잘 보세요. 생김새가 독특하죠? 와족이 그들의 시조모인 안무과이를 신성시하고 숭배하여 여성을 상징하는, 가운데가 빈 나무통 형상으로 북의 틀을 만들었다고 전합니다. 물론 긴 북통을 두드리는 북채는 남성성을 상징하지요. 가운데가 빈 나무 북 안에 남성을 상징하는 나무 방망이를 넣어 북을 두드리는 행위가 음양이 서로 감응하는 모습을 보여준다고 할 수 있습니다.

지금은 와족의 축제와 제의 때마다 북을 두드리는 행위가 빠지지 않지만, 사실 제의와 관련이 있습니다. 와족은 매년 새해나 파종할 때 등 정해진 날마다 북을 두드리며 신에게 제사를 지냅니다. 북을 두드리는 행위가 곡식의 성장과 무관하지 않음을 유추할 수 있습니다. 곡물의 성장을 기원하며 음과 양의 결합을 의미하는 북을 두드리는 행위는 일종의 생식숭배이지요. 따라서 농경과 관련이 깊은 북을 만드는 것은 그만큼 와족에게 중요한 일입니다. 그래서 북을 만들기 전 나무를 고르는 것부터 시작하여 북을 완성한 다음에 북을 보관하는 곳에 넣는 의식까지 모든 과정이 중요한데 이것을 '라무구'라고 합니다. 와족의 거의 모든 마을에는 와족이 성스럽게 여기는 나무 북을 넣어두는 방인 '무구팡木鼓房'이 있습니다. 지금은 무구팡이 마을에서 점차 사라지고 있다고 합니다. 제가 본 무구팡도 다 쓰러져가는 집이었어요. 하지만 아직도 무구팡이 존재한다는 것은 와족이 여전히 북에 대한 신앙을 갖고 있다는 뜻이지요. 매년 음력 11월, 와족의 새해가 되면 오래된 나무 북을 바꾸는데, 이때 온 마을 사람들이 함께 라무구를 준비합니다.[6]

[6] 와족의 라무구 의례는 EBS 〈인류 원형 탐험〉 "검은 옷을 입은 사람들 중국 와족"(2013년 5월 31일 방송) 참조.

앞에서 곡식을 관장하는 여신 이름이 모웨이라고 했죠? 와족은 이 나무 북에 곡물을 성장하도록 관장해주는 여신인 모웨이의 영혼이 깃들어 있다고 생각합니다. 모웨이는 평소에는 하늘에 있지만, 무구가 울리는 소리만 들리면 지상으로 내려와 와족이 거주하는 산과 들, 마을, 사람과 육축, 그리고 오곡이 잘 자랄 수 있도록 도와줍니다. 무구에게 제사를 지내는 것은 바로 모웨이 신에게 제사를 지내는 것이지요. 그렇기 때문에 봄 파종 전에 무구에게 제사를 지내는 것은 와족에게 가장 신성하고도 중요한 제사죠. 나무 북을 두드리면 신을 깨울 수 있을 만큼 크고 웅장한 소리가 나는데, 이 소리를 들으면서 추는 와족의 춤이 굉장히 역동적입니다. 심장을 두근거리게 만드는 와족의 북소리를 듣고 있으면 사람처럼 곡식도 흥이 나서 쑥쑥 자라게 될 것 같습니다.

홍허紅河에 거주하는 하니족 역시 북을 두드려 곡물의 성장을 기원하는 의례가 있습니다. 홍허 하니족은 복식은 물론, 우물가 위에 만들어놓은 원숭이 석상 같은 기물들과 독특한 습속이 다른 지역에 거주하는 하니족과 구별됩니다. 아마도 홍허라는 지역이 주변 민족과 빈번하게 교류했음을 보여주는 것이라고 생각합니다. 특히 홍허 지역 곳곳에 보이는 독특한 문화는 남방실크로드를 통해 인도 신화의 영향을 받은 흔적임을 알 수 있습니다. 홍허 하니족 가운데 한 갈래인 이처인奕車人에게도 곡물과 관련된 독특한 의례가 있어요. 이처인은 독특한 의복과 장식으로도 유명한데요, 매년 봄이 되면 곡물의 생장을 위한 춤을 춥니다. 여자들 둘이 바라보면서 춤을 춥니다. 오곡을 북 속에 넣은 다음 북을 치는데, 서로를 바라보면서 북소리에 맞추어 교무交舞를 합니다. 그렇게 춤을 추면 벼가 더 빨리 자란다고 믿는 것이지요. 그리고 이처인에게는 모치우摩秋라고 하는 재미있는 회전시소가 있어요. 짧은 나무는 여성을 상징하는 음수陰樹로, 하늘을 향해 말뚝처럼 땅에 세우고, 남자를 상징하는 긴 나무인 양수陽樹를 그 위에 횡으로 얹어 시소를 만들었는데 음양의 조합을 의미하는 것입니다. 그런데 사람들이 시소 돌리는 것을 다 마치고 나서 시소를 세워놓는 긴 막대를 내려놓는 순간, 장가 안 간 총각들, 아이 못 낳는 아줌마들이 세워놓은 막대를 향해 달려가 나무를 비빕니다. 세워져 있는 그 막대에 말입니다. 이처인은 이렇게 하면 장가도 가고, 아이도 낳을 수 있다고 믿습니다. 이 시소가 360도 회전을 하는데 그 속도가 엄청납니다. 엄청나게 빠르게 시소를 돌리면서 노래를 불러요. 음수인 세워진 막대摩秋杆를 문지르는 행위는 접촉주술의 행위로, 오곡이 풍성하게 열리기를 기원하는 의미를 담고 있다고 할 수 있습니다.

와족의 머리사냥과 솔발무

와족의 또 다른 제의인 '엽두'獵頭, 즉 '례터우'가 무엇인지 보도록 하지요. 말 그대로 '머리사냥'이라고 하는데 와족은 머리사냥으로 유명한 민족이죠. 이 역시 곡물과 관련된 아주 중요한 제의입니다. 와족의 머리사냥은 그 유래가 아주 오래된 것이라고 하는데요, 상당히 오랜 시간 동안 지속되었어요. 폐쇄적인 자연환경으로 외부와 접촉이 적어 한족의 영향을 거의 받지 않아 와족 자신들만의 사회조직, 생산방식, 신화와 같은 오랜 습속을 온전히 지켜왔던 것이지요. 중국정부가 들어서고 나서 1950년도부터는 금지하기 시작해 공식적으로 머리사냥은 1958년에 끝났지만, 제가 갔던 마을에는 1968년까지도 머리사냥이 있었다고 합니다. 와족 외에도 머리사냥을 행했던 민족이 또 있습니다. 타이완의 소수민족인 쩌우족鄒族이나 타이야족泰雅族도 머리를 자르는 습속이 있었다고 합니다. 그러니까 머리사냥이 와족만 갖고 있는 습속은 아니었다는 것이죠. 머리를 자르는 풍습이 불과 60년 전까지만 해도 있었다니, 점점 궁금해지죠? 무엇 때문에 머리를 잘랐을까요?

와족은 산을 개간한 화전 농업을 지금까지 해왔습니다. 밭벼를 기르며 옥수수, 수수, '붉은 좁쌀'인 소홍미小紅米 등을 주식으로 합니다. 척박한 땅을 일구어야만 살아갈 수 있는 이들의 자연환경은 와족의 생산방식에 큰 영향을 미쳤습니다. 또한 그것과 관련된 신앙과 신화 이야기가 유기적으로 연결되어 있습니다. 따라서 오래된 관습인 머리사냥 제의와 곡물의 생장과도 무관하지 않습니다. 그렇다면 머리사냥의 유래는 무엇인지 신화를 통해 살펴보겠습니다. 아득한 옛날에는 하늘과 땅 사이가 너무 가까워서 사람들이 곡식을 기를 수 없었다고 합니다. 천신인 무이지木依吉가 사람의 머리를 잘라 제사를 지내면 곡식이 자랄 수 있을 것이라고 사람들에게 말해주었지요. 무이지의 말대로 사람의 머리를 잘라 바치자 이때부터 하늘과 땅 사이가 멀어지고 곡식을 기를 수 있게 되었다고 합니다. 창세신화를 보면 양자簧子의 목을 잘랐다는 이야기가 많이 보이는데, 양자를 죽여 머리를 잘라서 신에게 제사를 지냈더니 하늘이 높아졌고 양식도 자라났다고 하는 이야기가 나옵니다. 또한 〈쓰강리〉에도 라무구를 거행할 때 동물이나 사람의 머리를 잘라 제사를 지냈다고 기록하고 있습니다.

와족은 사람의 머리에 오곡을 풍성하게 하는 능력이 있다고 믿었습니다. 그렇기 때문에 볍씨를 뿌려서 파종을 하기 전에 반드시 머리 자르기 의식을 했던 것이죠. 와족 머리사냥의 유래는 홍수형, 시조 유래형, 복수형 등으로 나눠볼 수 있습니다.7 첫 번째 홍수형 신화에는 홍수가 나서 사람이 다 죽게 되자 사람의 머리를 바치고 물소도 잡았다는 이야기가 나옵니다. 이것은 좀 오래된 전설 중 하나죠. 또 다른 이야기인 시조 유래형은 머리 숭배와 관련됩니다. 와족의 조상은 두 마리 올챙이에서 시작되었다고 합니다. 수컷은 예당耶當, 암컷은 예타이耶臺라고 했는데, 세월이 많이 흘러서 정령이 되었습니다. 정령이 된 후, 그들은 쓰강리가 있는 바거다이巴格岱의 동굴에 옮겨가서 살았어요. 여기서 그들은 호랑이나 사슴, 멧돼지, 산양들을 잡아먹고 지냈지요. 어느 날 그들이 먹이를 구하러 밖에 나갔다가 사람을 잡아먹고 머리를 가지고 돌아와 동굴 속에 두었습니다. 그 후 예당과 예타이는 사람 모습을 갖춘 정령을 많이 낳았다고 합니다. 그들은 이것이 머리 덕분이라고 여겨 머리를 숭배했다고 해요. 그 이후에 아들과 딸을 많이 낳아 마을을 이루었습니다. 올챙이였던 예당과 예타이가 세상을 떠나자, 자손들은 그들을 시조로 받들고, 해마다 사람의 머리를 제물로 바쳤다고 합니다. 사람의 머리를 제물로 바치지 않으면 자손이 번성하지 못해 인구가 줄고, 흉작이 되었다는 이야기입니다.

마지막은 복수형으로, 원수의 머리를 잘랐다는 이야기입니다. 그렇다면 어떤 사람의 머리를 희생 제물로 바쳤을까요? 죄인도 있고, 원수 집안의 수장, 전쟁을 치루고 있는 마을의 우두머리, 용감하고 힘센 영웅도 포함되죠. 그렇지만 절대 같은 마을 사람의 머리를 자르지는 않았다고 합니다. 왜냐하면 같은 마을 사람의 머리를 자르게 되면 질병이나 큰 재앙이 온다고 여겼기 때문이죠. 그래서 다른 마을 또는 다른

---

7 와족 엽두 의례의 유래에 관해서는 홍윤희, 「중국 와족의 머리사냥 의례와 그 신화적 의미」, 《한중언어문화연구》 제42집, 2016. 참조.

그림 48
솔발무

민족이라든가, 전쟁을 통해서 적의 머리를 가져오는 경우도 있고, 또 마을의 죄인이나 노예의 머리를 사기도 했다고 합니다. 때로는 서로 빌려주기도 했다고 하네요.

　머리사냥은 절차에 따라 행하는데, 우선 망자의 머리에 제사를 지냅니다. 그리고 망자의 머리를 빗겨줘요. 노래도 불러줍니다. "너는 왜 그랬니? 왜 피하지 못했니?" 라고 하면서 부르는 노래도 있습니다. 욕을 하는 경우도 있고, 따가운 후춧가루나 소금을 뿌리면서 말을 걸기도 합니다. 이러한 행위를 하는 것이 좀 이상하게 느껴지죠? 그런데 이러한 행위는 망자의 머리를 생명체로 인식하고 말을 거는 행위라는 점에 주목할 필요가 있습니다. 이것은 머리 자체에 영혼이 있다고 생각하는 와족의 사유를 보여줍니다. 윈난대학교의 리쯔셴李子賢 교수는 와족 신화에서 볼 수 있는 특징들이 저강氏羌이나 백월百越 등 민족이 갖고 있는 풍속과 크게 다르다는 점에 주목하였습니다. 리 교수가 발표한 논문을 근거로 보면, 윈난성 서남부 지역인 와족 지역부터 인도차이나 반도를 거쳐서, 필리핀, 더 동쪽으로 가면 타이완에 이르는 지역에서 모두 머리사냥을 했다고 합니다. 윈난성으로부터 인도차이나 반도, 필리핀, 타이완까지 연결하면 U자 형태가 됩니다. U자 형태를 이루는 이 오래된 문화가 벨트 형태를 이루고 있다고 해서, 리쯔셴 교수는 이것을 'U자형 고문화 벨트'라고 명명했습니다. 이 지역은 오래전부터 벼농사를 짓는 곳입니다. 그때 원시 농경민들 사이에 널리 퍼져 있는 습속이 있는데, 그것이 바로 머리사냥이고, 그 의례가 U자 형태의 지역에 보인다고 하는 거죠[8]. 우리나라 제주도에도 〈맹감본풀이〉라는 것이 있잖아요. 사만이를 돕는 백년해골이 풍요를 가져온다고 하는 이야기가 있는데, 이 이야기와의 연관성은 향후 연구 주제로 남겨놓고 있습니다. 어쨌든 와족은 사람의 머리를 영혼과 생명을 상징하는 것으로 여겼다는 것이고, 이러한 풍습이 다른 지역에서도 보인다는 것은 상호간에 영향 관계가 있었을 것이라는 추측을 하게 합니다.

자, 이제 이것과 관련된 독특한 춤을 소개해 드릴까 합니다. '쐐이파우甩髮舞' 즉 '솔발무'라고 하는 것인데요, '솔甩'자는 쓸 '용用'자와 비슷하지만 가운데가 옆으로 삐친 글자예요. 이것은 '휘두르다, 내젓다'라는 의미를 갖고 있지요. '발'은 터럭 발髮, 즉 머리카락이라는 뜻이죠. 그러니까 머리카락을 흔들면서 춤을 추는 것이 솔발무입니다.

와족은 유난히 검은 피부와 흑단같이 검고 긴 머리카락을 갖고 있는 것으로 유명합니다. 와족 여인들의 숱 많은 긴 머리카락은 복숭아뼈까지 내려오기도 합니다. 하지만 요즘은 활동하기 편하게 허리춤까지 오도록 자르는 추세죠. 검고 긴 머리카락을 흔들면서 추는 솔발무의 의미는 풍성한 수확을 기원하는 유감주술 행위로 볼 수 있습니다. 머리카락을 마치 볏단에 가득 달린 곡식의 낟알과 유비하여 본 것입니다. 즉, 솔발무를 추는 여인의 머리카락 역시 영험한 힘에 대한 숭배를 의

---

[8] 李子賢, 「佤族與東南亞"U"形古文化帶-以神話系統的比較爲切入點」, 《思想戰線》 2010年 第2期 第36卷, 참조.

미한다고 볼 수 있을 것입니다. 이 춤의 기원에 대한 여러 설이 전해지지만, 가장 오래된 제사무祭祀舞라고 보는 것이 대체적 견해입니다. 물론 지금 솔발무가 이 오래된 제사무와 관련이 있다는 사실을 아는 사람은 드물지요. 지금 사람들은 솔발무를 와족 여인들이 머리를 감고 긴 머리카락을 말리는 것을 상징적인 동작으로 표현한 거라고 말합니다만, 이것은 7, 80년대에 나온 견해입니다. 1980년대에 들어와 와족을 대표하는 솔발무를 문화콘텐츠로 만들어가는 과정에서 씨앗 뿌리는 모습, 절구에 찧는 모습 등을 더했지요. 솔발무가 가지고 있는 영험한 힘에 대한 숭배와 기원에 대한 서사는 이미 사라져버리고, 오락적 기능만 남은 것이지요. 와족 학자이며 사제인 니쌍尼桑은 사제가 특별한 절기가 되어 제사를 지내며 경문을 읽으면 여자들이 솔발무를 추었고, 또 사람의 머리를 자를 때도 이 춤을 추었다고 설명합니다. 솔발무가 원래 제의적 기능을 갖고 있었다는 설명이지요.

와족의 곡물 관련 신앙의 인문학적 의미

앞에서 소개했던 나무 북 끌기나 머리사냥, 그리고 솔발무는 모두 와족의 풍요를 기원하는 오래된 신앙을 바탕으로 합니다. 하지만 와족이 자신들의 생존만을 위해 곡식의 풍요로운 수확을 기원한 것은 아닙니다. 와족 신화와 의례를 통해 와족의 자연과 생명에 대한 인식을 엿볼 수 있습니다. 와족은 자연을 인간과 같은 인격체로 인식했죠. 자연계의 모든 것이 인간과 똑같이 동일한 생명을 가지고 있다는 점에서 곡식의 영혼을 불러준다는 것, 그래서 "황금 벼 아가씨, 나리, 곡혼님, 곡혼 할머니." 라고 마치 사람의 이름을 부르듯이 친근하게 부른

답니다. 또한 인간과 자연의 교감을 통해 공존의 지혜를 인식하는 것이죠. 예를 들어 이족 신화에 보면 이족이 아직 농사짓는 법을 알지 못할 때, 천신이 그들에게 메밀을 내려 주었어요. 그런데 소중한 메밀을 먹지 않고 벽에 칠을 하고 함부로 낭비하는 모습을 보고 신이 "인간이 맘씨가 나쁘구나. 이 세대를 바꾸어야겠다." 라고 하면서 징벌을 내려요. 메밀을 더 이상 내려 주지 않았을 뿐 아니라, 사람들을 홍수로 벌하지요. 천신이 말하는 그 '나쁨'의 정의는 누군가를 죽이거나 큰 잘못을 한 것이 아니라 곡식을 함부로 하는 것이죠. 이것이 신이 볼 때 나쁜 거예요. 신화는 이처럼 이야기를 통해 사람들에게 자연과의 균형을 깨뜨리지 말라고 이야기합니다. 신이 자연의 것을 인간에게 주지만 인간들의 지나친 탐욕이 자연을 소중히 하지 않음으로 인해 이 균형은 깨질 수 있다고 신화는 말합니다.

원난 서남부 소수민족 신화는 자연종교나 민간 신앙을 포함한 신앙체계 안에서 존재합니다. 이 신화가 갖고 있는 가장 큰 특징은 신성성인데요, 신성한 이야기가 특정한 종교와 신앙형태, 민속환경이 하나가 될 때 신성성은 비로소 사람들의 마음속에 영향력을 갖게 됩니다. 많은 민족이 과거에는 그들의 삶에 규범이 되는 신화를 갖고 있었지만, 신화가 점점 신앙과 분리되고 그 신성성과 권위를 잃어버리게 되면 한갓 '이야깃거리'가 되어 버립니다. 이처럼 살아있는 신화의 신성성이 기능적으로 작동할 수 있는 신화의 전승 공간이 바로 제의의 현장입니다. 또한 제의가 신성성을 갖기 위해서는 신화 전승집단의 신화적 사유가 있어야 합니다. 따라서 원난의 와족이 제의를 통해 구현하는 신화적 사유는 그들이 살고 있는 지리적 문화적 환경이 서로 유기적으로 연결되어 있기 때문에 신화가 전승되는 공간과 제의에서의 구현, 그리고 전승집단과의 상관성은 매우 중요하다고 할 수 있습니다.

지금도 여전히 와족의 신화는 제의의 현장에서 구현되고 있습니다. 제의의 잠재된 규칙은 와족의 모든 구성원들로 하여금 와족의 신화를 이해하고 존중하게 합니다. 따라서 와족의 머리사냥은 그들의 창세신화인 머리를 제물로 드리는 신성한 기원과 비범한 기능이 의례와 전통으로 작동함으로써 여전히 사람들의 정신과 마음에 영향력을 행사하는 것을 알 수 있습니다. 하지만 상당수의 소수민족 신화와 의례는 그 신성한 서사는 잊은 채 또 다른 문화 공연장에서 연출되고 있습니다. 그리고 신화가 갖고 있는 힘은 사라져 버린 것이죠. 이것이 모든 소수민족이 현재 당면하고 있는 문제점입니다. 언젠가는 개발이 되겠죠. 점점 개발이 많이 되어가고 있으니까. 그래서 저희 같은 신화연구자들이 부지런히 발품을 팔면서 점점 사라지고 있는 오래된 지혜를 찾아 답사를 다닙니다. 최근 시진핑의 국가전략인 중국-중앙아시아-유럽을 연결하는 경제벨트 '일대일로一帶一路'가 추진되면서 남방실크로드가 새롭게 주목받고 있습니다. 서부 지역 개발과 동시에 남방실크로드가 내려오는 지점에 있는 많은 소수민족의 창세서사시가 마구 나오고 있어요. 새로 개편을 해서 출간이 되고 있는데요. 이 과정에서 소수민족 창세 신화, 그리고 이와 관련된 축제들이 많이 부각되고 있어요. 여러분들도 이번 강연을 계기로 남방실크로드에 관심을 가져보시면 좋겠습니다.

질문 아까, 거머리 이야기도 살짝 하셨는데요, 거머리가 쌀을 어떻게 전달했는지 말씀을 안 해주셨는데, 궁금합니다.

답변 〈쓰강리〉에서 와족 시조모인 안무콰이가 곡식을 찾아오는 부분이 있습니다. 홍수가 끝난 이후 볍씨와 붉은 좁쌀이 세력 다툼을 하다가 싸움이 벌어져 물속으로 숨어버려요. 모두가 물에 잠긴 곡식의 씨앗을 찾으러 갔지만 찾을 수 없었지요. 하지만 결국 곡식을 물속에서 건져오는 것은 사람이 아니라 뱀과 물속에 있던 거머리입니다. 안무과이가 곡식을 찾아온 것에 대한 답례를 거머리에게 하려고 하자, 거머리가 다른 것은 필요 없고 인간의 피 한 방울만 먹게 해달라고 청하지요. 그래서 이때부터 거머리는 사람 피를 먹을 수 있게 되었다고 합니다. 재미있는 이야기죠? 소수민족신화는 이처럼 사람뿐 아니라 자연계의 동식물에게도 공평해야 한다고 이야기 합니다. 사람에게 곡물의 씨앗을 찾아준 거머리에게 사람의 피 한 방울을 주는 것은 당연한 일이라는 인식을 갖고 있는 것이죠.

질문 이런 신화나 의례 등에 대해서 좀 더 찾아볼 수 있는 논문 같은 것 좀 소개해 주세요.

답변 논문이 서너 편 있어요. 한 개는 제가 쓴 것이고, 김선자 선생님이 곡혼 신화와 머리사냥 제의에 관한 논문을 쓰셨고, 홍윤희 선생님도 이와 관련된 논문을 얼마 전에 쓰셨습니다. 계속 연구를 해야죠. 지금 저는 소수민족 원전을 시리즈로 번역하고 있습니다. 2014년도에 이족의 창세서사시 『오래된 이야기 메이거』를 번역해서 출간했고, 또 다른 이족 창세서사시인 『차무』라는 책도 곧 나올 예정입니다. 『쓰강리』도 지금 번역을 하고 있는 중입니다. 아시다시피 이런 종류의 번역이 단순히 글만 번역하는 것이 아니라, 현지에 가서 직접 대조하고 확인해야 할 것이 많이 있어요. 책에서 말하는 꽃이나, 풀, 인명, 지명, 또 소수민족 언어로 표기된 많은 고유명사들의 뜻이 무엇인지를 확인할 필요가 있습니다. 소수민족의 언어를 한어로 표기했기 때문에 자의적으로 해석을 하게 되면 원래의 뜻과는 멀어지게 되지요. 그래서 소수민족 학자나 현지 분들의 도움으로 원래의 의미 파악을 하려고 노력합니다.

참고자료

김선자, 『중국 소수민족 신화기행』, 안티쿠스, 2009.

김선자, 『오래된 지혜』, 어크로스, 2012.

김선자, 「중국 윈난성 소수민족의 '곡혼穀魂' 신화와 머리사냥(獵頭) 제의에 관한 고찰」, 《중국어문학연구회》, 제102호, 2017. 2. 28.

나상진, 「이족 4대 창세 사시(史詩)의 서사구조와 신화 상징 연구」, 연세대학교 박사학위 논문, 2011.

나상진 편역, 『오래된 이야기- 메이거(梅葛)』, 민속원, 2014.

나상진, 「윈난성 남부 소수민족의 곡물신화와 의례: 윈난성 하니족, 와족을 중심으로」, 《외국학연구》, 외국학연구, Vol.- No.31, 2015.

이금순, 「와족의 목고문화 연구」, 《중국인문과학》, 제42집, 중국인문학회, 2009.

홍윤희, 「중국 佤族의 머리사냥 의례와 그 신화적 의미」, 《韓中言語文化硏究》, 제42집, 2016. 10.

EBS 인류원형탐험 - 검은 옷을 입은 사람들, 중국 와족, 2013.05.31.

EBS 세계테마기행 - 윈난 소수민족기행 2부 찬란한 대지의 보물, 하니족의 다랑논, 2014.03.04.

EBS 세계테마기행 - 윈난 소수민족기행 4부 윈난의 원시부족, 와족, 2014.03.06.

제6강

중국 윈난성 소수민족
이족의 신화 세계

권태효(국립민속박물관 학예연구관)

이번 시간 강의 내용은 중국 윈난성雲南省 소수민족 이족彝族의 신화 세계입니다. 이족은 제의는 물론 행사도 많이 발달되어 있고, 신화도 어느 민족들보다 다양하게 발달되어 있습니다. 이번 시간에는 전문적인 내용보다 주목할 만한 신화 내용으로는 대체로 이런 것들이 있다는 식으로 대략적인 소개를 통해 이족의 신화에 대해 관심을 갖도록 하는데 초점을 맞출 것입니다.

이번 신화 강좌는 전체적으로 중국에서도 서남쪽 지역의 신화세계를 주제로 잡았어요. 그래서 제일 먼저 쓰촨성四川省 쪽의 강의가 있었을 겁니다. 강의가 이 쓰촨성에서부터 출발해서 윈난성으로 점차 내려가는데, 중국 서남쪽의 쓰촨성, 윈난성, 구이저우성貴州省, 이 세 지역에 이족들이 많이 살고 있기도 하지만, 신화 또한 굉장히 많이 있는 지역입니다. 특히 윈난성 같은 경우에는 '윈난 신화왕국'이라고 불릴 정도로 어마어마한 신화가 분포가 되어 있어요. 각 민족들마다 거주 지역에 따라 신화가 전혀 다른 모습을 갖기도 하는데, 중국 소수민족 중에서 그런 변화가 가장 심한 민족이 바로 이족입니다. 이족은 제의가 아주 풍부하며, 신화도 지역별로 다양하게 발달되었을 뿐만 아니라, 신화적 성격도 서로 다른 양상을 보이는 것들이 고루 분포되어 있습니다. 윈난성이 그런 이족의 중심지라고 할 수 있습니다.

이번에 살필 이족은 나상진 선생님께서 박사 논문을 쓰셨던 민족입니다. 그 중에서도 〈메이거〉梅葛라는 창세신화를 대상으로 쓰셨는데, 나 선생님이 여러 소수민족을 다 맡아 강의하실 수 없으니까 이 부분을 제가 맡았다고 보시면 될 것 같아요. 저는 윈난성 민족박물관 사람들과 같이 조사도 다니고 신화도 공부하면서, 특히 몇몇 민족들에 주목했는데, 그중 한 민족이 바로 이족입니다. 제가 직접 조사를 다니면서 얻은 경험들을 중심으로 최대한 이야기를 끌어나가도록 하겠습니다.

여러 차례 들으셨겠지만, 중국은 한족을 비롯하여 총 56개 민족으로 구성되어 있습니다. 소수민족이 55개이지만, 인구수로는 한족이 93퍼센트이고 나머지가 소수민족입니다. 그래도 인구 백만 이상인 소수민족이 17개나 돼요. 그중에는 좡족壯族이 가장 많아서, 약 1,800만 명 정도가 되고요. 이번 시간에 살필 이족 같은 경우는 2000년 기준으로 776만 명 정도가 되어서 서열 6위의 민족입니다. 1980년대 기준으로는 서열 4위였는데 조금 밀렸어요. 중국의 소수민족은 인구는 적지만 분포지역은 아주 넓습니다. 특히 윈난의 경우는 무려 51개의 소수민족이 거주한다고 합니다. 그중 인구 5천 명 이상의 소수민족이 25개 정도 해당된다고 해요. 그래서 윈난에는 대체적으로 25개 소수민족이 있다, 이런 식으로 이야기를 많이 합니다.

윈난이라는 지역은 소수민족 신화와 관련해서 매우 중요한 지역입니다. 소수민족 신화의 절반 정도가 여기서 전승된다고 할 수 있어요.

아울러 창세서사시를 비롯해 영웅서사시 같은 것들, 즉 여러 종류의 신화 성격을 지닌 서사시들이 다양하게 전승되고 있기도 합니다. 윈난성에서는 창세신화만 20개 이상의 민족에게서 찾아볼 수 있습니다. 책으로 출간된 것만 해도 15개 민족 이상입니다. 이 지역은 산이 굉장히 높고 험해요. 그래서 어디 조사를 가잖아요? 아침에 출발하면 다음날 오후나 저녁때쯤 도착하는 것이 일반적입니다. 주민들은 아주 가파른 산비탈에서 밭을 경작하며 살고 있어요. 땅이 굉장히 척박하고, 정말 못살죠. 이렇게 자연환경이 열악하다 보니까 발전은 상대적으로 뒤지고, 그래서 오히려 전통문화 같은 것들이 아직 많이 남아있어요. 신화도 많이 남아있고 제사도 많이 남아있을 수밖에 없어요.

그림 49
나시족 상형문자 임신과 출산

참고로 윈난 지역에는 재미있는 여러 민족들이 있는데, 이번 신화 강좌에서 빠지기는 했지만, 예를 들면 나시족納西族의 경우는 세계에서 유일하게 지금까지도 상형문자를 쓰고 있는 민족이에요. 그 상형문자의 원리가 굉장히 재미있습니다. 실제로 이 나시족들이 모여 사는 리장麗江이라는 곳에 가면 그림과 같은 형태의 상형문자를 쓰면서 그걸 가지고 문화상품으로 만들어 파는 곳이 굉장히 많아요. 상형문자로 도장을 새겨 준다거나 티셔츠를 만들어 준다거나 하는 가게들이 많이 있습니다. 나시족 상형문자를 잠깐 살펴볼까요? 이 글자가 '임신'이에요. 사람이 있고, 머리에 노랗게 씌어놓은 게 있고, 아이가 있죠. 그리고 쏟아내면 '출산'이 됩니다. 이렇게 하면 간단하게 이해할 수 있을 것 같은데, 사실 좀 깊이 들어가면 어렵죠.

그림 50
리장 고성

여기가 고성古城입니다. 리장 고성인데, 굉장히 아름답습니다. 이 고성 자체가 세계문화유산으로 지정되어 있어요. 저 뒤에 보면 옥룡설산玉龍雪山이 보여요. 리장을 비롯한 윈난 지역은 아무리 추워도 기온이 5~6도 이하로 내려가지 않아요. 그래서 늘 봄 날씨 같다고 하는데, 옥룡설산은 5천m 이상으로 올라가면 항상 만년설이 쌓여 있어요. 3천m 이상쯤 올라가면 산소가 부족해서 중간 중간에서 산소를 팔고 있습니다. 산 가까이에 고성이 하나 있는데, 정말 그림처럼 아름답습니다. 중간에 개울을 따라 카페들이 길게 늘어서 있고요. 한 번 가면 다음에 꼭 다시 오고 싶다는 생각이 절로 들 정도입니다. 나시 고악古樂도 굉장히 유명하죠. 나시 고악은 표가 엄청나게 비싸기도 하지만, 관람객이 많아 들어가서 보기가 쉽지가 않아요.

그런데 이곳에 사는 나시족은 가치관이나 사고관, 이런 것들이 굉장히 좋습니다. 다음 장의 그림을 보면, 왼쪽 편에 '서署'라고 썼는데, 그 옆 글자가 '용龍'자이거든요. 용은 자연신이에요. 오른쪽에는 '인류'라고 쓰여 있죠? 그리고 아버지父가 있는데, 엄마가 둘이에요. 곧 사람하고 자연은 배다른 형제라고 합니다. 배다른 형제로서 굉장히 밀접하고 친한 관계였는데, 인간들이 무분별하게 개발을 하고 함부로 살생을 하면서 자연을 파괴하니까 자연신이 화가 났죠. 화가 나서 인간들에게 지진이라든가 태풍이라든가 하는 자연재해를 내려준다고 생각해요. 그래서 이 나시족 경우에는 자연신하고 다시 친해지기 위한 노력을 합니다. 윈난의 경우는 보통 산이 깊기 때문에 수렵이 많이 발달되어 있어요. 그래서 동물 희생제 같은 것을 많이 하는 편인데, 나시족의 자연신 제사의 경우는 의식을 치를 때 닭을 가져다가 희생시키지 않고 오히려 놓아주는 의식을 해요. 그렇게 놓아줌으로써 인간과 자연의 관계를 회복한다고 생각하는 것이죠. 이 나시족에게도 『창세기』創世記라고 하는 창세신화 자료집이 있어요. 물론 윈난의 거의 모든 소수민족들도 신화가 발달되어 있다고 생각하시면 됩니다.

그림 51
자연신과 인간과의 관계

　모쒀족摩梭族이라는 민족이 있어요.[1] 제가 중국 윈난 민족박물관에 가 있었는데, 그때 좀 황당했던 것이 춘절, 그러니까 우리 음력설에 해당되죠. 음력설에 사람들이 보름 정도의 휴가를 떠나요. 그런데 보름 동안이나 휴가를 다녀와서 대체 무슨 일을 하겠는가 생각했는데, 주변에 모쒀족이 사는 루구호濾沽湖 근처에 사는 이가 한 사람 있었어요. 그곳까지 가는 데 거의 5~6일이 걸린대요, 쿤밍에서부터. 또 돌아오는데 5~6일이죠. 그러니까 보름 휴가를 받아도 실질적으로는 한 이틀 정도만 그곳에서 머물 수밖에 없는 상황이에요.

---

[1] 중국의 공식적인 소수민족에는 속하지 않기 때문에 모쒀인(摩梭人)이라고도 한다. 나시족의 일파로 보는 경우도 있다.

여기는 모계사회예요. 여기 출신 사람이 한번 데려가겠다고 농담을 한 적이 있습니다. 이 지역에는 결혼이라는 것이 없죠. 모계 중심 사회이다 보니까 여자가 남자를 선택하는 풍습이 있어요. 남자들은 마음에 드는 여자가 있으면 창문 밑에서 노래를 불러요. 그러면 여자가 창문을 열어보고 마음에 들면 올라오라고 하고, 마음에 안 들면 그냥 가라고 해요. 그러다 보니 아이를 낳아도 다 여자가 키웁니다. 험한 일이 있잖아요? 험한 일 같은 것들도 무조건 다 여자가 해요. 그러면 남자는 뭐하냐 하면은 빈둥거리고 놀아요. 세상에 그런 지역도 있어요. 윈난이라는 곳은 이렇게 굉장히 재미있는 민족들이 많은 지역인 거죠.

이족의 제의와 축제

이족은 중국 서남부 지역에 주로 거주하는 민족입니다. 거의 구이저우성과 쓰촨성, 윈난성에 거주하는데, 전체적으로 봐서는 윈난성에 가장 많이 거주를 한다고 보시면 될 것입니다. 언어로는 이족어가 있는데, 상형문자를 모체로 했다고 해요. 여섯 개의 방언이 있다고 하는데, 사실 방언이 의미가 없어요. 왜냐하면 같은 방언을 쓰는 민족, 지파들 간에도 서로 말이 안 통해요. 주로 산악지역에서 넓게 퍼져 살았기 때문이에요. 그래서 말이 여섯 개 방언이지, 실제로는 수십 개, 수백 개 정도로 나뉜다고 봐야 할 것입니다. 이족 사람과 함께 조사를 나간 적이 있어요. 같은 지파支派라고 해서요. 같은 민족이 아니고 지파라고 부르는데, 같은 지파끼리 이족어로 대화를 하는데도 서로 말이 통하지를 않아요. 어쨌든 지파가 6개라고 하는데, 구이저우성에 전해지는 『서남이지西南彝志』라는 책이 있어요. 어마어마하게 방대한 책인데, 그 책에 보면 조상들이 31대 정도까지 내려오다가 홍수가 나요. 홍수가 나서 세상을 싹 쓸어버리는데, 신에게 선택을 받은 한 사람이 있어요. 그 선택을 받은 사람이 하늘의 여자들과 결혼해서 자식을 여섯 명 낳아요. 그 여섯 명이 각기 갈라져서 여섯 개 지파가 되었다는 겁니다. 그 여섯 개의 지파별로 토템이 있는데, 첫째 지파는 호랑이를 숭배하고, 둘째는 표주박을 숭배하고, 셋째는 매를 숭배를 한다거나 하는 식으로 나타나죠.

그림 52
호랑이 춤

첫째 지파는 호랑이를 토템으로 삼는다고 했는데, 〈메이거〉라는 신화를 보면 호랑이를 잡아서 호랑이 뼈로 하늘과 땅에 받쳐요. 하늘과 땅을 벌려 받치고, 호랑이 눈, 코, 귀, 입으로부터 해라든가 달이라든가 여러 가지가 생겨난다는 신화가 전해지고 있어요. 그런데 이렇게 호랑이 춤을 추는 지역이 있어요.

양가죽으로 호랑이 모양을 만든 거예요. 음력으로 1월 8일부터 정월 대보름까지 이런 호랑이 형상을 한 사람이 하나씩 나타나요. 1월 8일에는 하나, 둘째 날에는 둘, 이렇게 해서 총 여덟이 나타나죠. 여덟이 나타나서 맨 마지막 날, 정월 대보름날에 보낸다고 생각해요. 그러니까 호랑이 신을 보낸다고 생각하는 거죠. 여기서 행해지는 것들이 무엇이냐 하면, 약간의 생식 숭배 같은 것, 다시 말해 성행위 비슷한 행위를 하면서 밭을 갈고 씨를 뿌리고 모심기를 하고 수확을 하면서 풍요와 다산을 기원하는 제의라고 볼 수 있어요. 또 한편으로는 이 호랑이가 굉장히 무섭잖아요. 그래서 이런 두려움의 대상인 호랑이 모양을 이용해, 집집마다 다니면서 나쁜 기운을 몰아낸다고도 생각했어요.

원난에 추슝楚雄이라는 곳이 있어요. 그곳에 이족 박물관이 있는데, 이족에 관련된 모든 자료가 있어요. 〈이족신보〉彝族神譜라는 것도 있는데, 천신에서부터 지신이라든가 인신이라든가 여러 신들이 있어요. 뚜모어篤慕가 이들의 조상이 되었다고 하고 있지요.

앞서 호랑이 제의가 있는가 하면, 여기서는 표주박을 신으로 모셔요. 표주박을 모시고 있다니 신기하죠? 그게 신화 내용과 연결된다는 걸 알 수 있어요. 실제로 〈메이거〉 신화를 보면 인류가 박에서 나오거든요. 원난 민속촌에 가면, 스무 개 정도 소수민족들의 풍속 같은 것들을 집약적으로 모아서 보여주는 곳이 있는데, 이족뿐만 아니라 다른 여러 민족들에도 표주박 신화가 많이 있어요. 특히 홍수가 났을 때 대개 이 표주박 속에 들어가서 피해요. 나와서는 표주박을 토템으로 삼거나 숭배의 대상으로 여기는 거지요.

중국학자들이 그런 이야기를 많이 해요. 소수민족은 민족마다 기반을 두고 있다고요. 이족은 산을 배제하고서는 이야기를 못한다. 타이족泰族은 물을 배경으로 하지 않고서는 그 민족을 이해할 수 없다고 이야기하는 식이에요. 이족은 인구가 많은데, 아주 불쌍한 민족이에요. 민족의 연원이나 역사가 굉장히 오래 되었는데, 안타깝게 한 번도 왕국을 건설한 적이 없어요. 항상 피지배민족이었고 항상 쫓겨 다녔어요. 그러다 보니까 주로 산속으로 들어가서 생활을 했어요. 산속에서도 굉장히 척박한 곳에서 생활했어요. 그래서 이족을 이야기할 때는 산이라는 지형적인 특징을 배제하고서는 이야기를 못할 정도죠. 산에서 생활하자면 자연히 산신을 섬기는 것이 중요하겠죠. 그리고 또 하

그림 53
이족 의상들

나, 산에서 생활하자면 가장 필요한 것들이 무엇일까요? 불이죠, 불. 그래서 이족은 산신하고 불과 관련된 의식들이 여러모로 발달되어 있어요.

그리고 이족이 하나의 옷을 입고 하나의 언어를 쓰고 하나의 신화가 있다는 식으로 생각하면 큰 오산이에요. 사는 지역별로 다 다른 옷을 입고, 다 다른 언어를 쓰고, 다 다른 신화가 있죠. 보세요. 다 이족 옷들이에요. 전혀 다르죠?

같은 민족이라고는 하지만, 실상 아까 예를 들었던 나시족이나 다른 소수민족들보다도 훨씬 더 차이가 큰 경우가 많아요. 그래서 55개 소수민족이라고 하지만, 실질적으로는 그렇게 생각하면 안 될 것도 같아요. 신화도 마찬가지입니다. 이족 신화만 해도 주로 여섯 개 정도로 중요한 신화를 말하지만, 실질적으로는 여기저기서 발견되는 것들을 다 따지면 훨씬 많은 지역에서 훨씬 다양한 신화들이 있다고 해야 해요.

이족은 아주 깊은 산속에 숨어 살았어요. 바이족白族이나 왕국을 건설한 민족들, 이들 지배층 밑에서 생활하다가 세금을 못 내거나 뭘 못

그림 54
스린(좌),
월호 이족 문화생태촌(우)

하면 쫓겨나서 산속에 들어가서 살았던 민족이 바로 이족이에요. 얼마나 이족들이 척박하게 살았느냐 하면, 먹고 살 경작지가 없었어요. 그래서 경사가 거의 45도는 족히 되는 곳을 개간해서 먹고 살았어요. 불쌍한 민족이죠.

이족은 산을 기반으로 생활하고 산신을 주로 섬기고 한편으로 불을 섬기면서 산다, 이렇게 말씀드렸는데, 제가 산신을 섬기는 제사를 직접 조사할 수 있었습니다. 윈난 최고의 관광지 중 하나인 스린石林 인근에 있는 마을이에요. 스린은 기암괴석이 형형색색으로 잘 꾸며져 있어서, 관광객들이 반드시 들리는 곳 중 한 곳입니다. 여기에 보면 가까운 곳에 월호月湖라고 마을이 있고, 여기 '이족 문화생태촌'文化生態村이라고 되어 있어요. 중국은 보존이 잘 되어 있다 싶으면 지정을 해요. 그래서 제의나 문화 유적들을 보존하려고 하는데, 실질적으로는 잘 안 되고 있죠.

제의, 즉 산신제를 준비할 때 보면, 먼저 제사장을 뽑는데, 그 선출 방식은 우리나라와 비슷해요. 생기복덕하고 집안에 상을 당한 사람이 없는, 말하자면 집안 좋은 사람을 뽑습니다. 제의가 시작될 무렵이면 쑥이라든가 이런 것으로 불을 피워요. 외지에서 오는 사람들도 있잖아

그림 55
산신각(좌), 신간(우)

요? 그 사람들이 제의에 참여하려면 쑥 연기로 정화를 해야 해요. 그리고 제사장이 앞장을 서서 긴 행렬을 이루며 돼지기름을 비롯한 여러 제물을 준비해서 산신각으로 갑니다. 마을사람들을 각출해서 검은 돼지를 한 마리 잡아요. 아무래도 산신제는 동물 희생을 중요하게 여기는데, 수렵문화의 잔존 형태가 아닌가 하는 생각이 들어요. 산신각 안을 보면, 돌을 가져다가 신으로 섬기고 있어요. 우리나라 제주도에도 돌을 가져다가 신체神體로 섬기는 당堂들이 좀 있는데, 여기에서는 붉은색 돌을 신체로 섬겨서 산신이라고 생각하며 모십니다. 산신각 밖에는 제단이 마련되어 있어요. 거기서 돼지를 희생시키기도 하고 닭을 희생시키기도 해요.

그리고 빠이쯔라는 신간神竿이 있는데, 신간을 나무 높은 데에 묶어 아래로 내려뜨립니다. 이것이 어떤 의미가 있느냐고 물었더니, 길상吉祥이라고 하더군요. 신간을 묶으면 좋은 것들이 들어온다고 하는데, 아마 신의 하강 경로가 아닐까 생각이 들어요. 그런 다음 악기를 치면서 돼지를 희생시킵니다. 이게 좀 잔인한데요. 돼지의 멱을 따죠. 돼지를 희생시켜서 피를 받아낸 뒤에 해체를 시켜서 가가호호 식구 수대로 분배해요. 이에 대해서는 김헌선 선생님도 논문을 쓰셨는데, 제주도와의 연결성을 따져볼 수 있어요. 제주도에서 혼인식이라든가 돗제豚祭를 지낼 때, 이처럼 사람들에게 돼지고기를 나눠주는 순서가 있거든요. 이족의 경우, 많은 지역에 제사장인 삐무어備摩, 그러니까 전문적, 직업적으로 제사를 주관하는 무당인 사제자가 있는데, 여기에는 삐무어가 아니고 마을사람들 중에서 생기복덕한 사람으로 뽑았어요. 뽑히고 나면 산신각 주변을 돌보면서 청소도 하고 제의를 주관합니다. 제사장의 가장 좋은 특권 중 하나는 산신각 가장 가까운 곳에서 가족들이 자리 잡는다는 거예요. 가족끼리 모여 제의에 참가하면서 식구 수대로 닭을 잡아 끓여 먹죠. 소수민족의 특징 중 하나는 외지에서 온, 아주 먼데서 온 손님을 극진하게 대접하는 것이에요. 그걸 큰 예의라고 생각해요. 제가 닭고기를 못 먹거든요. 술도 그렇고요. 그런데 먼데서 왔다고 독한 중국술을 주는데 닭고기를 못 먹으니 어쩔 수 없이 빈속에 술만 마시고는 취해 나중에 보건소에서 링거까지 맞았어요.

 산신제를 지내지 않을 때에도 아이가 아프거나 집안에 우환이 있거나 하면 개인적으로 이곳을 찾아와서 기도를 한다고 해요. 첫날은 산신제를 지내지만, 다음날은 달라요. 씨름을 해요. 씨름장이 있는데, 그곳에도 간단한 제단이 마련되고, 씨름 행사를 맡은 제사장은 별도로 선출돼요. 아이들이 씨름을 하는데, 우리 씨름과는 달라서 무릎이 닿아도 씨름이 끝나지 않아요. 등이 닿아야만 승리를 하죠. 씨름판에는 어떤 사람이 긴 장대를 들고 다닙니다. 이 분이 뭐하시는 분일까 궁금했는데, 알고 보니 장대를 들고 다니면서 여자애들이 오면 쫓아낸다고 해요. 원난 이족이 행하는 많은 제의들에는 여자들이 참여를 못하도록 하고 있어요. 다만 외국인은 예외적으로 허용하기도 해요. 제의의 엄

격성 때문에 여자가 오면 부정을 탄다고 하죠.

　이족 제의에서의 씨름은 단순한 스포츠가 아니에요. 원래 외지인을 초청해 마을사람들과 씨름을 시킨대요. 그래서 마을사람들이 외지인들에게 일부러 져준다는 것이죠. 그렇게 1, 2, 3등을 뽑아 엄청난 상품을 주고, 그 사람들을 마을 밖으로 쫓아내요. 추방시키는 거죠. 그러면 마을에 있는 재앙이 마을 밖으로 벗어난다고 생각했어요. 씨름이 단순하게 우리가 생각하는 그런 스포츠라기보다는 제의적인 성격을 지닌 것임을 알 수 있어요. 사실 일본의 스모도 원래는 제의적인 성격이잖아요. 입에 물을 뿜었다가 뿌리기도 하고, 소금을 뿌려서 정화를 하기도 하지요. 우리나라 고구려 고분벽화에 보면 각저총角抵塚이라고 있어요. 거기에 씨름하는 그림이 있는데, 옆에 보면 나무도 있죠. 그 부분에 호랑이나 곰일지도 모르는 동물이 있을 가능성이 있다고 해서 단군신화와 관련짓기도 하는데, 우리나라에서도 씨름이 제의적인 성격을 갖지 않았을까 하는 생각도 듭니다.

　불이 굉장히 중요하다고 했죠? 불은 인간의 삶에 엄청난 변화를 초래했지요. 인간은 본래 해가 떠있을 때에 주로 생활을 했어요. 그런데 햇불이라든가 등잔이라던가, 이런 것이 생기면서 저녁에도 무언가를 할 수 있게 되었어요. 활동시간이 엄청나게 늘어났죠. 또 하나는 추위를 피할 수 있는 난방이 가능해졌어요. 그래서 불을 이용해 거주 영역을 넓혀나가기 시작했죠. 또 음식물을 익혀 먹을 수 있게 되었어요. 음식을 익혀 먹으려면 그릇도 필요하잖아요. 음식 용구와 관련된 문화의 발달도 가져오죠. 그리고 여기 이족들에게 굉장히 중요한 것은 바로 화전입니다. 산 깊은 곳으로 쫓겨 다니며 생활하다 보니까, 화전을

그림 56
훠바제

안 할 수가 없어요. 그래서 중국 이족 신화 〈메이거〉를 보면, 농사 기원을 이야기할 때 "누가 불을 피워서 나무들을 태워버릴 것인가." 하는 화전의 흔적들이 있어요. 그리고 산속에 살자면 추위라든가 농사, 먹고 사는 부분도 그렇지만, 맹수의 위협으로부터 피하는 게 늘 중요한 관건인데, 불을 피우면 짐승들이 다가오지 못하죠. 『서남이지』의 앞 부분에 수록된 〈창세지〉라는 창세신화를 보면, 원래 인간하고 짐승이 나무 위에서 같이 생활을 했다는 거예요. 그런데 인간이 불을 발견한 뒤 짐승들이 불을 무서워해서 그 뒤로는 인간 따로 짐승 따로 살게 되었다는 부분이 나옵니다. 이때부터 불은 이족에게 있어서는 굉장히 중요한 문화적 요소가 되었던 것이죠.

이런 점들 때문에 이족 사회에서는 불과 관련된 제의가 크게 발달해요. 하나는 훠바제火把祭라고 해서 횃불을 들고 지내는 제의이고, 다른 하나는 불한테 제사를 지내는 제화절祭火節이라는 축제예요. 이 두 가지 불 축제가 굉장히 번성하는데, 지역별로 둘 중 하나의 제의가 강하게 치러지죠.

먼저 훠바제를 보면, 훠바는 횃불이에요. 여기는 6월에, 우리식으로 따지면 여름철에 제사를 지내요. 첫날에는 불한테 제사를 지내고, 쑥에 불을 피워 밭고랑을 다니면서 벌레를 쫓아요. 둘째 날에는 이족 산신제에서 봤던 씨름을 한다든가, 소싸움, 아니면 미녀 선발대회를 열어 남녀 간에 사랑 고백을 하기도 해요. 셋째 날에는 횃불을 들고 달리면서 축제를 벌입니다. 그렇게 해야 구역驅疫, 즉 역병을 물리치고 벌레를 태워 없앨 수 있다고 해요. 그리고선 횃불을 모아놓고 춤을 추고 즐기면서 불제를 마무리하지요. 이때의 모습이 장관을 이룹니다.

이에 반해 제화절 축제는 음력 2월 3일이에요. 이 제화절 축제에도 전날 산신제가 함께 진행되며, 신들이 불을 처음 발견했을 때의 모습을 춤으로 꾸며 놓기도 해요. 신이 처음으로 불을 발견한 것을 기뻐하면서 축제를 벌인다거나, 새로 얻은 불을 가지고 마을 곳곳을 돌아다니면서 병마하고 재앙을 내쫓아요. 이렇게 내쫓은 다음에, 불을 타넘어요. 불을 타넘으면 몸에 가지고 있는 질병이라든가 나쁜 기운 같은 것들이 불로 다 소멸이 된다고 생각하는 것이죠.

미르현彌勒縣 홍완紅萬 마을이라는 곳에서도 2월 3일에 제화절 축제가 있어 조사한 적이 있어요. 마을 입구에서부터 바위 같은 데에 불과 관련된 형상들을 많이 그려놓고 있어요. 축제 전날에는 청년들을 포함한 마을사람들이 모두 참여해 제의를 준비하고, 이튿날부터는 제의에서 미리 준비한 것을 갖고 제의에 참여해요. 전날 준비한 나무칼을 들고 마을의 재앙을 쫓아내기도 하고, 불의 신 형상 만든 것을 가지고 마을 이곳저곳을 다닙니다.

제의 전날에는 산신제를 지내요. 삐무어가 경전을 읽으며 주관하기도 하는데, 경전 없이 나무에 산신제를 지내는 것도 볼 수 있어요. 그런 다음 돼지의 견갑골 뼈를 나무에 매달아 두죠. 그리고는 다음 해에 또 갈아주고, 이런 식으로 산신에게 돼지를 바치는 의식을 합니다. 여기도 물론 잡은 돼지를 마을사람들에게 나눠주는 의식을 갖는다고 해요.

그림 57
홍완마을(좌),
제화절 전날 산신제(중),
제화절 임시 장터(우)

이족 사람들이 조금씩 모여 사는 지역에는 별도의 시장이 없는 것 같아요. 그래서 사람들이 모이면 그냥 장이 형성되는데, 이런 장에서는 이족들이 쓰는 전통복장의 모자, 주머니, 장식용 띠 같은 걸 팔아요. 제가 여기에서 중국 돈으로 약 70위안 정도 하는 주머니를 선물하려고 다섯 개 정도를 샀어요. 우리 돈으로 만 이삼천 원 정도 되는데, "이것을 만드는 데 얼마나 걸리느냐?"고 물어봤어요. 손재주 좋은 사람은 한 달에 두 개 내지 세 개를 만든다고 해요. 솜씨 없는 사람은 한 개 정도를 만들고요. 아무 생각 없이 여러 개 사니까 좀 깎아 달라고 했는데, 나중에 생각해보니 그렇게 힘들게 만든 것을 별 생각 없이 깎았다는 생각에 굉장히 미안했던 기억이 있어요. 어쨌든 큰 장이 형성되면 소수민족의 전통복장 입은 모습을 흔히 볼 수 있어요. 소수민족은 전통복식을 굉장히 애용하며, 항상 입고 다녀요. 그래서 지금도 소수민족 마을에 가보면 명절 때가 아닌 평상시에도 전통복식을 하고 다니는 것을 쉽게 볼 수 있습니다. 지역에 따라 모자에서부터 여러 가지 장신구들이 아주 화려하게 발달되어 있지요. 타이족 복식 착용 모습을 조사한 적이 있었는데, 전통복식을 착용하는 데만 30분 내지는 40분 정도가 걸리더라고요. 하나씩 씌우고, 묶고, 입히는 시간이 30분에서 40분이 걸립니다. 보통 힘든 게 아니지요.

　홍완 마을의 제화절 축제도 사람들에게 널리 알려지니까, 축제를 굉장히 많이 변형시켰어요. 볼거리를 주기 위해 입구에 남녀를 긴 행렬로 세워 손님을 맞이하는 모습도 보여줘요. 그리고 마을로 들어갈 때부터 돈을 받아요. 꽤 비싸요. 마을 진입로에서는 입장료하고 별도로 다섯 살, 여섯 살쯤 되는 원시인 복장을 입은 아이들, 추워서 벌벌 떨고 있는 애들을 시켜 내방객들에게 손을 벌려요. 속된 말로 앵벌이죠. 그러면 미안해서라도 돈을 주고 갈 수밖에 없어요. 손님들을 대접하는 데는 집 안으로 들이기보다 집 앞에 솔잎을 깔고 손님을 맞이해요. 집 앞에 솔잎을 깔아놓으면 그 대문들을 중심으로 마음에 드는 집 앞에 앉아요. 재수 좋으면 부잣집에 앉고, 재수 없으면 가난한 집에 앉죠. 저는 재수가 없었나 봐요. 굉장히 가난한 집에 앉았어요. 이처럼 지방에 사는 이족들은 거의 7, 80퍼센트가 가난해요. 조나 수수로 밥을 지어 먹는데, 그 밥도 제대로 못 먹을 정도의 형편이에요. 아이들 학비도 못 내서 유급을 당하는 경우도 많고요.

　제화절 축제의 하이라이트는 역시 나무에 마찰을 일으켜 불을 얻는 의식이에요. 마을 청년들이 마을의 중심이 되는 곳에 있는 제장祭場에서 불을 얻는 모습을 연출합니다. 젓가락으로 불씨를 집어 마을사람들에게 나눠주는 시늉도 하죠. 진짜로 불을 피우는 것은 아니고, 안에 불씨를 숨겨 두었다가 불을 얻었다고 하면서 환호합니다. 그리고 이 불씨들을 가져다가 집집마다 나눠주면 사람들은 집에 가서 화로에 있는 불을 새 불로 갈아줘요. 해마다 새 불로 갈아주는 의식을 하는 것이죠. 불을 발견한 걸 기뻐하면서 춤을 추는 한편, 불을 가지고 사람들이 마을 곳곳을 돌아다녀요. 사람들이 떼를 지어서 동서남북으로 마을 끝까

그림 58
제화절 하이라이트,
나무에 마찰을 일으켜
불을 얻는 의식

지 돌아다닙니다. 마을에 있는 질병이나 재앙을 쫓아낼 수 있다고 생각하는 거죠. 악기를 치면서 돌아다니는데, 아이들은 참여 못하게 해요. 미성년자들이 보기 난감한 부분들이 있어요. 임시로 옷을 만들어 입는데, 그것들이 거의 벗겨질 듯하기 때문에 그래요. 당연히 여자들도 출입을 안 시켜요. 이 제의에서 모시는 신도 전통적인 자기네들의 화신火神이라고 생각하지만, 한편으로는 수인씨燧人氏라고 호칭하기도 하여 한족들의 불의 신과 연결시키는 관념도 찾아볼 수 있습니다.

해질녘쯤이 되면, 불을 중심으로 사람들이 몰려들어요. 말 모양으로 만들어둔 것을 타고 불 주위를 돌아다니고, 아이들도 함께 불 주위를 뛰어다닙니다. 이때 흥미로운 춤을 춥니다. 원래 신화적 조상이 불을 처음 발견했을 당시 불을 어떻게 다루는지를 몰랐어요. 그래서 불이 뜨거워 "앗 뜨거워." 하는 모양을 표현한 것, 또는 불이 발에 떨어져서 한쪽 발을 번갈아 들어 피하는 모습을 표현한 춤을 추는 거죠. 곧 불 축제에서의 춤 또한 신화적 연원이 있다는 것을 알 수 있습니다.

축제 분위기가 고조되면, 젊은 청년들이 차례대로 불을 타넘어요. 우리나라도 전라도 지역에서 문상을 다녀온 뒤에는 집에 들어갈 때 조그맣게 불을 피워놓고 타넘고 들어가라고 하잖아요. 그와 비슷한 의식이라고 할 수 있죠. 불을 타넘으면 몸에 붙어있던 질병이나 나쁜 기운을 쫓아낼 수 있다고 생각하는 겁니다. 그런 다음 마지막으로 제의에 쓰였던 모든 것들을 다 태워버리는데, 윈난에서는 원숭이들이 굉장히 중요한 역할을 해요. 원숭이가 이 세상을 창조했다고 생각하기도 하고, 원숭이가 음식을 익혀 먹어서 사람이 되었다거나 하는 진화론적인 사고를 담은 이야기들도 있습니다. 이 마을의 경우에도 불을 확실하게 꺼야지 그렇지 못하면 마을에 재앙이 생긴다고 생각합니다. 불을 제대로 잡지 못하면 그 불을 원숭이들이 가지고 다니며 마을에 불을 지른다는 것이죠. 그래서 한편으로는 불에 대한 고마움을 생각하고 불이 지닌 정화력과 마을의 안 좋은 것을 쫓아내는 성격을 띤다고 믿는가 하면, 다른 한편으로는 불이 인간에게 미치는 재앙이나 재해까지도 생각하고 있다는 것을 알 수 있어요.

이족의 신화 자료

이제까지는 제의를 신화와 연결시키면서 설명을 했는데요. 다음으로는 이족 신화자료로 이야기를 하겠습니다. 이족의 신화는 흥미로운 내용을 지닌 것이 많은데, 여기서는 특히 이족 신화로는 어떤 자료집들이 있고, 어떤 내용들이 들어있는지를 중심으로 말씀드리겠습니다. 이족 신화는 넓은 지역에서 각 민족 지파별로 아주 다양한 신화들이 전승되고 있어요. 신화를 살피다 보면 이것이 어디에서 나왔던 것인가 헷갈릴 때가 많아요. 같은 이족 신화인데 차이가 커서 도대체 이 신화와 저 신화가 같은 민족의 신화라고 볼 수 있을까 생각이 들 때도 많습니다. 어쨌든 많은 신화자료 중에서 대표적인 것을 중심으로 여섯 가지 정도를 뽑았고, 주변적인 이야기 중 간단한 것들 몇 편을 더 뽑아보았습니다.

이족은, 거듭 말하지만, 중국 서남부의 대표적인 소수민족이에요.

산악지대를 중심으로 생활해서 산신제 아니면 불 축제가 발달되어 있다고 했는데, 한편으로는 사람들이 많이 접근하지 못하는 지역에 거주하기 때문에 나름대로의 전통을 잘 간직하고 있는 민족이라고도 할 수 있어요. 무엇보다 신화가 다른 어느 민족들보다도 굉장히 풍부하고 다양합니다. 여러 흥미로운 신화소들을 폭넓게 담고 있어서 신화 자료집에 따라서는 분량도 많고 두꺼운 것도 있습니다. 하늘과 땅이 만들어지는 과정이라든가, 해와 달이 정리되는 것, 인류가 어떻게 생겨났는지, 홍수가 오고 어떤 사람이 살아남아서 다시 인류를 퍼트리는지, 어떤 문화, 예를 들어 불이 어떻게 발견되었고, 역법은 어떻게 만들어졌고 하는 식의 여러 가지 문화 발달에 대한 이야기도 많아요. 나아가 우리 민족은 어떤 뿌리로 어떻게 나왔는가 하는 것까지 쭉 연결되는 형태입니다. 이것을 표로 정리해 봤습니다.

〈이족 창세서사시의 자료 양상〉

연번	지역 구분	자료명	전승양상	전승지역	간행 시기
1	윈난성 (云南省)	이족창세사 (彝族創世史)	기록 (이문경전)	紅河州 元陽縣 新街鄉	1989
2		메이거 (梅葛)	구전	楚雄州 桃安, 大姚, 鹽豊	1960
3		차무 (査姆)	구전, 기록	楚雄州 双柏縣의 底土, 新賓, 紅河州 일부 지역	1981
4		아시드씨엔지 (阿世的先基)	구전	紅河州 일대	1959
5	구이저우성 (貴州省)	서남이지 (西南彝志)	기록	貴州省 畢節 지구	1982
6	쓰촨성 (四川省)	러어터이 (勒俄特衣)	구전	凉山 彝族 지구	1986

이 여섯 개 자료 중 특히 〈메이거〉, 〈차무〉, 〈아시드시엔지〉, 〈러어터이〉 네 가지 자료를 이족의 4대 창세서사시라고 해요. 그런데 제가 보기에는 과연 이 4대 서사시가 내용적으로 잘 발달되고 대표적인 것인가에 대해서는 의문이 있어요. 신화 자체만으로는 그렇지 않다고 생각합니다. 왜냐하면 내용은 오히려 『이족창세사』나 『서남이지』가 훨씬 더 풍부하고 재미있고 다양하거든요. 4대 서사시 자체가 이족들의 중심 지역 신화들, 또 세력이 강한 사람들의 신화들을 중심으로 묶었을 거라는 생각이 듭니다.

전승 지역을 살펴보면, 우선 쓰촨성 량산凉山 이족이 있습니다. 쓰촨성 남쪽에 보면 어마어마하게 깊은 산이 있어요. 이 산을 중심으로 이족들이 모여 삽니다. 그 이족들에게 〈러어터이〉라는 신화가 전해져요. 그리고 윈난의 추슝, 제가 보기에는 이곳이 이족 마을 중에서 제일 큰 것 같아요. 이족박물관도 여기에 있어요. 여기에 전해지는 것이 〈메이거〉와 〈차무〉입니다. 그 다음에 훙허 가까운 곳에서 〈아시드시엔지〉와 『이족창세사』가 전해지고 있어요. 그 다음에 구이저우성 삐지에畢節라는 지구가 있는데, 이쪽에는 〈서남이지〉가 전해져요.

우리한테 가장 많이 알려진 자료는 역시 〈메이거〉예요. 나상진 선생님이 번역해서 책으로 나와 있죠. 메이거는 본래 가락의 명칭이에요. 그런데 창세신화를 메이거 가락에 붙여 부른다고 해서 〈메이거〉라고 이야기를 하죠. 〈메이거〉는 4부로 구성되어 있는데, 1부가 가장 많이 발달되어 있어요. 2, 3, 4부는 여러 조물造物과 문화의 기원을 서술하는 것으로, 굉장히 길게 서술이 되고 있지만 그렇게 흥미롭지는 못합니다. 특히 흥미로운 부분은 1부의 창세 부분이죠. 호랑이를 잡아서 그 뼈로 하늘의 네 귀퉁이를 받치고, 호랑이 죽은 몸으로부터 만물이 생겨난다고 하죠. 호랑이를 토템으로 생각하는 이족 지역들이 있어요.

그 다음, 이족 신화의 중요한 특징 중 하나가 눈雪입니다. 그냥 눈이 아니에요. 눈으로부터 인간이 창조돼요. 세계 신화를 보더라도 인간이 어떻게 창조가 되었을까에 대한 신화들이 굉장히 많아요. 가장 많은 것이 무엇이죠? 흙으로 만드는 것이 일반적이고요. 눈으로 만드는 경우는 아주 드물어요. 왜 눈으로부터 인간이 만들어졌을까, 굉장한 수수께끼예요. 〈메이거〉를 전승하는 지역이 아주 춥지도 않거든요. 이것은 못 푸는 문제 중에 하나예요.

다음으로 이 세상에 홍수가 나자 표주박에 숨어서 홍수를 피하고 남매만 살아남아요. 그랬더니, 천신이 남매보고 결혼을 하라고 했는데, 동생이 완강히 거부해요. 남매끼리 어떻게 결혼을 하느냐고. 그러다가 결국 강에 오빠와 동생이 위 아래로 있으면서 그 씻은 물이 몸에 닿아 여동생이 잉태를 하는데, 여기서 인간들이 태어나죠. 인간들이 생겨나는 모습을 자세하게 설명하고 있습니다. 이런 내용들이 있어서 〈메이거〉가 굉장히 주목받았고 다들 재미있게 읽었다고 해요. 그러나 2, 3, 4부로 가면 좀 재미가 없어요.

그 다음에 〈차무〉라는 자료가 있는데요. 이 자료에서 가장 특징적인 것은 눈目의 모습이에요. 천지간 하나의 사물이 기원하는 것을 사査라고 하고, 수많은 사가 모여 이족의 서사시가 만들어졌다고 합니다. 그런데 이 지역은 처음에 신이 인간을 만드는데, 눈 모양이 희한해요. 독각인獨脚人이라고 해서, 눈도 하나, 다리도 하나, 몸도 하나인 인간들이 만들어지는 내용의 신화가 있어요. 이때를 독안獨眼 시대라고 해서 눈이 한 개만 있었는데, 점차 직안直眼 시대, 횡안橫眼 시대로 변화하는 과정을 풀어내고 있어요. 나상진 선생님도 왜 눈이 변화하는 모습을 신화로 기술했을까 고민을 했어요. 북유럽 신화를 보면 오딘이 애꾸눈이 잖아요? 애꾸눈은 지혜를 얻고자 해서 눈을 맞바꾼 거죠. 그런 것까지 연결을 시켰지만, 그것은 아닌 것 같고요. 독각이라고 해서 다리부터 시작하잖아요. 그처럼 눈도 독안부터 시작해 오늘날 인간의 눈 모습을 찾아가는 것이 아닌가 하죠. 아무튼 이것을 일본인 학자, 중국인 학자 들도 연구했는데요. 진화론적으로 설명하는 사람은 있어도 왜 눈이 이 렇게 변하면서 인류가 온전한 모습을 갖추어 가는가에 대해서는 정확한 답을 찾지 못하고 있습니다.

그 다음으로는 〈아시드시엔지〉라는 신화 자료가 있는데, 앞서 여섯 개의 지파가 있었다고 했죠? 그 여섯 개 지파 중에서 아시阿細 지파가 있어요. 그들이 부르는 노래예요. 대체적으로 윈난 신화는, 세상이 창조되는 이야기가 한 덩어리, 어떤 문화가 생겼다는 것이 다른 한 덩어리가 됩니다. 여기도 마찬가지로, 아주 오랜 옛날 천지창조에서부터 이야기가 전개되고, 그 뒤에 남녀가 합쳐서 일가를 이룬다, 여러 문화가 생겨나는 이야기들이 있죠. 흥미로운 부분은 역시 천지분리라든가 인간창조라든가, 인간이 변화하는 과정들이라고 할 수 있어요. 이 신화에서도 처음에 하늘과 땅이 불안정해요. 그러면 물고기라든가 동물들로 하늘을 떠받치게 해서 자리를 잡게 하지요. 여기는 오히려 이게 특이한데, 인간을 흙으로 만든다고 되어 있어요. 흙으로 남자 여자를 구분하고, 흙으로 여자를 만드는데, 여기도 눈 모양이 문제가 돼요. 예를 들어 아까는 아예 독안인, 횡목인 식으로 이야기했었는데, 여기는 개미처럼 눈이 되어 있다, 메뚜기처럼 눈이 되어 있다, 귀뚜라미처럼 눈이 되어 있다, 젓가락처럼 되어 있다고 표현해요. 눈 모습이 변화하면서 점차 사람의 모습으로 자리 잡는 변화를 볼 수 있습니다.

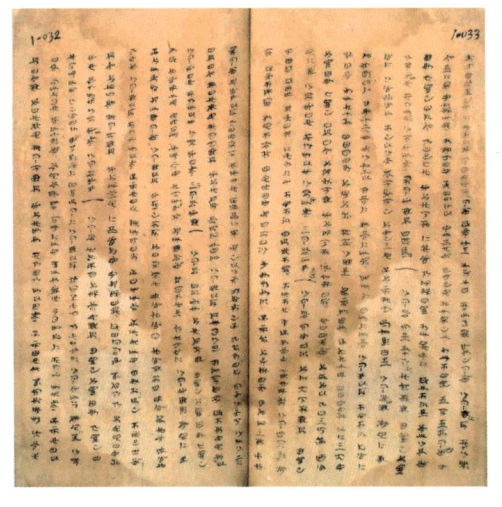

그림 59
『서남이지』 원본

또 〈러어터이〉라는 것이 있는데, 신화자료집 중에서 가장 얇은 책이에요. 천지가 열 번 변해서 천지창조가 이루어지는데, 네 신선이 등장해 쇠스랑으로 네 모퉁이에 틈을 만들어서 천지를 분리시켜요. 중국 창세신화에서 보면 남자들이 하늘을 만들고 여자들이 땅을 만드는 이야기들이 있어요. 여기도 신선 남자가 빗자루로 하늘을 쓸어 하늘을 만들고 땅을 붉게 되도록 정리해요. 우리나라에도 〈창세가〉라는 신화가 있는데, 미륵이라는 신이 하늘과 땅을 분리해놓고 다시 합쳐질까 봐 동서남북 네 귀퉁이에 구리 기둥을 박잖아요? 여기에는 여섯 개의 태양과 일곱 개의 달이 동시에 뜨고, 천신이 소나무로 인간을 만들어요. 인간이 제대로 활동을 못하다가 결국은 빨간 눈물으로 생물들을 만드는데, 피가 있는 것과 피가 없는 것을 만들어요. 그래서 피가 있는 것 여섯 개는 동물과 인간이 돼요. 그 여섯 개 중 하나가 인간이지요. 또 피가 없는 것들은 식물이 된다고 나와 있어요.

『서남이지』, 저는 이 자료를 부분적으로만 접할 수 있고 제대로 구해 보지는 못했어요. 이 책은 구이저우성에서 전해지고 있으며 명나라 때 기록이 되었을 거라고 하는데, 37만여 자라고 하니까 어마어마한 양이에요. 1957년부터 번역하려고 준비를 했는데 완성하지 못했어요. 많기도 하고, 못 푸는 부분들이 많아서요. 이 중에서 중요한 신화 부분을 뽑아낸 책이 있는데요. 저도 원본 대신 이 책을 봤죠. 『서남이지』는 창세지에서 보첩지譜牒志, 지리지, 천문지, 인문지 등 이족의 모든 것들이 들어있는 백과사전인 셈이에요. 이족 여섯 개 지파의 조상들, 각 씨족의 기원들이 『서남이지』에 기록되어 있다고 알고 있어요. 다른 신화자료와는 다르게, 음양에 따른 창조가 두드러지는 특징이 있어요. 무슨 이야기냐 하면, 우리 〈창세가〉도 미륵이 하늘과 땅을 직접 벌려서 동서남북 네 모퉁이에 구리 기둥을 세우잖아요. 그런가 하면 제주도 신화 〈천지왕본풀이〉는 양기가 모여서 하늘로 올라가고 음기가 땅으로 내려가서 하늘과 땅이 만들어지고, 동서남북, 자축인묘 해서 그 방향으로 기운들이 자리 잡으면서 결국은 세상이 형성된다고 이야기하는데요. 『서남이지』도 비슷해요. 이 책 속에 두 가지 버전이 같이 나타나요. 하나는 혼돈을 묶고 있던 사슬을 신이 풀어줌으로써 천지가 개벽하는 형태입니다. 사슬신이 금으로 된 사슬로 혼돈을 묶고 있어 혼돈이 이어졌는데, 열쇠로 그 혼돈을 풀어줬어요. 그래서 아이푸샤어哎哺啥額가 드러나면서 천지가 개벽되었다고 해요. 아이푸샤어라는 네 글자가 각기 그림자影와 형체形와 청기淸氣와 탁기濁氣를 뜻하죠. 여기서 어떤 신의 행위처럼 나타나긴 하지만, 이것도 음양 같은 기운에 의해서 세상이 형성되는 모습이라고 할 수 있습니다. 두 번째 버전은 혼돈 속에서 음의 기운하고 양의 기운이 분리되면서, 맑은 기운이 하늘이 되고 탁한 기운이 땅이 되었다고 해요. 그리고 자축인子丑寅이라고 해서 하늘과 땅, 인간이 생겨나는 이야기로 전개됩니다.

그 다음에 거미줄이 하늘과 땅을 만드는 데 등장하죠. 하늘을 만드는데, 하늘이 작아요. 하늘이 작으니까 만든 것을 이어서 연결시켜야 하는데, 거미로부터 실을 뽑아 바늘에 끼워 하늘을 기워서 완성시킨다고 하는 이런 이야기도 있어요. 하늘에 맞게 땅을 좁힌다거나 거미로부터 줄을 뽑아 하늘과 땅을 만들어가는 신화소도 있습니다. 그리고 여러 가지 불의 기원이라든가, 농경 목축의 기원이라든가, 무당에 해당하는 삐무어, 또 계급이 어떻게 생겨났는가를 이야기하죠. 또 하나 우리 제주도 창세신화를 보면 하늘에서 천지왕이라는 신이 내려와요. 신이 내려와서 인간 세상의 총맹부인하고 결혼을 하는데, 이족 신화는 반대예요. 홍수에서 살아남은 인간이 있어요. 그런데 남자 혼자밖에 없어서 인간이 멸절될 거라고 생각해요. 신이 그러면 안 된다고 해서 하늘에 있는 여자들과 결혼을 시켜요. 하늘에 올라가 결혼을 하든지 하늘에서 여자를 내려 보내 결혼을 하든지 합니다. 땅의 남자와 하늘의 여자를 결혼시키는 것인데, 홍수에서 선택을 받은 인간이 세 명의 천상선녀와 결혼을 해서 여섯 명의 아이를 낳아요. 이 여섯 명의 아이가 땅이 너무 좁아 살 수 없어서 여기저기로 가 여섯 개의 씨족 선조가 된다는 내용도 있어요.

그 다음으로 『이족창세사』라는 자료가 있어요. 다른 자료는 〈창세지〉 부분만 굉장히 서사적으로 재미있게 기술되어 있어요. 그런데 이 자료는 처음부터 끝까지 굉장히 재미있는 신화 요소들이 많아요. 죽음이 어떻게 생겨났는가, 불이 어떻게 생겨났는가 하는 것들을 서사적으로 흥미로운 이야기처럼 구현하는 부분들이 많아요. 이 자료는 흥미로운 신화소가 다양하게 포함되었음에도 중요한 창세신화 자료로 온전히 대접을 못 받고 있지만, 여러 자료 중에서 단연 중요한 자료라고 저는 생각해요.

그 외에 단편적인 신화 자료들이 좀 있는데요. 〈우주혼침침후자창천지〉宇宙混沉沉猴子創天地에도 재미있는 내용이 들어 있죠. 예컨대 창세신화 첫 부분에 혼돈의 상태에서 장닭이 원숭이로 변해요. 원숭이에게 아홉 자식이 있어서, 그들이 하늘과 땅을 분리시켜요. 태양, 달, 별, 이런 것들이 생겨나도록 하는 거죠. 여기에서도 여러 색깔의 눈이 내려요. 눈이 내려서 인간이 되려고 하다가, 열두 자식 중에서 피가 있는 것 여섯 개, 피가 없는 것 여섯 개가 동물이나 인간이 되기도 하고 식물이 되기도 하죠.

추슝에서 전승되는 〈문미간찰절〉門米間扎節도 짧지만 재미있는 자료입니다. 인류기원 부분만 나오는데요. 원숭이가 사람으로 변하는 과정을 보여줘요. 숲속에 살던 원숭이들이 늙은 원숭이의 가르침을 받아 돌을 부딪치도록 하여 불꽃이 생기게 해요. 그 불꽃을 이용해서 화식火食을 하죠. 음식을 익혀 먹는 거예요. 화식을 하니까 점차 원숭이가 사람으로 변해가요. 이런 이야기는 『이족창세사』에서도 나타나지요.

이족 신화의 특징

이상 살펴본 이족의 여러 신화들은 주로 사제자인 삐무어가 불렀어요. 물론 결혼과 연가戀歌 때는 남녀 간에 대창을 하는 부분들이 있지만, 중요한 것들, 예를 들어서 창세에 대한 이야기는 전적으로 삐무어가 불렀어요. 예전에 이족은 굉장한 계급사회였다고 해요. 삐무어는 계급 중에서 귀족층인 누호 계급만 자격이 있고, 부자 관계로 계승이 되는 세습 형태였어요. 그런데 수니라고 해서 여자들, 평민의 여자들이 무당처럼 신이 내려 삐무어한테 굿을 받아 어느 정도 사제자 같은 기능을 하는 경우도 있었다고 해요. 그들은 창세서사시나 영웅서사시는 못 부르고, 아주 격이 낮은 장례의식이라든가 치병治病 따위 것들만 할 수 있었다고 합니다. 그리고 이족의 신화는 구비와 기록으로 두루 전승이 이루어지는데, 기록 전승도 꽤 많이 있어요. 삐무어가 식자층으로 굉장히 유식한 사람들이었기 때문인데, 이들 덕분에 기록전승이 가능했습니다. 여러 지역에서는 구비 전승되다가 채록된 경우도 많이 있어요. 전통 명절이라든가 중요한 일이 있을 때 삐무어를 초청해서 신화들을 불렀다고 해요.

우리 신화는 신과 인간의 관계가 중심이 되잖아요? 그런데 여기는 정말 많은 동물들과 식물들이 나와요. 신은 오히려 식물들이나 동물들한테 먼저 기회를 줘요. 물론 그 동물들이나 식물들이 기능을 제대로 못해요. 그러니까 이제 인간들이 해라 하는 이야기가 나오죠. 나시족 같은 경우 자연식 제사를 하면서 인간과 자연의 조화 속에서 인간의 존재감을 찾는 사례를 볼 수 있었는데, 윈난의 여타 신화들 속에서도 자연물과 인간의 조화로운 생활을 찾아볼 수 있어요. 이 신화들에는 수십 종의 동물들이 등장하는데, 신이 뭘 알아보려고 하면 다람쥐, 쥐, 벌을 시킨다거나 하는 식으로 나타나요. 식물도 모두 다 인신적 성격을 띤다고 할까요? 자기 의사를 밝히면서 의인화되어 나타나는 것이 많습니다. 그래서 신과 인간의 관계만 중요한 것이 아니고, 이 세상을 구성하는 자연물들이 다 어우러지는 가운데 신과 인간의 관계를 생각해보는 것이지요.

이족은 다른 민족들보다도 인류기원 양상과 발전과정에 신경을 많이 쓰는 것 같아요. 인간 창조 경우에도 원숭이로부터 인간이 창조되었다거나, 원숭이가 화식을 하면서 인간이 되었다고도 하고, 하늘에서 내리는 눈으로부터 인간이 만들어졌다고도 하고, 흙으로부터 인간이 만들어졌다고도 해요. 같은 이족 신화인데 어떤 것은 원숭이, 어떤 것은 눈, 어떤 것은 흙으로부터 인간이 창조되는 것이죠. 그런가 하면 대체적으로 많이 나오는 것 중 하나가 눈目이나 다리가 하나인 것으로부터 직목인 直目人이 되고 횡목인 橫目人이 되는 것이죠. 눈 또는 다리가 불안정한 것에서부터 점차 온전한 인간의 모습을 갖추어가는 것이 아주 중요한 신화적 요소로 나타난다는 사실입니다. 물론 다른 신화들에서도 신이 인간을 만들 때 흙으로 만들다가 번번이 실패를 하는 경우가 있어요. 반면 이족 신화에서는 이런 과정 자체가 완전히 형태를 달리해요. 눈의 형태나 다리의 형태를 달리해 굉장히 길고 장황하게 서술되는 양상을 보이는 것이 특징이죠.

이족 창세신화는 세상 창조와 문화 창조로 구분이 돼요. 세상 창조에서는 하늘과 땅이 분리되고, 하늘을 어떻게 정리하며, 땅을 어떻게 정리하고 고정시키며, 또 해와 달이 여러 개가 뜬다거나 없어진 것을 어떻게 찾고, 어떻게 하니까 땅이 생겨나고 하는 이야기들을 들려줍니다. 물론 홍수범람 이야기도 있지요. 그런가 하면 북은 어떻게 만들어졌을까, 목화는 어떻게 만들어졌을까, 농사법은 어떻게 유래했을까, 목축은 어떻게 생겨났는지 하는 것처럼, 문화의 기원을 이야기하는 것들이 있어요. 그래서 세상 창조와 문화 창조로 나눌 수 있는데요. 이런 것들이 서로 다 연결이 돼요. 우리 신화의 경우, 제주도를 예로 들면, 창세신화라고 해서 세상이 만들어지는 이야기가 따로 있어요. 그 다음에 무구巫具라든가 신을 모시는 무당이 어떻게 생겨났는지 그 유래를 찾는다든가, 아니면 목축신이나 농경신은 어떻게 생겨났는지 하는, 문화의 기원을 찾는 이야기들이 다 따로 나타나죠. 그런데 이족 신화는 처음 세상 창조에서부터 문화의 기원, 심지어는 민족의 근원을 찾는 것까지 다 연결된 상태로 나타나요. 물론 같은 이족 창세신화인데도 구성요소나 신화적 형태의 편차가 심하다는 것은 이미 말씀을 드렸습니다. 천지개벽의 경우는 창조여신이 세상을 만들기도 하고, 청기 탁기로부터 세상이 만들어지기도 하고, 천신이 누구를 시켜서 만들기도 하는 식으로, 이족의 각 지역마다 형태가 달리 나타나죠. 먀오족苗族은 북부, 서부 등으로 나눠져서 차이가 심한데, 그보다도 더 차이가 심한 민족이 바로 이족이라고 할 수 있어요.

여러 가지 신화들 중에서 『이족창세사』가 특히 서사적으로 발달되어 있다고 했죠. 몇 가지만 살펴보자면, 아허시니모어阿赫希尼摩라고 해서 대지의 어머니, 창조의 어머니가 나타나는데요. 이 창조여신은 구천 층의 위胃가 있다고 해요. 젖은 스물여덟 개예요. 그래서 모든 것을 다 낳아요. 하늘과 땅과 같은 자연현상들을 낳고, 신도 낳고, 글도 낳고, 괘卦도 낳고, 동물도 낳고, 모든 것을 다 낳아서 스물여덟 개의 젖으로 기릅니다. 그리고 구천 층의 위가 있다고 했잖아요? 이것으로 따뜻하게 감싸서 키워요. 그 다음은 인류의 기원인데요. 원숭이가 네 발로 걷는데 너무 불편해요. 그러다가 한 원숭이가 우연히 서서 걸었는데, 산을 올라가다가 돌을 잘못 밟으니깐 돌이 떨어지잖아요? 그래서 돌끼리 부딪쳐 불이 났어요. 산이 다 타버렸어요. 당연히 짐승들이 불에 타 죽었겠지요. 그것을 맛봤는데 맛이 있어요. 그래서 원숭이가 그때부터 화식을 하면서 점차 인간으로 변한다는 이야기들도 있어요. 아까는 장닭에서 원숭이로 변했다고 했죠? 그런데 여기서는 오색물고기로부터 원숭이, 독안인, 수안인竪眼人, 횡안인橫眼人 이런 식으로 변하는 모습이 나타나요. 눈 모양을 따라 인간의 모습을 갖춰 가는데, 눈 모양이 인간의 진화 모습을 보여주는 것입니다.

그 다음으로 역법曆法을 정한다는 것이 흥미로운 부분인데요. 드라마 〈장영실〉 보셨죠? 달력을 만들려고 하는데, 명나라에서 만들어야 하는 것을 우리나라에서 만든다고 하니 엄청나게 방해하잖아요? 그만큼 역법이라는 게 굉장히 중요한 문화의 기원을 말하는 것 중 하나예요. 특히 농사법이 여기에 근거한다고 생각했거든요. 농사법과 제향, 제사가 달력에 따라, 즉 시간의 흐름을 정확히 알아야 한다고 생각했죠. 푸른 측백나무와 검은 측백나무가 있었어요. 갑자기 검은 측백나무가 크더니 세상을 다 가려버렸죠. 인간세상이 아주 깜깜해졌어요. 그러자 신이 동물을 시켜 한번 내려가 보라고 했어요. 검은 측백나무가 자라온 세상과 하늘의 해와 달을 다 덮어버린 걸 봤죠. 안 되겠다 싶어서 하늘에서 장수를 내려 보내, 노弩를 쏴서 맞추게 했죠. 쐈더니 살짝 떨어져 나가면서 빛이 조금 들어오는가 싶더니 다시 자라나요. 그래서 이제 하늘에서 신 둘을 내려 보내 나무를 잘랐어요. 하지만 그 다음날이면 또 자라 하늘이 도로 컴컴해져요. 이번에는 여덟 명이 팀을 나눠 잘라내고 또 잘라내서 결국 검은 측백나무를 다 없애고 푸른 측백나무만 남겨놨어요. 푸른 측백나무가 뿌리가 있고, 줄기가 있고, 가지가 있잖아요. 뿌리가 하나라 일 년, 가지가 열두 개라 열두 달, 잎이 360개라 360일. 이렇게 역법을 정했다고 해요. 또 중국 〈예〉羿 신화를 보면 활을 쏴서 여러 개 나타난 해와 달을 없애잖아요? 그런데 여기서는 종종 없어진 해와 달을 찾아내는 이야기들이 있어요. 해와 달을 되찾는 이야기. 그것이 무슨 의미인가 생각해봤는데, 역법을 만드는 과정이 아닌가 추정해 볼 수 있겠어요.

  그 다음은 가뭄인데요. 다른 신화에는 비가 많이 내려 홍수가 문제가 되는데, 여기는 가뭄이 문제가 되기도 합니다. 용신이 굉장히 남루한 모습으로 옷을 입고 다니다가 권력이 대단한 사람을 찾아갔는데, 옷이 남루하다고 박대를 해요. 반대로 아주 가난한 추장을 찾아갔더니 그 추장은 극진히 대접하는 거예요. 그래서 못에서 용을 건져내는 시합을 하는데, 용왕이 도와줘요. 비루한 쪽에는 용담龍潭을 내려서 그걸 통해 풍요를 내려준다는 식의 재미있는 이야기가 곳곳에 숨어있어요. 다른 자료에는 천지분리 부분만 재미있는데, 『이족창세사』에는 곳곳에서 재미있는 이야기들이 많이 나타나죠. 우리 본풀이 신화하고도 닮아있는 부분이 꽤 보입니다. 제주도 〈세경본풀이〉에도 자청비라는 신이 천상세계에 가서 공을 세우고는 오곡을 얻어 내려와요. 그때 자기가 데리고 있던 정수남이라는 하인을 만나는데, 정수남이 배가 고프다고 하자 아홉 마리 소에 아홉 머슴을 거느린 밭에 가서 음식을 얻어먹으려 하나 욕을 하며 박대를 하죠. 그러자 대흉년을 내립니다. 다시 두 늙은이가 호미농사를 하는 데로 가서 음식을 요청하니깐 밥을 후하게 주죠. 그래서 그 늙은이들에게는 대풍년을 내리는 모습이 나타나요. 비슷한 양상이라고 할 수 있죠.

물론 여기에도 홍수 이야기가 있어요. 천신들이 내려와 사람들 사이를 돌아다니며 구걸을 하는데, 착한 사람을 선택하는 기준들이 있어요. 그래서 아무도 음식을 주지 않는 와중에 어떤 가난하고 착한 사람이 먹을 것을 갖다 줘서 선정돼요. 그러면 이 사람만 살려주죠. 중국의 다른 소수민족 신화들을 보면 신의 영역을 침범해요. 그런데 한 사람만 신의 영역을 보호해줘서 선택받아 살아남는데, 여기는 이 사람만 선하다고 해서 살려주는 거죠.

그리고 죽음 기원신화인데요. 이제 노령화 사회에 진입했잖아요. 사람이 죽지 않으면 어떻게 될까요? 세상의 많은 신화들을 보면, 사람이 원래는 죽지 않았다고 해요. 여기서는 어떤 이야기를 하느냐 하면, 원숭이 하나가 우연히 죽었어요. 그런데 다른 원숭이들이 너무너무 좋아하면서 춤추는 거예요. 하늘에서 보니까 "너무 희한하다. 죽음을 좋아해?" 라고 하면서 확인하러 내려와요. 여러 가지를 검토하고서 신이 "원숭이가 죽음을 좋아하는구나. 그럼 사람도 죽음을 좋아할까?" 하고 생각해요. 그러고선 사람들한테 물어봐요. 사람들이 나이가 들어도 죽지 않으니까 미치겠다고 하는 거예요. 젊은 사람들이 별로 없는데다, 젊은 사람들은 늙은 사람들을 보살피느라 아무것도 못하는 거예요. 그래서 "이 세상에 일정 기간만 살면 사람들을 죽게 해야지, 안 그러면 도저히 못산다. 노인들만 있어서는 살 수가 없다." 라고 이야기했어요. 죽음 기원신화를 보면 꼭 어리숙한 사자使者가 등장하게 마련입니다. 사자를 시켜 인간에게 "인간이 나이가 들어 머리가 하얗게 되면 죽도록 해라." 하고 전하게 했어요. 그런데 사자가 전달하러 가다가 그만 소똥을 밟아서 미끄러졌어요. 넘어지면서 기억을 잃어버려서 "에라, 아무나 다 죽어라. 어른도 죽고, 애들도 죽고." 하는 식으로 이야기를 전달했어요.

　인간은 죽음에 순서가 없는 것을 불공평하다고 생각하잖아요. 어린아이 때도 죽곤 하잖아요. 그러면 너무 안타깝죠. 왜 하늘은 공평하지 못한가. 그 이유를 이런 식으로 설명하는 거죠. 이게 꼭 이족 신화에만 나타나는 건 아니에요. 우리 제주도 〈차사본풀이〉 신화에도 사자인 까마귀가 사람이 죽는 순서를 적은 적패지赤牌紙를 잃어버려 제멋대로 말해 죽음에 순서가 없어지게 되었다는 이야기가 있습니다. 어쨌든 『이족창세사』는 전반적으로 재미있는 이야기가 많이 들어있는 신화집이에요. 이족 신화로 대표적인 것이 〈메이거〉라고 하는 사람들이 많은데, 거기에는 창조 부분만 재미있고 나머지는 재미가 없어요. 반면 『이족창세사』는 굉장히 재미있는 이야기들이 많고, 우리 신화와 관련지어 볼 부분도 많다는 걸 다시 한 번 말씀드려요.

질문 이족이라고 하면 여섯 개 지파로 나뉘고, 또 복식도 지역별로 5, 60개 정도가 될 정도로 차이가 난다고 하셨는데, 현재 보이는 특성을 보면 이족을 하나의 민족이라고 묶기에는 굉장히 어설픈 부분이 있는 것 같아요. 언어도 다르고 문화도 다르잖아요. 여러 족속들을 하나의 이족으로 묶을 수 있는 근거는 어떤 것이 있을까요?

답변 명나라 때 『서남이지』가 기록되고 정리되었다고 했잖아요? 그 전에 31대가 살아서 내려왔다고 합니다. 31대가 살아서 내려오다가 32대쯤에 뚜무어라는 존재가 홍수를 만나면서 아이를 낳아 여섯 개 지파로 나누어졌다고 하죠. 물론 이것은 신화적인 이야기입니다. 사실은 민족 이동이 있었을 거예요. 윈난에 가서 이족 사람들을 만나보면 자기들은 무슨 족이다, 무슨 족이다 이야기를 해요. 물어보면 나는 이족이다, 나는 먀오족이다 하면서 스스로 소속감을 가지고 있어요. 저도 같은 생각이에요. 저 정도로 다른데 어떻게 같은 민족인가 하고 말이죠. 그런데 실질적으로 이 사람들은 그 같은 조상들의 흐름 또는 조상의 계보가 있었고, 그 계보로부터 분산되었기 때문에 자기들은 이족이라고 생각하는 것 같아요. 각 지역마다 지파마다 너무 달라서, 실은 저도 한 열 개나 스무 개 정도로 나누고 싶어요. 실제 그렇게 나눌 수 있을 것도 같아요. 옷도 다르고 언어도 다르고 신화도 다르니까요. 또 제사지낼 때 쓰는 법기法器가 있는데, 그 법기도 다 다르거든요. 각기 다 다른 것들을 가져다가 씁니다. 그런데도 같은 뿌리를 가지고 있었다고 공통적으로 생각하는 것이지요. 그런 믿음을 가지고 살고 있어요.

참고자료

EBS 세계테마기행-중국소수민족기행 4부 쫭족과 이족의 새해맞이, 2015.2.19.
권태효, 「이족창세사와 제주도 창세서사시의 비교 연구」, 《탐라문화》 제34호, 제주대학교 탐라문화연구소, 2009.
권태효, 「중국 소수민족 이족 창세서사시의 자료 존재양상과 특징」, 《남도민속연구》 제20호, 남도민속학회, 2010.
권태효, 『중국 운남 소수민족의 제의와 신화』, 민속원, 2004.
김선자, 『중국 소수민족 신화기행』, 안티쿠스, 2009.
나상진 편역, 『오래된 이야기-메이거(梅葛)』, 민속원, 2014.
나상진, 「이족 창세서사시에 나타난 상징 분석: 눈의 상징을 중심으로」, 《중국어문학논집》 62호, 중국어문학연구회, 2010.
나상진, 「이족 4대 창세 사시(史詩)의 서사구조와 신화 상징 연구」, 연세대학교 박사학위 논문, 2011.
서유원 편, 『중국 민족의 창세신 이야기』, 아세아문화사, 2002.
조현설, 「이족 신화 및 구비서사시 연구 : 창세서사시 〈므이꺼〉와 추승 이족 호랑이춤의 관계를 중심으로」, 《한국어문학연구》 제55집, 한국어문학연구학회, 2010.
홍희, 『중국 소수민족의 원시종교』, 동문선, 2004.

제7강

중국 윈난성 소수민족 바이족의 신화 세계

김선자(연세대 교수)

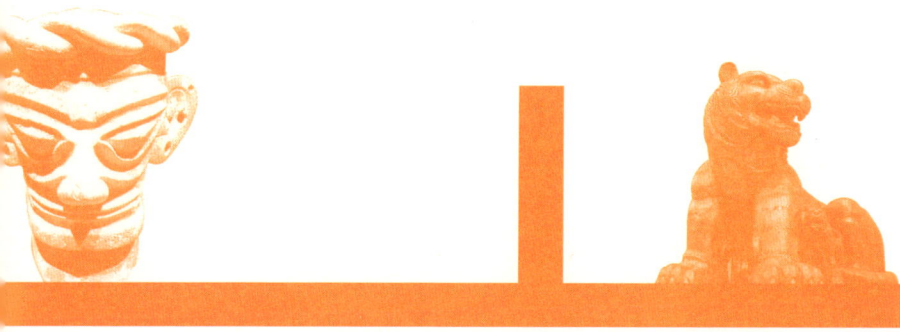

윈난성 다리와 바이족의 역사

 이번 시간은 〈윈난성 바이족의 신화 세계〉라고 제목을 잡아봤어요. 바이족, 흰 '백白' 자를 쓰죠. 실제로 바이족은 흰색을 중요하게 여깁니다. 흰색은 빛을 상징합니다. 그러니까 바이족은 흰색과 빛에 대한 숭배의식을 가지고 있는 사람들입니다. 민족의 이름도 백족, 즉 바이족白族이라고 하죠. 바이족 사람들이 살고 있는 곳인 윈난성 다리大理는 예전에 이곳에 있던 대리국大理國이라는 왕조의 이름에서 비롯되었어요. 중국의 중원 지역에 당나라와 송나라가 있던 시절 윈난성 지역에는 5백여 년간 지속되었던 아주 큰 왕조가 있었는데, 그 왕조의 이름이 대리국이지요. 대리국 이전의 명칭은 남조국南詔國이라고 합니다. 이번 시간에 반복해서 나오게 될 것인데요. 남조와 대리라는 두 개의 왕조가 연결되면서 8세기부터 13세기까지 이어집니다.
 우리는 중국의 중원 지역에 있던 한나라나 당나라, 송나라 등에 대

그림 60
다리 고성 입구

해서는 많이 들어봤습니다. 그런데 중원 지역에 당이나 송이라는 왕조가 있을 때에도 지금의 윈난성 지역까지는 중원의 영향력이 크게 미치지 못했죠. 당이나 송 모두 이쪽 땅을 차지하려고 노력했습니다만, 여길 깨지 못했어요. 그래서 남조국과 대리국이라는 두 개의 왕조가 수백 년 동안 지속되면서, 그들만의 독특한 문화를 형성하게 됩니다. 오늘날 우리가 윈난성에 가면 중원 지역과는 문화가 다르다는 느낌을 받게 되는데, 그 이유가 바로 이 때문이죠. 첫째 시간에 남방실크로드 노선을 소개하면서 짚어봤듯이, 쓰촨성 청두에서부터 시작된 두 개의 길이 다리에서 만나면서 영창도를 통해 미얀마와 인도 쪽으로 이어진다고 말씀드렸습니다. 따라서 다리는 일찍부터 교통의 요충지였고 경제나 문화 등이 발달했어요. 지금도 다리 지역에는 유명한 장이 많이 서는데, 물자가 많이 모이는 곳이기 때문에 예전부터 그랬던 것입니다. 이번 시간엔 다리와 그곳에 살고 있는 바이족에 대해서 살펴보도록 하겠습니다.

다리 고성古城을 보시죠. 멋지게 성문을 다듬어 놨어요. 다리 고성은 지금부터 1200년 전의 남조국 시절부터 조성되었는데, 대리국 시절을 거치면서 지금까지도 남아있는 것입니다. 그래서 다리 고성이라고 부릅니다. 성벽 위에서 내려다보면 즐비하게 늘어서 있는 기와집들이 보이지요. 앞에서도 말씀드렸듯, 지금도 다리 인근에는 큰 장이 서곤 합니다. 아침에 일찍 가면 떠들썩한 모습을 볼 수 있어요. 장이 발달했다는 것은 이곳이 예전부터 물자와 사람이 모이던 곳이었다는 것을 보여주죠. 다리가 남방실크로드의 요충지였기 때문에 사람이 많이 모이면서 장이 섰던 것입니다. 사실 다리라는 지역 자체가 북쪽의 다른 산간 지역에 비해 물산이 풍부합니다. 다리에는 창산蒼山이라는 산이 있는데, 높이가 3천m에

그림 61
다리 숭성사삼탑

달해요. 가장 높은 봉우리는 4천m가 넘는답니다. 그러니까 3천m짜리 산이 마을 뒤에 있는 것이죠. 앞쪽으로는 바다처럼 넓은 얼하이洱海라는 호수가 있어요. 여기 창산을 배경으로 한 세 개의 탑은 형태가 매우 독특합니다. 밑에서부터 위로 원뿔형이 아니고 가운데가 볼록해요. 조형미가 뛰어나죠. 남조국 시절에 만든 것이기 때문에 이미 천 년 이상 된 불탑입니다. '숭성사 삼탑崇聖寺三塔'이라고 하는데 보통 '다리 삼탑'이라고 부릅니다. 다리의 상징물인 이 탑들은 1961년에 국가 문화재가 되었어요. 이 아름다운 탑들은 남조국과 대리국 시절에 이 지역에 불교가 상당히 성행했다는 것을 보여주는 증거입니다.

　삼탑에서 바라보면 앞쪽에 큰 호수가 있어요. 얼하이입니다. 다리나 리장, 샹그릴라 등지에서는 호수 이름에 바다 '해海'자가 많이 붙어요. 3천m가 넘는 산간 마을에서 드넓은 호수가 있는 것은 드문 일이지요. 그래서 현지 사람들은 그곳을 '바다'라고 부릅니다. '넓은 물'이라

그림 62
다리 고성 인근 마을에는
아침마다 장이 선다

는 의미이지요. 창산이 높으니까 늘 눈이 쌓여있습니다. 거기서 녹은 물들이 흘러내려오면서 얼하이로 들어옵니다. 그러면서 호수가 형성되고, 산과 호수 옆에 넓은 평지가 이루어지면서 농사가 가능합니다. 나시족이나 이족, 와족 지역 같은 경우, 논농사를 짓기가 어렵죠. 대부분 화전을 합니다. 메밀이나 감자 같은 것들을 기르는데요. 여기는 넓은 평지가 있기 때문에 조금 더 풍요로운 곳입니다. 그래서 예전이나 지금이나 다리의 고성 골목들은 사람들로 넘쳐납니다. 새벽이면 어디에나 북적거리는 장이 서고, 사람들이 인근 마을에서 밀려들죠.

다리에는 높다란 산과 바다처럼 높은 호수가 있으니 날씨 또한 변화무쌍해요. 오전엔 해가 떴다가, 오후에는 비가 와요. 그래서 다리에 가면 수시로 무지개를 보실 수 있지요. 바이족 사람들은 다리를 '풍화설월風花雪月'의 도시라고 말해요. '풍화설월'이란 '바람과 꽃, 눈과 달'이라는 뜻인데, 길쭉한 형태의 얼하이 남쪽 하관下關 지역에는 '바람'이 많이 불고, 상관上關 지역에는 '꽃', 즉 동백꽃이 많아요. 창산에는 늘 '눈'이 있죠. 그리고 얼하이에 비치는 '달'이 기막히게 아름답다고 해서 풍화설월의 도시라고 말하는 거랍니다.

8세기부터 10세기까지, 이곳에 남조국이 있던 시절에 중국에는 당나라가 있었고, 서쪽 미얀마에는 표국驃國이라는 나라가 있었습니다.

10세기부터 13세기까지 대리국이 있던 시절에는 중국에 송나라가 있었고요. 미얀마에는 마침 미얀마 최초의 통일왕조인 바간(버간) 왕조가 생겼습니다. 당나라는 남조국을 치려고 두 번이나 쳐들어왔지만 두 번 다 패배했어요. 당나라가 당시 동아시아에서 가장 강성한 왕조였는데, 그런 당나라도 남조국을 멸망시키지는 못한 것이죠. 남조국이 그 정도로 대단했어요. 그런데 남조국만 그렇게 강성했던 것이 아니라 대리국도 그랬어요. 송나라 역시 대리국을 무너뜨리지 못했습니다. 우리는 사실 남조국이나 대리국에 대해서 거의 아는 바가 없습니다. 오백 년이나 지속되었던 왕조였음에도 이 이름을 처음 들어보는 분도 많아요. 그만큼 우리의 역사 공부가 한쪽으로 편향되었다는 것을 보여줍니다. 소수의 관점에서 바라보는 역사 공부도 필요한 것이지요.

지금 미얀마의 이라와디 강 상류 지역은 남조국의 판도에 속했다고 볼 수 있습니다. 그런데 남조국이 미얀마 북부를 점령하기는 했지만 그쪽 사람들을 가혹하게 착취하는 행위는 별로 없었다고 합니다. 표국이 스리랑카의 침입을 받을 때, 단종방段宗榜이라는 장군을 보내어 도와주기도 했다는데요, 역사는 양쪽 모두의 시각에서 봐야하기 때문에 표국 관련 기록들을 찾아봐야 그것이 정확한 사실인지 알 수 있을 것입니다. 남조국 장군 단종방은 지금도 다리 지역을 대표하는 본주本主 신앙에서 아주 중요한 위치를 차지하고 있습니다.

'본주신앙'이라는 것은 얼하이 지역에서 성장해온 남조국과 대리국을 중심으로 형성된 신앙입니다. 본주는 마을의 수호신이에요. 원래 마을 공동체를 지켜주는 신인데, 그 당시 남조국의 조상이나 영웅들과 결합되면서 남조국 특유의 신앙이 됩니다. 그리고 그것이 나중에는 유교, 불교, 도교와도 결합합니다. 그런가 하면 원래 자연숭배를 바탕으로 하기 때문에 사람뿐 아니라 동물, 심지어는 돌까지 숭배하는 신앙도 형성됩니다. 이것이 바로 본주 신앙이죠. 바이족을 대표하는 신앙인데, 뒤에서 다시 다루기로 하죠.

대리국은 10세기 무렵에 형성되어서 약 삼백 년간 지속되었어요. 이 강성한 대리국이 결국 망하게 된 것은 몽골족 때문이죠. 유라시아 대륙의 수많은 나라들이 몽골 군대 앞에 무릎을 꿇었지요. 오백 년간 지속되었던 남조국과 대리국도 결국 쿠빌라이 칸에 의해서 망합니다. 이때, 쿠빌라이 칸이 내려오기 전에 미얀마에 있던 통일왕조가 바간 왕조예요. 그 당시 바간 왕조는 떠오르는 해였고, 대리국은 살짝 지는 해였거든요. 그래서 세력균형이 이루어졌어요. 두 나라는 오랫동안 평화를 유지했지요. 바간 왕조 역시 대리국을 통해 송나라와 교류했습니다. 즉 남조국이나 대리국 모두 중원 땅에 있던 당나라, 송나라와 미얀마 지역을 연결해주는 역할을 했죠. 그래서 지금의 다리에는 인도와 미얀마의 문화, 중원 지역의 문화가 다 들어오게 된 것입니다. 또한 다리에서부터 북쪽으로 리장과 샹그릴라를 거쳐 티베트의 라싸까지 가게 됩니다. 그러니까 다리는 북쪽의 '차마고도茶馬古道'를 통해 내려오는 문화와, 인도나 미얀마에서부터 올라오는 문화가 만나는 문명의 십자로와 같은 곳입니다. 지정학적 위치 때문에 다리의 문화적 색깔이 다양할 수밖에 없는 것이죠.

바이족의 본주신앙

그렇다면 다리에서 살아가는 바이족 사람들의 신앙과 신화는 어떤 것이 있을까요? 가장 중요한 것이 바로 본주에 관한 신앙과 신화입니다. 이곳까지 들어왔던 몽골이 북쪽의 초원으로 물러가면서 한족의 왕조인 명나라가 이쪽을 관할하게 되었습니다. 그 이후의 역사 시대를 거치며 윈난 지역이 중국 땅이 된 것이죠. 그러니까 적어도 13세기 이전까지 이곳은 중원과는 전혀 다른 문화를 가진 지역이었다는 겁니다. 참, 여담이지만, 무협소설을 좋아하시는 분이라면 중국 무협소설의 대가 김용金庸, 진융을 아실 텐데요, 김용의 그 유명한 소설『천룡팔부天龍八部』의 배경이 되는 곳이 바로 다리예요. 왜냐하면 대리국 왕의 성씨가 단段씨거든요. 김용의 무협소설에 보면 단씨가 많이 나와요. 다리가『천룡팔부』의 배경이 되는 곳이니, 그것을 문화상품으로 활용하기에 아주 좋겠지요? 그래서 천룡팔부 영화촬영소를 만들어놨어요. 거기서 영화〈천룡팔부〉1994를 찍은 것입니다. 기회가 되면, 그 촬영소에 한번 가보시는 것도 좋을 거예요. 김용은 그야말로 중화권을 대표하는 무협소설 작가이니까요.

그럼, 본주 이야기로 돌아가 볼까요? 본주가 어떤 신이냐 하면, 바이족 사람들 말로 하면 '우쩡'이라고 해요. '우리들의 주인'이라는 말이죠. 그러니까 본주는 '우리 마을의 수호신'이라는 뜻입니다. 본주는 현지 주민들의 운명을 관장하고, 동시에 마을의 수호신 역할을 합니다. 가만히 생각해보면 이런 신이 우리나라에도 있어요. 제주도에 가면 마을마다 본향신本鄕神이 있습니다. 와흘이나 조천 등의 본향당이 유명하죠. 마을에는 본향신이라 불리는 수호신이 있어요. 본향신이 사람들의 운명을 비롯하여 그 마을의 모든 것을 관장하기 때문에, 저승사자가 누군가를 데리러 와도 본향신에게 먼저 고해야 합니다. 제주도 본향신을 보면 바이족의 본주신앙과 흡사하다는 생각을 해요. 본주는 그 성격이나 특징이 아주 다양해요. 이야기가 아주 풍부합니다. 물론 우

그림 63
손에 조롱박을 들고 있는
본주 단종방

리나라 본향신 이야기도 만만치 않죠. 제주도의 각 마을마다 존재하는 본향신을 비롯하여, 본향신의 아들, 딸에 대한 흥미로운 이야기들이 많이 전승됩니다. 그 신들은 매우 인간적이죠. 바이족의 본주도 똑같아요. 저 높은 천상에 고고하게 존재하는, 접근할 수 없는 지고무상의 신이 아니라, 우리 바로 옆에 있는 그런 인간적인 신들입니다.

아까 단종방이라는 이름이 나왔습니다. 미얀마에 있던 표국이 다른 나라의 침입 때문에 위기에 처했을 때, 남조국에서 단종방이라는 용감한 장군을 보내 도와줬다고 했죠. 단종방은 남조국을 대표하는 장군이었어요. 바이족의 영웅적인 조상이니까 당연히 본주가 되겠죠? 물론 다른 본주도 많아요. 다리 인근에만 단종방을 비롯해서 본주가 천 명 정도 됩니다. 그러니까 마을마다 본주가 하나씩 다 있다고 보시면 됩니다.

그런데 단종방처럼 위대한 조상만 본주가 되는 것이 아니에요. 술 빚는 기술이 뛰어나서 인근 백 리 밖에까지 소문난 여성이 있다면 그 여성도 본주가 되고, 마을을 잘 다스리는 관리도 본주가 됩니다. 이처럼 사람만 본주가 되는 것도 아닙니다. 어느 마을에 나이든 황소가 있었어요. 어느 여름날 밤, 비가 너무 많이 쏟아지는 거예요. 사람들이 무서워서 잠을 못 이뤄요. "저러다가 우리 마을에 둑이 터지면 어떻게 하지?" 겁이 나서 잠을 못 자는데 비는 밤새도록 퍼붓는 겁니다. 그런데 갑자기 둑이 터지는 소리가 들렸어요. 마을사람들은 혼비백산했지요. 물이 막 밀려들기 시작했어요. 모두들 어쩔 줄 몰라 하고 있는데, 밀려들던 물이 갑자기 멈추는 거예요. 어둡고 무서운 밤이 지나고 마침내 새벽이 왔지요. 사람들은 어떻게 된 상황인지 알아보기 위해 둑이 터진 곳으로 가보았어요. 그랬더니 황소가 그 무너진 둑을 자기 몸으로 막고 죽어있는 것이었어요. 인간들을 위해 끊임없이 많은 일을 해준 황소가 마을이 위기에 처했을 때 자기 몸으로 막아 사람들을 살린 것이지요. 정말 황소의 덕이 뛰어나지 않습니까? 이런 경우, 황소도 본주로 모시는 겁니다.

그림 64
바이족의 본주 신앙에서는 소도, 말도, 돌도 모두 본주가 될 수 있다

그 다음에 돌인데요. 바이족 사람들은 흰색을 중요하게 여기기 때문에 집 앞에다가 하얀 돌을 놓아두는 것을 볼 수 있어요. 이것은 나시족이나 티베트족도 마찬가지예요. 문 앞에 하얀 돌 두 개를 두면 나쁜 기운이 못 들어온다고 생각합니다. 하얀색은 사악한 것을 물리쳐 주는 힘이 있다고 믿거든요. 그러니까 하얀 돌도 본주가 되지요. 어떤 마을에서는 붉은 돌을 본주로 모시기도 해요. 어떤 사람이 신기하게 생긴 붉은 돌이 있어서 그것을 가져다가 밭 귀퉁이에 놓아두었더니 밭이 기름지게 변한 거예요. 이상하죠? 물론 이것을 과학적으로 풀어보면 그 돌에서 나온 금속성의 기운, 혹은 자기장 같은 것 때문에 땅이 비옥해진 것이라고 해요. 그런데 옛날에는 그 이유를 몰랐으니까 '돌을 가져

다 놓았더니 땅이 기름지게 변했다'고 생각한 것이고, 그 돌을 본주로 모신 겁니다.

인간이 만물의 영장이라고 믿는 사람들의 시선으로 보면 동물이나 돌을 어떻게 본주로 모시냐고 의문을 가질 수도 있지요. 그런데 이러한 신앙의 바탕에는 자연계의 모든 것들과 인간의 생명 가치가 같다고 보는 인식이 깔려 있어요. 이들은 자연계의 모든 것들, 동물이나 식물은 물론이거니와 돌까지도 개별적 생명체로 인식합니다. 이것이 샤머니즘의 본질이죠. 샤머니즘은 인간과 자연이 일대일로 대응한다는 대칭성 사고를 바탕으로 합니다. 그러니까 본주신앙이야말로 샤머니즘의 본질에 가까운 모습을 보여주고 있는 것이죠. 즉 본주신앙이 추구하는 것은 자연과 인간이 균형을 이루면서 살아가는 세상입니다. 인간이 자연보다 우위에 있다는 인식이 아니고, 자연과 인간이 같은 층위에 있다는 인식을 반영하고 있는 것이죠.

그런가 하면 영웅이나 조상들에 대한 숭배의식, 이건 뭐 당연합니다. 남조국, 대리국이 오백 년 동안 망하지 않고 잘 버텨올 수 있었던 것은 단종방 같은 훌륭한 장군이 있었기 때문이고, 단사평段思平 같은 지혜로운 지도자가 있었기 때문이니, 당연히 그들에 대한 숭배의식이 있을 수밖에 없겠죠. 그러니까 그런 분들을 본주로 모시는 겁니다. 그 후 이곳에 불교, 유교, 도교가 들어와 결합합니다. 다리에 있는 사원에 가보면 본주 사당임에도 불구하고 공자, 석가, 노자를 같이 모시는 모습을 종종 볼 수 있어요. 그야말로 다양한 종교가 섞여서 평화롭게 공존하는, 종교의 가장 이상적인 모습이 바로 바이족의 본주신앙이라고 할 수 있습니다.

본주신앙에는 교리라든지, 잘 다듬어진 경전이나 종교조직 같은 것이 없습니다. 그들의 신앙이 일상생활과 결합하면서 말 그대로 생활신앙이 되는 거예요. 또한 본주신앙에는 공존의 사상이 많이 반영되어 있는데요. 이것은 그들의 역사와 관련이 있습니다. 남조국 시절에 미얀마의 표국까지 영향력을 행사하기는 했지만, 바이족은 기본적으로 다른 민족과 거대한 전쟁을 벌인 역사가 별로 없습니다. 그리고 다리는 지정학적으로 북쪽과 남쪽, 중원 땅에서 오는 모든 문화들이 섞이는 곳이기에, 그들의 문화나 신앙 자체가 포용성이 매우 큽니다. 당연히 본주신앙에도 대립이나 갈등보다 조화와 협력을 강조하는 현상이 나타나는 것이지요.

　본주는 그 성격을 중심으로 크게 세 가지로 구분해볼 수 있어요. 하나는 충성스러운 인물이죠. 남조국의 장군 단종방이 대표적입니다. 아주 충성스러운 인물이죠, 나라를 지켜요. 그 다음 또 하나는 스스로를 희생하는 인물입니다. 바이족은 자기희생의 가치를 귀하게 여겨요. 그래서 사람들을 위해 스스로를 희생한 대흑천신大黑天神에 대한 신앙이 넓게 퍼져있죠. 마지막으로 평범한 사람들이에요. 본주신앙의 바탕에 깔려 있는 것은 민본의식입니다. 누구나 본주가 될 수 있어요. 어느 마을에서 본주를 세우거나 폐할 때에도 촌장님 마음대로 못합니다. 마을 사람들의 의견을 따라야 해요. 그러니까 본주신앙에는 수직적인 위계질서가 아니라 수평적인 관계가 드러나 있다는 것이지요. 다리 일대에 본주가 천 명이나 있지만 그 본주들을 총괄하는 신은 따로 없습니다. 최고신의 존재가 없는 것이지요. 그리스 신들의 계보나 동아시아 문헌 신화에 나타나는 영웅적인 신들에게는 계보가 있어요. 그러나 여기에는 그런 개념이 없죠. 본주는 평등해요. 또한 그 본주들은 가까이 갈 수 없는 무시무시한 신들이 아니에요. 우리 옆집 아저씨나 언니 같은 그런 신들입니다. 아주 인간적인 본주들이죠. 본주들이 둘러 앉아 우리 아이가 말을 안 듣는다면서 자기들끼리 수다를 떨기도 해요.

본주신앙의 가장 큰 특색은 이렇게 수평적 관계를 바탕으로 다양성을 인정한다는 겁니다. 열린 종교 관념을 보여주고 있지요. 인간과 자연의 관계에 있어서든, 인간과 인간의 관계에 있어서든, 평등한 관계와 다양성을 인정하는 겁니다. 요즘처럼 갑과 을의 관계 때문에 많은 사람들이 상처를 받는 시대에, 또한 종교 갈등 때문에 전 세계에서 수많은 전쟁이 일어나는 시대에, 여러 가지 종교가 섞여있으면서도 다양한 신들이 동등한 신격을 갖고 공존하는 본주신앙은 우리에게 많은 깨달음을 줍니다.

대표적인 본주들

이제 본주에 대한 일화를 몇 개 소개해드려야겠네요. 홍수에서 마을을 지켜낸 황소 본주는 소개해드렸죠? 돌 본주에 대해서도 말씀드렸고요. 앞에서 다리에는 얼하이라는 큰 호수가 있다고 했지요? 그런 큰 호수가 있으니 이곳엔 당연히 용왕 신화가 있겠죠. 그래서 용왕 본주도 있어요. 용왕에게 사람들이 찾아와서 수많은 부탁을 해요. "제가 보리농사를 지어야겠습니다. 비 좀 그만 오게 해주세요." 또 어떤 사람이 와서는 "나는 벼농사를 지어야 하니 비 좀 오게 해주세요." 라고 하는 거예요. 또 어떤 사람이 북풍을 불게 해달라고 하면 다른 사람이 와서는 남풍을 불게 해달라고 해요. 도대체 용왕더러 어떻게 하라는 걸까요? 용왕은 엄청나게 고민을 했어요. 그러다가 아주 지혜로운 판단을 내렸죠. "좋다. 오전에는 비를 내려줄 테니 벼농사를, 오후에는 비를 그치게 할 테니 보리농사를 지어라. 또한 오전에는 북풍을 불게 해줄 것이고, 오후에는 남풍을 불게 해줄 것이다."라고 했어요. 실제로 다리에는 오전엔 비가 오다가 오후에는 해가 나고, 오전에는 북풍이 불다가 오후에는 남풍이 불고, 정말 그렇습니다. 창산이라는 거대한 산과 얼하이라는 드넓은 호수 때문에 일어나는 현상인데, 이러한 현상들이 신화 속에 그대로 반영된 것이죠. 이렇게 지혜로운 답을 주니, 사람들이 모두 좋아하면서 용왕 본주를 모셨다고 해요.

다음으로 소개해드릴 본주는 영웅적인 용사들입니다. 단적성段赤誠, 두조선杜朝選 같은 용사들은 자연계에 대항하고 맞서서 싸워요. 다리에 창산이 있다고 했는데, 창산에 뱀이 아주 많았던 모양입니다. 용감한 사냥꾼 단적성과 두조선은 사람을 해치는 창산의 구렁이를 벱니다. 구렁이가 마을의 애들도 제물로 받고, 여자들도 잡아다가 아내로 삼고 그랬어요. 그래서 용사 두조선이 창산에 가서 천 년 묵은 구렁이를 베어 버리죠. 그리고 두 여자를 구해냅니다. 이 여자 둘이 자신들을 구해줬으니 두조선에게 시집을 가겠다고 해요. 그런데 두조선이 "나는 그러려고 구한 것이 아니오!" 하며 그냥 떠나는 거예요. 무협지의 주인공처럼 표표히 떠나는 모습이 멋져 보이긴 하지만, 여자들 입장에서 보면 그렇지도 않았던 모양이에요. 정말로 그 사람의 아내가 되고 싶은데 싫다고 하면서 가버리니까 부끄럽기도 하고 해서, 옆에 있는 호접천蝴蝶泉이라고 하는 샘에 빠져 죽었다고 해요. 아, 너무 허무한 결말이지요? 그런데 걱정하지 않으셔도 돼요. 또 다른 버전에 의하면 혼인을 해서 잘 살았다고 하니, 이야기가 해피엔딩으로 마무리되길 바라는 사람들의 마음은 마찬가지였던 모양이에요.

다리 인근 저우청周城 마을에서는 해마다 정월에 두조선 본주에 대한

그림 65
본주에 대한 제사를
지내는 날,
꽃가마에 본주를 모신다

제사를 지내는데요, 본주의 상을 꽃가마에 모시고 행진해요. 호접천까지 마을사람들이 행진해서 가는 의례를 지금도 거행하지요. 두조선의 사당은 최근에 새로 만들었다고 하는데요, 원래는 마을 꼭대기에 있는 용천사龍泉寺에서부터 신을 모시고 마을 입구까지 내려왔어요.

여기 참여하는 것은 주로 여성들입니다. 여성들이 향나무와 물, 꽃을 들고 행렬을 따라가는 마을 입구의 큰 나무가 있는 곳까지 내려옵니다. 그런 다음에 그곳에서 의례를 거행한 후 꽃가마에 태운 본주를 모시고 호접천까지 행진하는 겁니다.

단종방 장군은 남조국을 대표하는 용감무쌍한 장군이라고 했죠? 그런데 이렇게 영웅적인 장군이 술 잘 빚는 마을 아가씨와 사랑에 빠집니다. 백리 밖에 향기가 퍼져나갈 정도로 술을 잘 빚는 그 아가씨도 본주가 되었는데, 그 여성과 사랑을 하게 된 겁니다. 단종방 장군은 허리에 조롱박을 차고 있었어요. 그 조롱박은 비를 내려주는 마술 조롱박이지요. 어느 날 단종방이 친구와 바둑을 두고 있는데, 누가 헉헉거리면서 급히 달려오는 거예요. 자기가 좋아하는 여자가 사는 마을 사람이었는데, 그 마을에 비가 내리지 않는다고 하면서 조롱박을 좀 빌려달라고 하는 겁니다. 단종방은 그 말을 듣자마자 비를 내리게 하는 귀한 조롱박을 그 자리에서 풀어주면서 얼른 가져가라고 해요. 좋아하는 여자가 사는 마을에 비가 내리지 않는다고 하니까 얼른 가져가라고 한 것이죠. 게다가 단종방도 아예 그 마을로 가서 돌아오지 않는 거예요.

이렇게 되니까 단종방을 본주로 모시고 있는 마을에 문제가 생겼어요. 자기들도 비가 필요한데 단종방이 좋아하는 여자가 사는 마을에 조롱박을 줘버렸으니 이를 어쩌나요. 마침내 사람들은 그 여자가 사는 마을로 단종방을 모시러 갔어요. 그런데 단종방이 안 오려고 하는 거예요. 고민하던 사람들은 결국 타협안을 찾아냈어요. 음력 5월 5일에 단종방을 술 빚는 아가씨 마을로 보내주고, 음력 6월 6일에 가서 다시 모셔 오는 것이죠. 한 달만 그 마을에 있으라고 하고요. 그래서 이런 식으로 본주를 모셔가고 모셔오는 행사를 하는 것입니다. 술 빚는 아가씨를 사랑해서 자기가 가장 아끼는 조롱박도 막 풀어주는, 아주 인간적인 모습을 보여주는 단종방 장군의 이야기를 듣다보면 저절로 미소가 지어지지요.

그런가하면 어떤 본주는 근엄하기가 이루 말할 수 없어요. 신분이 높은 관리여서 사람들이 '나리'라고 불렀지요. 그런데 이 근엄한 나리가 옆 마을 예쁜 아가씨 본주한테 반했어요. 밤이 오기만 하면 옆 마을 본주한테 달려갔지요. 밤이 되면 그쪽에 가 있다가 새벽이 되면 잽싸게 돌아온 거예요. 마을 사람들이 본주한테 기도를 하기 위해 새벽부터 찾아오니까 닭울음소리가 들리기 전에 얼른 와서 앉아있어야 했어요. 그런데 어느 날, 나리 본주가 그만 늦잠을 잤어요. 닭 우는 소리를 듣고서야 벌떡 일어났으니, 이미 시간이 늦었잖아요. 본주가 혼비백산해서 달려 나오다가 그만 신발 한 짝을 바꿔 신고 옵니다. 한 짝은 나리가 신는 멋진 군화인데, 다른 한 짝은 아가씨가 신는 예쁜 꽃신이었던 것이지요. 나리 본주는 신발이 바뀐 줄도 모르고 얼른 달려와 자기 자리에 앉아 있었어요. 마을 사람들이 기도를 하러 아침에 와서 보니까 본주 신발이 바뀌어 있는 것이었어요. 한쪽은 원래 신발인데, 다른 한

그림 66
바이족 여성들이 신는
수놓은 전통 꽃신

쪽은 꽃신이었던 것이죠. 근엄한 얼굴을 한 본주가 한쪽 발에 꽃신을 걸치고 아무 일 없었다는 듯 앉아있는 모습을 상상해 보면 웃음이 절로 나오죠. 이런 에피소드들은 우리 인간에게 일어나는 일과 똑같아요. 인간처럼 희로애락을 느끼고, 자기들끼리 모여 "요즘 애들은 말을 안 들어." 라며 신세한탄을 하는 본주들, 그러면서도 인간을 위해 조롱박도 풀어주고 스스로를 희생하는 본주들이라니, 참 따뜻한 느낌이 들지요?

다리 인근에 있는 저우청 마을의 본주 두조선에 대한 이야기를 해드렸는데요, 다리에 간 사람들이라면 누구나 방문하는 마을이 바로 저우청입니다. 이 마을이 '찰염扎染'이라는 염색으로 유명하기 때문이죠. 찰염이 무엇이냐 하면, 하얀 천의 이곳저곳을 실로 꽁꽁 묶어 염색하는 것입니다. 우리말로는 '홀치기'라고 해요. 염색을 해서 말린 다음 실을 풀어서 펴면 이런 무늬들이 나오죠. 제가 보기엔 마술 같아요. 이 염색 기법이 이곳에서 천 년 이상 이어져 내려오는데, 워낙 유명하기 때문에 이 염색 천을 보기 위해 많은 분들이 이 마을을 찾아오죠. 바로 이곳에서 정월에 본주절本主節을 거행합니다. 저우청에 관광객들이 많이 가는 이유는 아침에 서는 시장도 볼 만하고 이런 옷감도 살 수 있기 때문이지만, 천 년 이상 이어져 내려온 본주신앙이 있는 곳이기 때문이기도 하죠.

그림 67
다리 인근 저우청 마을을
대표하는 염색 천

대흑천신 이야기

저우청에는 오래된 본주 사당이 있는데, 그 사당에서는 '대흑천신大黑天神'을 모시고 있어요. 대흑천신은 온몸이 새카만 신인데, 현지에서는 옥황상제의 장수라고 여기고 있어요. 다리 지역에서 가장 많은 신앙의 대상이 되는 본주가 바로 이 대흑천신입니다. 때문에 대흑천신을 가운데에 모시면서, 남조국 시절의 위대한 왕들을 옆에 배향시켜 놓죠. 대흑천신과 조상들을 같이 모시고 있는 것입니다.

그림 68
저우청 본주 사당에
모셔진 대흑천신

대흑천신에 얽힌 이야기는 사뭇 감동적입니다. 옥황상제가 아래 세상 인간들이 어떻게 살고 있는지 궁금하여 시찰을 하고 오라고 사신을 내려 보냈는데, 그 사신이 제대로 파악도 하지 않은 채 사람들이 농사도 제대로 짓지 않고 옷감도 짜지 않으며 아주 불효하다고 거짓 보고를 했어요. 옥황상제는 화가 나서, "그렇다면 인간들을 모조리 없애버려야겠구나." 라고 하면서 무시무시한 징벌을 내렸죠. 대흑천신에게 역병의 씨앗을 가지고 내려가 인간 세상에 뿌리라고요. 그래서 대흑천신이 다리 인근의 젠촨劍川이라는 곳으로 내려오게 되었습니다.

막상 내려와서 보니까 날씨도 참 온화하고 너른 평지가 펼쳐져 있는데, 그곳에서 사람들이 농사를 지으며 평화롭게 살아가는 거예요. 마침 어떤 여자가 지나가는데, 할머니를 등에 업고 아주 작은 아기는 걷게 하는 것이었어요. 아기는 너무 어려서 제대로 걷지도 못했지요. 대흑천신은 이상하다는 생각이 들어 여자에게 물어봤어요. "왜 저렇게 어린 아기를 걷게 하고, 할머니를 업고 가는 겁니까?" 그랬더니 그 여자가 하는 말이 "우리 아이는 제가 앞으로 업어줄 수 있는 날이 많습니다. 그러나 우리 어머니는 제가 업어드릴 수 있는 날이 많지 않기 때문에 제가 지금 어머니를 업고 가는 것이에요." 라고 했어요. 이 말을 듣고 대흑천신은 옥황상제의 사신이 거짓말을 했다는 것을 알았습니다. 사신은 이곳 사람들이 불효하다고 했는데, 이렇게 효성스러울 수가 있나요? 옥황상제가 역병의 씨앗을 퍼뜨리고 오라고 했는데, 차마 퍼뜨릴 수가 없는 거죠. "이렇게 착한사람들을 내가 어떻게 죽여." 하면서 차마 죽이지 못하고, 또 옥황상제의 명도 거절할 수가 없으니까, 결국은 그 역병의 씨앗을 자기가 먹어버립니다. 대흑천신의 온몸에 독이 퍼져서 죽어가게 된 것이죠. 옥황상제가 그제야 그 사실을 알고 뱀들을 보내 독을 빼내게 합니다. 여기서 버전이 두 가지로 나뉘어요. 하나는 중독이 되어 천신이 죽었다는 이야기이고, 다른 하나는 뱀이 독을 다 빼내 살아나기는 했지만 온몸이 시커멓게 되고 부스럼투성이가 되었다는 것이지요. 오늘날 뱀이 독을 지니고 있는 이유가 바로 그것 때문이라고 하네요. 어쨌든 대흑천신이 자신들을 구해준 것을 너무 고맙게 여겨 다리 지역 사람들이 그를 신으로 모셨다고 해요.

그런데 여기 나오는 대흑천이라는 신이 어디에서 유래했느냐 하면 인도에서부터 왔다고 볼 수 있어요. 인도에 '마하깔라'라는 신이 있는데, 원형은 시바신입니다. 마하깔라는 말하자면 '그레이트 블랙Great Black', 아주 위대한 검은 신이라는 뜻이죠. 그런데 아까 본주가 마을사람들의 모든 것들을 관장한다고 말씀드렸지요? 결혼식을 할 때에도 마찬가지입니다. 바이족은 전통적으로 결혼식을 신랑 집에서 하는데, 결혼식을 하기 전날, 신랑 집 식구들이 본주 사당에 가서 본주에게 먼저 고합니다. "우리 아들이 내일 결혼식을 하니 앞으로 잘살게 해주세요." 라고 기도하는 것이지요. 결혼식 하는 날 아침이 되면, 신랑은 신부 집에 음식을 가져다주고 신부를 모셔옵니다. 우리의 폐백음식 같은 것을 신랑 집에서 장만해요. 그리고 신부를 모셔오죠. 그러니까 대흑천신을 본주로 모시는 마을에서는 결혼식을 올리기 전에 먼저 마을의 수호신인 대흑천신에게 고해야 하는 것이지요.

그림 69
다리 인근 시골 마을에서 결혼식을 올리기 전날 대흑천신에게 고할 준비를 하고 있다

이 사진은 대흑천신 상 앞에서 제사 올릴 준비를 하는 모습입니다. 이 대흑천신 상은 시골에서 진흙으로 만든 소박한 것입니다만, 그래도 있을 건 다 있어요. 몸에 뱀을 감고 있고 부스럼투성이에요. 원래 대흑천신, 즉 마하깔라는 티베트 쪽에도 아주 유명한데요. 티베트 대흑천신의 기본적인 형태는 목에 사람 머리 목걸이를 차고 있지요. 머리에도 사람의 해골 다섯 개로 된 모자를 쓰고 있어요. 아주 무시무시한 모습이에요. 왜냐하면 그렇게 무시무시해야 나쁜 귀신들을 쫓아낼 수 있기 때문이지요. 대흑천신의 기본적인 형태는 온몸이 검은색이고요. 이마에 눈이 하나가 더 있어서 눈이 세 개, 그리고 팔이 여섯 개죠. 이 지역의 대흑천신 상 곁에는 호랑이도 보이는데요. 원래 대흑천신은 호피로 된 짧은 스커트 같은 것을 걸치고 있습니다. 그것이 호랑이로 등장하게 된 것이죠.

대흑천신, 즉 마하깔라는 원래 시바에서 유래되었다고 하는데, 시바가 우주의 훼멸을 막기 위해 스스로 독약을 삼켜서 목이 푸르게 변했

그림 70
여섯 개의 팔을 가진
육비마하깔라

다고 해요.[1] '푸른 목을 가진 시바'라는 도상도 있거든요. 그런데 대흑천신도 인간을 위해 역병의 씨앗을 삼켜서 몸이 검푸르게 되었잖아요. 그러니까 시바는 우주의 파괴를 막기 위해 독약을 삼켜서 목이 푸르게 되었고, 대흑천신은 인간을 위해 역병의 씨앗을 삼켜 몸이 검푸르게 된 것이죠. 둘이 굉장히 비슷한 모습을 보여주고 있습니다. 다리라는 지역이 남방실크로드의 주요한 길목이면서 인도 신화가 들어오는 길목이기도 했다는 것을 대흑천신이 보여주고 있는 것이지요.

바이족의 창세신화

바이족의 창세신화에 어떤 것이 있는지 소개해드리겠습니다. 바이족의 창세신화는 이야기의 형태로 전승되는 것이 아니라, 대부분의 소수민족 신화가 그렇듯이 문답식으로 이어집니다. 최초의 창세신화를 보면 거인 형제가 등장해요. 그리고 얼하이의 용왕도 등장합니다. 사라진 아들을 찾으려고 하는 용왕과 거인들의 투쟁이야기도 나오지요. 바이족의 『창세기』는 문답식으로 이렇게 펼쳐집니다.

- 칠 년 동안 비가 내렸으니까 어떻게 될까?
- 당연히 홍수가 났지.

---

[1] 인도 힌두교의 창세신화에 따르면, 시바가 우주의 훼멸을 막기 위해 스스로 독약을 삼켜 목이 푸르게 변했다고 한다. 다 삼키면 아무리 신이라도 죽을 텐데 그의 아내가 잽싸게 막아서 그 정도로 그쳤다. 미처 목구멍 아래로 삼키지는 못했기 때문에, 목 윗부분 얼굴 쪽만 푸르게 된 것이다.

- 그럼 하늘과 땅은 어찌 되었을까?
- 하늘이 무너지고 땅이 갈라졌지.

이렇게 묻고 답하는 것입니다.

- 해와 달은 어찌 되었을까?
- 해와 달도 사라졌지.
- 인간은 어찌 되었을까?
- 인간도 사라졌지.
- 그러면 그때부터 세상은 어찌되었을까?
- 세상은 암흑천지가 되었지.
- 누가 세상을 망가뜨렸는데?
- 용왕이 망가뜨렸지.
- 그럼 누가 용왕을 제압했지?
- 판구盤古와 판성盤生이라는 거인 형제가 제압했지.
- 어떻게 용왕을 제압했는데?
- 잡아서 머리를 잘랐지.
- 그럼 용왕은 어떻게 되었어?
- 죽어서 무지개가 되었지.

이런 식으로 끝없이 문답으로 이어지는 것입니다. 이런 것이 바이족의 창세신화예요. 내용을 보면, 용왕을 제압한 거인 형제가 세상만물로 변합니다. 왼쪽 눈은 해가 되고 오른쪽 눈은 달이, 배꼽은 얼하이가, 왼쪽 발은 창산이 되지요. 손톱은 집의 기왓장이 되고, 심장은 샛별이

그림 71
바이족 창세신화에 등장하는
최초의 바다, 얼하이

됩니다. 최초의 거인 형제의 온몸이 세상만물로 변했다고 하는 신화죠. 이런 것을 가리켜 화생化生신화라고 합니다. '거인 화생신화', 거인의 온몸이 세상만물로 변했다는 이야기인데요. 신이 죽어서 세상만물로 변했다고 하는 이런 이야기가 인도 신화에도 등장합니다. 인도의 『베다』에 신의 온몸이 해로 변하고, 달로 변하는 이야기가 똑같이 나와요.[2] 그래서 거인 화생신화가 인도 쪽에서 유입된 노선이 이곳이 아닐까, 추측해볼 수 있는 것입니다.

자, 이제 제가 다리에서 태어났다고 한번 가정해볼까요? 어려서부터 집 뒤에 넘어갈 수 없는 높고 거대한 산이 있고, 눈앞에는 끝없이 펼쳐진 넓은 호수가 있는 걸 보면서 살아가겠죠. 그런 곳에서 살다보면 "저 산 너머엔 뭐가 있을까?", "저 호수 끝에는 뭐가 있을까?" 라는 생각을 할 법도 하지요. 산 너머, 물 건너 저편에 가보고 싶다는 생각이 그들의 창세신화에 나타납니다. 바이족 창세신화의 공간적 배경은 하늘과 땅 사이에 있는 거대한 '바다'인데, 그것은 아마도 얼하이를 가리키는 것이겠죠.

최초의 세상에서 바닷물이 펄펄 끓어요. 그 바닷물이 하늘로 솟구쳐 올라 하늘에 구멍이 뚫립니다. 그 안에서 크고 작은 두 개의 해가 나타

---

[2] 박지면, 이서경 주해, 『베다』(동문선, 2010) 중 〈리그베다〉 제10만달라 제90숙타 제1절~제16절. 최초의 원인(原人) 푸루샤의 신체로부터 태양과 달은 물론 세상만물이 태어났다고 한다.

나요. 이 모습을 상상해보면, 천지개벽하던 시대의 장면 같습니다. "최초의 세상에 물이 있다." 이것은 전 세계 신화 어디서나 공통적으로 나타나죠. 펄펄 끓는 바닷물이 하늘로 치솟더니, 하늘에 구멍이 뚫리고, 거기서 크고 작은 두 개의 해가 나타납니다. 그 두 개의 해가 부딪치면서 불꽃이 일고, 그것들이 별이 되었어요. 그리고 두 개의 해 중에서 작은 해의 껍질이 벗겨지면서 달로 변했어요. 그게 바다로 뚝 떨어지면서 파도가 구만 리에 이르렀다고 합니다. 그런데 바다에 떨어진 작은 해가 너무 뜨거워 바닷물이 펄펄 끓어요. 바다 속 깊은 곳에 곤히 잠들어 있던 황금용이 놀라서 깼습니다. 용은 내 잠을 깨운 못된 해를 먹어치우겠다고 하면서 꿀꺽 삼켜버렸어요. 그런데 너무 뜨거워요. 마침내 토해내려다가 그만 목에 걸립니다. 그러자 불덩이가 살덩이로 변하더니 용의 뺨을 뚫고 나와 높다란 산에 부딪쳤어요.

그때 하늘로 튀어 올라간 조각들이 구름이 되었고, 공중으로 올라간 것은 새, 동물, 물고기가 되었다고 해요. 세상만물이 되었다는 것입니다. 그리고 산에 부딪쳐 동굴 속으로 들어간 조각이 땅에 닿아 왼쪽 절반은 여자가, 오른쪽 절반은 남자가 되었다고 합니다. 남자와 여자는 원래 하나였다는 거죠. 그래서 최초의 인간인 라오타이와 라오구가 탄생합니다.

이 최초의 남녀가 아이들을 낳아요. 딸을 먼저 낳고 아들을 낳죠. 순서대로 열 쌍의 아이들을 낳습니다. 아이들이 어느 정도 컸을 때, 행복을 찾아 먼 곳으로 떠납니다. 우리가 어릴 때 읽었던 동화『파랑새』에서도 행복을 가져다주는 파랑새를 찾아 온 세상을 다니는데, 이 아이들도 행복을 찾아 먼 길을 떠납니다. 아버지의 관심과 어머니의 격려를 등에 업고 먼 세상으로 행복을 찾아 떠나는 거예요. 딸과 아들이 각

각 한 쌍이 되어 떠나는데, 각각 한 가지씩의 지식을 습득해 돌아오지요. 최초의 세상에서 아이들은 누구에게서 생존의 지식과 지혜를 배웠을까요? 바로 자연이 그들이 스승이었어요. 누에에게서 옷감 짜는 법을 배우고, 거미가 거미줄 짜는 것을 관찰한 후에 그물을 만들었지요. 나비와 벌에게서는 꿀 따는 법을 배워요. 원숭이가 팔을 늘어뜨리고 나무에서 왔다 갔다 하는 것을 보면서 활 만드는 법을 배우고, 제비가 둥지를 만드는 것을 보면서 집 짓는 법을 배우지요. 아이들은 동물들에게서 기술들을 하나씩 배웁니다. 믿지 못하시겠지만 최초의 세상은 정말 그랬을 지도 몰라요.

사실 신화와 과학은 전혀 관계가 없어 보이지만, 신화는 오래된 지혜가 들어 있는 고대의 철학이고 또한 과학입니다. 2012년 5월호《과학동아》를 보면, 「오랑우탄은 훌륭한 건축가다」(이우상)라는 기사가 있어요. 오랑우탄도 배운다는 것이죠. 엄마가 집짓는 것을 보고 따라서 집을 짓는다고 해요. 그리고 오랑우탄이 집을 짓고 사는 장소를 보면, 춥지도 덥지도 않고 동물들의 침입을 막을 수 있는 절묘한 곳이라고 해요. 동물들이 집 짓는 것들을 보면서 최초의 인간들이 집 짓는 법을 습득했을 거라고, 얼마든지 추측할 수 있는 것이죠. 윌리엄 버거는 지구 최초의 농부는 인간이 아니라 곤충이라고 해요. 그의 책(『꽃은 세상을 어떻게 바꾸었을까』)에도 나와 있지만 암브로시아딱정벌레나 흰개미, 가위개미 등이 가장 먼저 농사를 지은 곤충이라는 것입니다. 특히 가위개미는 잎꾼개미라고도 하는데, 나뭇잎을 잘라 집으로 가져가 썩힌 후 식용균류를 배양한다고 해요. 놀랍죠? 그러니까 최초의 농부는 인간이 아니라 개미라는 거죠. 이런 과학 기사들을 읽다보면, 자연에서 생존의 기술을 배워 돌아왔다는 바이족 아이들의 이야기가 단순한 신화가 아니라 최초의 인간들에 관한 보고서가 아닌가 하는 생각이 들어요.

자, 먼 길 떠난 여덟 쌍의 아이들이 집을 짓고 옷감을 짜고 배를 만드는 등의 기술들을 배워오는데요, 아홉 번째 아이들은 아흔아홉 가지의 독초와 약초를 맛본 다음에 치유의 약을 찾아서 돌아옵니다. 마지막으로 막내들은 무엇을 배워 돌아왔을까요? 막내는 뭐가 달라도 달라요, 언니들이 모두 노동과 관련된 지식을 배워왔다면, 막내들은 춤과 놀이를 배워서 돌아옵니다. 사람은 일만 하며 살아가는 존재가 아니라 놀이도 해야 살 수 있는 존재라는 거죠.

우리는 종교의 발달단계를 이야기하면서, 원시인들은 애니미즘을 신봉했다는 말을 많이 합니다. 그런데 애니미즘적인 관념을 과연 고대의 원시인들만 가지고 있었던 것일까요? 현재 우리가 살아가는 사회에서 애니미즘적인 사고는 완전히 사라져 버린 걸까요? 그건 아닌 듯해요. 우리는 여전히 우리와 함께 살고 있는 강아지나 고양이와 대화를 나눕니다. 그들에게도 맑은 영혼이 있다고 생각하지요. 그런가하면 때로 우리는 어려서부터 갖고 놀았던 인형에도 영혼이 깃들어 있을지 모른다는 생각을 하곤 해요. 단순한 물질일 뿐인데도 말입니다. 21세기를 살아가는 우리도 애니미즘적인 인식에서 완전히 벗어난 건 아닌 것이지요. 인간만이 말을 할 수 있다고 믿는 것은 인간들 착각입니다. 새도, 고래도 다 자신들만의 언어로 노래를 하고 말을 합니다. 침묵하는 존재가 아니죠. 그러니까 바이족 신화 속에서 먼 길을 떠난 아이들은 말하는 자연, 살아있는 자연에게서 많은 지식을 배워온 것입니다. 이런 신화야말로, 아주 오래된 애니미즘적인 인식을 그대로 담고 있으면서, 또한 자연의 모든 것들과 인간이 공감하고, 균형을 잡아가는 세상을 말하고 있는 것입니다.

신화 속 아이들은 "흐르는 물처럼 먼 곳까지 갔고, 하늘을 날아가는 기러기처럼 높은 곳까지 갔으며, 나뭇잎보다 더 많은 산을 오르내렸고, 하늘의 구름보다 더 많은 어려움을 만났습니다." 그러나 이 아이들은 온갖 어려움을 다 극복하고 많은 지식을 습득해서 자신들의 땅으로 돌아옵니다. 돌아온 후에 자신들이 배워온 지식을 나눕니다. 먼 곳까지 가서 힘들게 배워온 지식인데도 혼자만 갖지 않고 형제들과 나누는 겁니다. 이 이야기가 말하고 있는 것은 자명합니다. "널리 남을 이롭게 할 것." 우리 교육의 기본이념이 홍익인간 아닙니까? 그런데 우리 교육이 정말 홍익인간을 만들어 내고 있는가를 생각해보면 암울하죠. 홍익인간, 널리 남을 이롭게 하라는 말이 아니겠습니까? 배워온 지식을 나눈다는 바이족의 신화는 현재 우리사회에서 매우 중요한 화두 중의 하나인 지식의 공유, 정보의 공유를 말하고 있습니다.

요즘 사회는 정보화 사회입니다. 지식과 정보를 누가 많이 가지고 있느냐에 따라 삶의 질이 달라지죠. 더 나은 삶을 위해서는 정보 소외 계층을 줄여야 합니다. 바이족 아이들의 신화는 정보와 지식을 나누는 것이 모두가 행복하게 사는 길이라는 점을 명백히 말하고 있어요. 동화와 같은 이야기일 수 있지만, 이런 신화들이 길을 잃고 헤매는 우리에게 길을 보여줄 수 있는 있지 않을까 생각해봅니다.

남방실크로드의 중요한 길목에 있는 다리, 그곳에 거주하는 바이족 신화를 소개해드렸습니다. 그들이 중요하게 모시는 대흑천신을 비롯한 본주신화와 신앙, 그리고 창세신화를 통해 그들이 전하고자 하는 메시지와 그들이 중요하게 여기는 가치를 살펴보았습니다. 언젠가 다리 고성의 골목길에 가시거든, 어느 집 벽 한 가운데 걸려있을 대흑천신 상을 찾아보시는 것도 흥미로운 일이 아닐까요?

참고자료

김선자, 『중국 소수민족 신화기행』, 안티쿠스, 2009.
김선자, 『오래된 지혜』, 어크로스, 2012.
김선자, 『김선자의 이야기 중국신화』, 웅진지식하우스, 2011.
EBS 세계테마기행-차마고도의 추억 4부, 고성의 향기. 2012.6.9.

제8강

인도, 인도네시아의 신화 세계
: 남방실크로드와 관련하여

심재관(상지대 교수)

여행하는 신화

이 신화 강의 전체 주제가 남방실크로드죠. 해양실크로드라고 부르기도 하는데, 이제까지 주로 중국 신화를 다루었다고 알고 있습니다. 어떤가요? 그림이 잘 그려지시던가요? 저는 무엇을 말씀드리는 것이 좋을까, 생각해봤어요. 특히 주제가 남방실크로드인데 왜 거기에 신화를 붙였을까. 어떤 신화들은 동쪽에서 서쪽으로 가기도 하고, 거꾸로 어떤 신화들은 서쪽에서 동쪽으로 가기도 하지요. 그렇다면 우리가 동양이라고 하는 굉장히 넓은 지리를 신화가 여행한 적이 있었던가. 여행하는 신화. 그런 것을 생각해 본 적이 있으세요? 신화 자체가 사람처럼 비행기를 타지는 않지만, 사람의 귀와 입을 통해서 동양의 여러 나라를, 아시아를 건너다니지 않던가요? 혹시 그런 신화나 민담 중 기억나는 것 있으세요? 네, 힌두교 신화도 그렇고, 〈콩쥐팥쥐〉도 그렇죠. 〈콩쥐팥쥐〉는 비슷한 설화가 유럽까지도 있으니까요.

저는 무엇을 말씀드리면 좋을까 하다가, 두 이야기를 가져왔어요. 〈라마야나〉, 그리고 또 하나는 〈마노하라〉라고 혹시 들어보셨습니까? 〈마노하라〉 이야기를 가져왔습니다. 이게 〈마노하라〉 이야기라고도 하고, 〈수다나〉 이야기라고도 합니다. 그렇지만 여러분들께는 낯선 〈수다나〉보다는 우리나라 동화 속에 무엇이라고 전해지냐 하면, 〈선녀와 나무꾼〉이라고 전해지는 스토리가 있습니다. 우리한테 있는 전래동화라든가 옛날이야기라든가 전설이라든가 신화라든가 하는 것들이 아주 오랜 시간동안 여행을 했고, 또 여행을 하는 동안 모습을 바꿔요. 다양한 지역을 거치면서 지역마다 이야기 형태를 바꾸면서 다른 모습을 가지게 되죠. 이번 시간엔 이 두 가지 이야기를 중심으로 그런 사실을 확인해 보고자 합니다.

제 생각에 이 두 신화는 인도에서 시작되었고, 그중에서도 〈라마야나〉는 가장 오랫동안, 가장 멀리 여행한 신화 가운데 하나라고 알고 있어요. 그러니까 우리가 아시아라고 부르는 거의 모든 지역에 이 이야기가 퍼져있습니다. 그리고 각국마다 자신들 버전의 〈라마야나〉가 있어요. 이 이야기가 단순히 이야기로 존재하는 것이 아니라 무용으로, 인형극으로, 조각으로, 여러 가지 형식으로 지금까지도 꾸준히 전승되고 있기 때문에, 남아시아나 동남아시아를 여행하실 때 이 이야기가 굉장한 도움을 줄 것입니다. 특히 동남아시아 문화유산을 감상하거나, 무용, 춤, 그림자연극과 같은 무형문화재, 그 사람들의 전통적인 문화예술을 감상하실 때, 훨씬 쉽게 이해하실 거라고 생각합니다. 물론 〈라마야나〉뿐 아니라 〈마노하라〉 이야기도 마찬가지입니다.

이 이야기가 사실은 우리나라에 들어와 있어요. 그렇지만 한 번도 주의해서 보시지 않았을 거예요. 만약 보셨더라도 모습이 다르다고 느끼셨을 거예요. 왜냐하면 인도의 모습이 다르고, 동남아시아에서의 모습이 다르고, 한국에서의 모습이 다르기 때문이죠. 완전히 모습을 바꾸기 때문에 그런 것입니다. 그렇지만 오랜 세월 우리 주변에 있었어요. 지금까지도 전해지지만 우리가 관심을 기울이지 않았던 것입니다. 제가 아주 어렸을 때 계몽사 출판사가 있었어요. 거기서 찍어낸 어린이 세계명작동화 50권을 초등학교 때 읽었는데, 나중에 제가 인도 공부를 하고 우연히 그것을 다시 보게 되었지요. 들춰보니까 "어? 이거 〈라마야나〉 이야기 아니야?"라고 말이 나오더군요. 그 옛날 무슨 내용인지도 모르고 읽었었구나, 라고 생각했죠. 어쨌든, 이번 시간에 말씀 드릴 두 이야기를 먼저 간단히 소개하겠습니다. 이 두 이야기가 아주 오랜 시간동안 아시아 여러 지역들을 여행했기 때문에, 남방실크로드를 생각할 때 '아, 이게 이런 루트를 거쳐서 동남아시아에 건너갔겠구나!' 하는 것을 느끼실 수 있을 것입니다.

〈라마야나〉 줄거리

첫 번째 〈라마야나〉 이야기입니다. 우리나라에도 청소년 문학이나 동화집 등등 포함하여, 대략 십여 종이 소개되었습니다. 물론 완역된 것은 아니고요. 이게 고전입니다. 인도의 가장 오래된 서사시, 긴 서사시 중 하나예요. 〈마하바라타〉라고 하는 이야기도 있습니다. 인도에는 두 개의 대표적인 서사시가 있어요. 〈라마야나〉와 〈마하바라타〉가 그것이죠. '라마야나'는 '라마가 걸어간 길'이라는 뜻이에요. 라마의 인생 이야기 정도로 해석하셔도 될 것 같아요. '라마'는 왕자의 이름이고, '야나'가 걸어간 길이란 뜻이죠. 〈라마야나〉는 굉장히 방대합니다.

박경리 선생이 쓴 『토지』를 번역해 놓으면 그 정도 되지 않을까 싶어요. 〈마하바라타〉는 훨씬 더 길지만요. 어쨌든, 〈라마야나〉 이야기를 따라가 보죠. 이야기는 간단해요. "라마라고 하는 옛날 인도의 왕자가 부인인 공주를 악마한테 납치당해 찾기 위해 먼 길을 떠났고 결국 공주를 찾아와 행복하게 잘살았다." 라고 말할 수 있겠네요. 그런데 왜 그렇게 길까요? 그 속에 별별 이야기가 다 들어있기 때문이에요.

옛날에 라마 왕자가 살던 왕국 이름이 아요디야입니다. 고대 시대에는 아요디야가 전 세계적으로 유명했던 왕국이에요. 야요디야는 다샤라타라는 왕이 다스렸는데, 장남이 라마예요. 왕에게는 세 명의 부인이 있었습니다. 첫 번째는 카우살리아, 두 번째는 카이케이, 세 번째는 수미트라라고 했는데, 라마가 첫째 부인 카우살리아의 장자예요. 그런데 둘째 부인에게서 둘째가 생기고, 또 락슈마나, 사트루라 라는 동생들이 셋째 부인에게서 태어나요. 다샤라타 왕이 병이 들고 늙어서 라마가 왕위를 계승받은 날, 사건이 터져요. 사실 왕은 자식들이 없어서 굉장히 고민했던 적이 있어요. 그래서 제사를 지냈더니, 곧 아들들이 쑥쑥 태어난 거죠.

한편, 젊은 아들들이 스승을 따라 숲 속에 가서 무술을 배우던 시기가 있었어요. 이 시기에 우연히 라마가 스승을 따라 이웃집 나라에 가서 공주를 구해오게 됩니다. 실상은 이래요. 이웃집에서 신랑을 구한다고 하는 광고가 붙었어요. 라마가 그 광고를 보고 신랑 간택 시험에 지원하게 됩니다. 신궁을 구부러뜨려서 통과해요. 아무나 들지 못하는 전설적인 활이었거든요. 그 활을 구부러뜨려서 활줄을 걸고 과녁을 맞히는 시험을 거쳐 '시타'를 데려오게 되죠. 시타는 이웃집 왕이 밭을 갈다가 밭고랑에서 주운 아이예요. 시타라는 이름 자체가 밭고랑을 뜻합니다. 여자분들은 다 밭고랑을 가지고 계세요. 어디에? 머리에. 머리를 넘기면 밭고랑이 생기죠? 가르마. 그걸 시타라고 합니다. 시타는 가르마, 밭고랑을 뜻하죠. '땅의 여신'을 얻었다는 거예요. 그러니까 라마는 땅의 여신의 딸과 결혼하게 되었다는 거죠.

라마가 그렇게 결혼한 다음 왕국에 들어와 편안하게 지내다가 왕위 계승받을 일만 남았던 거죠. 내일로 즉위식 날이 다가왔어요. 즉위식만 끝나면 왕이 되는 거예요, 라마가. 그런데 전날 밤 일이 생겨요. 둘째 부인 있죠? 카이케이라고. 이 둘째 부인에게 몸종이 있었는데, 꼽추였어요. 이 꼽추 몸종이 카이케이에게 달려가 꼬드겨요. "내일 카우살리아의 아들 라마가 왕위에 오르면, 당신의 친아들 바라타는 개밥의 도토리가 되는 것 아닙니까? 지금 즉시 왕한테 달려가서 소원을 빌어요. 당신이 맡겨둔 소원을 빌어요." 라고 하면서요. 무슨 소원이냐하면, 다샤라타 왕이 둘째 부인과 함께 전쟁터에 나간 적이 있어요. 그때 마차 바퀴가 망가지고 다샤라타 왕이 적의 활에 치명상을 입게 되는데, 둘째 부인이 왕을 간호하며 생명을 구해줬던 거죠. 그래서 다샤라타 왕이 둘째 부인에게 "당신이 내 목숨을 살려주었구려. 다음에 당신이 두 가지 소원을 이야기하면, 어떤 것이든지 하늘이 두 쪽 나도 꼭 들어주겠소." 라고 약속해요. 약속의 내용을 이 몸종이 알고 있는 것이죠. 결국 둘째 부인이 왕에게 달려가 이렇게 이야기를 해요. "여보. 내가 소원을 말하면 두 가지를 들어주기로 했죠? 내가 지금 그걸 얘기해도 되겠어요?" 다샤라타 왕은 기분이 좋으니까 어서 이야기하라고 해요. 부인이 이야기하죠. 첫째, 라마를 지금 즉시 내쫓고 14년 동안 숲속에 유배를 보내라. 두 번째, 라마를 대신해 바라타를 왕위에 앉혀라. 그런데 그때 바라타는 멀리 여행을 하고 있었어요. 그러니 바라타가 돌아오는 대로 왕위에 앉혀라. 그렇게 소원을 이야기하자, 왕은 깊은 고민에 빠졌어요.

이게 무슨 뚱딴지같은 소리야 하고 지나갈 수 있겠지만, 옛날 인도 사람들에게 약속이라는 것은 거의 생명과 맞먹는 값어치를 가지고 있었어요. 꼭 지켜야 하는 맹세 같은 것이죠. 그래서 왕이 엄청 고민에 빠져요. 인도에는 다른 민족에게 보이지 않는 '다르마'라는 게 있어요. 왕이 어떤 존재인가. 약속을 지키는 것, 신의를 지키는 것이 왕에게는 아주 중요한 덕목이에요. 분명히 약속을 했기 때문에 지켜야 하는 것이죠. 그러고 있는데 라마가 기쁜 마음으로 아버지 방으로 찾아와요. 내일이 즉위식이니까 아버지가 얼마나 기뻐하실까 생각하면서 찾아갔는데, 아버지가 싸매고 누워계신 거예요. 심상치가 않아요. 라마가 아버지한테 자초지종을 들어요. 라마가 이상적인 군주의 대표적 존재이니 침통했겠죠. 그렇지만 단호하게 "아버지, 걱정 마십시오. 아버지와 어머니의 약속은 반드시 지켜져야 합니다. 제가 떠나면 되지 않겠습니까? 아버지와 어머니의 약속을 지켜드리기 위해 제가 흔쾌히 숲속으로 유배 가겠습니다." 라고 말해요.

라마가 그렇게 아버지에게 이야기를 하고 눈물을 흘리면서 떠날 채비를 시작해요. 짐을 부랴부랴 싸고 있는데, 시타가 "여보, 왜 그래요?" 하는 거죠. 자초지종을 이야기하니까, 실 가는데 바늘 가야지 하며 "내가 따라가겠어요." 해서 시타가 따라갑니다. 그때 셋째 부인의 쌍둥이 아들 중의 하나인 락슈마나가 "형님. 형님은 옛날부터 무술을 같이 배웠고, 나하고 떨어질 수 없는 관계입니다. 나도 따라가겠습니다." 해서 세 명이서 숲속으로 14년간 거주하기 위해 유배를 갑니다. 이 이야기의 자세한 중간 이야기는 한 권의 책으로 나온 것이 있으니까 읽어보세요. 굉장히 재미있습니다. 숲속에 가서 여러 명의 현자들을 만나 좋은 가르침도 받고, 숲속에서 거주하는 악마들과 마귀들도 물리치고, 동물들과 친구도 되는 이야기가 또 한 권의 책으로 되어 있어요.

그러던 와중에 둘째 바라타가 여행을 마치고 집으로 돌아왔는데, 난리가 난 거예요. 형님이 왕이 된 줄 알았는데, 형님은 없어지고 어머니가 바라타한테 왕을 하라는 거예요. 있을 수 없는 일이에요. 고대 인도 사회에서 왕이라고 하는 건, 장님이나 불임, 제3의 성을 가졌다거나 하는 신체적인 문제가 없는 경우를 제외하고는 장자가 계승하는 것이 당연하기 때문이었죠. 자초지종을 또 둘째가 듣게 돼요. 모든 일이 자신의 어머니 때문이라는 것을 알고 바라타가 땅을 치고 슬퍼합니다. "아무래도 안 되겠다. 내가 형님을 찾아서 왕으로 모셔와야지." 하고 친족들과 군대를 이끌고 숲속으로 라마를 찾아갑니다. 라마는 사람들이 오는 것을 보고, '숲속에 도망 와 있는 나를 죽이려고 하는 것인가'라고 생각해요. 형제들이 찾아온 건데 말이죠.

라마가 "나이 드신 아버지는 지금 어떻게 계십니까?" 하니까, 사랑하는 장자가 둘째 부인 때문에 떠난 것을 알게 되신 아버지가 당신 때문이라고 생각해 비통에 젖어 시름시름하시다가 세상을 떠나셨다고 답했죠. 그 이야기를 듣고 라마가 기절했다가 깨어나요. 바라타가 말해요. "형님. 다시 가세요. 아버지가 돌아가셨으니까 아버지와 내 어머니의 약속은 폐기된 것이 아닙니까? 그러니까 그냥 돌아가셔도 약속은 지켜지는 게 아닐까요?" 이에 라마가, "무슨 소리냐? 아직 둘째 어머니께서 살아계시고, 아버지가 돌아가시더라도 약속은 지켜지는 것이 올바른 일이다." 합니다. 라마와 바라타는 이야기를 이어나가요. 어떤 것이 올바른 것이냐에 대한 이야기 말이죠. 이 급박한 순간에 형제들이 앉아서 무엇이 옳은가에 대해서 토론을 하는 거예요. 〈라마야나〉를 통해 옛날 사람들이 생각했던 사건의 올바른 해석과 정당함을 하나의 예로서 보여주는 것이죠. 〈마하바라타〉도 마찬가지인데, 퍼즐이나 퀴즈가 중간 중간에 많이 끼어 있어요. 인도 서사시의 중요한 특징 가운데 하나예요.

어쨌든 라마의 주장이 먹혀서 승복을 받아요. 그러니까 둘째가 "형님. 그러면 당신의 이름으로 내가 대리통치를 하겠습니다. 형님의 신발 한 짝을 주세요." 합니다. 그렇게 바라타는 라마가 신고 있던 신발 한 짝을 가지고 돌아가죠. 굉장히 착한 동생입니다. 왕국에 돌아가서는 왕좌에 앉지 않아요. 왕좌 위에 형님의 슬리퍼를 얹어놓고, 자기는 형님의 이름으로 관리만 한다고 천명해요. 다 돌아갔어요. 이제 세 명만 남아 다시 숲속에서 살아야 합니다.

이제 본격적으로, 라마의 부인 시타의 납치 사건이 대두돼요. 〈라마야나〉 전체의 방향을 바꾸는 가장 중요한 사건입니다. 그래서 인도의 회화나 조각상에서 굉장히 많이 나타나죠. 이 셋은 숲속에 살고 있어요. 고대 인도에서 '숲속'이라는 공간은 인간이 만들어낸 다르마, 즉 인간의 율법이 적용되지 않기 때문에 무법천지의 공간이에요. 아노미의 공간입니다. 거기에는 고행을 하는 수행자도 있고, 부처님이나 자이나교회의 수행자도 있고, 라마처럼 유배 온 사람도 있으며, 악마들도 있어요. 어느 날 마귀가 보니까 어딘가에서 맛있는 인간냄새가 나요. 그래서 이 마녀, 슈르파나카가 인간을 잡아먹어야겠다면서 날뛰어요. 슈르파나카는 곡식 씨앗 까부를 때 쓰는 키 만한 손톱을 가졌어요. 이름 또한 거기서 유래했고요.

슈르파나카는 라마와 시타, 락슈마나가 사는 오두막 근처에 갔어요.

그런데 어마어마하게 멋있는 남자가 있는 거예요. 한눈에 반하죠. 그게 라마예요. "정말 멋있는 남자네? 내가 데리고 살아야겠다."라고 생각하고는 슈르파나카가 굉장히 흉악하게 생긴 악녀인데, 아름다운 인간 여인으로 변해서 오두막에 갑니다. 그러곤 라마에게 "이름이 뭐야? 혹시 나랑 평생 해로할 생각은 없니?" 라고 하니까, 라마가 "무슨 소리예요? 제 옆에는 굉장히 아리따운, 당신보다 더 아름다운 아내 시타가 있는데요. (여기서 라마가 장난을 칩니다) 그러지 말고 락슈마나라고 저쪽에 훌륭한 내 친구가 있는데 그 친구에게 가봐요."라고 합니다. 슈르파나카를 락슈마나에게 넘겨버린 거죠. 락슈마나는 슈르파나카가 자꾸 치근덕거리니까, 악녀의 머리채를 잡고 칼로 코를 뱁니다. 그러니까 슈르파나카가 본래의 악녀 모습으로 돌아가면서, 너희들을 가만두지 않겠다고 말하면서 둘째 오빠를 데려오겠다고 하고는 도망가요. 곧 슈르파나카의 둘째 오빠는 여동생이 치욕을 당했다는 사실을 듣고 악마 군대를 소집해요. 락슈마나와 라마를 죽이기 위해서 말이죠. 그런데 라마와 락슈마나는 어렸을 때부터 무술을 배웠고 신궁도 가지고 있어요. 또한 온갖 마술도 아는 신적인 존재들이기 때문에 마군魔軍쯤은 쉽게 물리치죠. 슈르파나카는 기어코 첫째 오빠에게 도움을 청해요. 그게 누구냐 하면 라바나입니다.

그림 72
락슈마나가 슈르파나카의 코를 베는 장면

라바나를 찾아간 슈르파나카가 "오빠, 큰일 났어. 둘째 오빠도 당했어. 오빠는 마왕이고, 거의 죽지 않는 존재니까 군대를 끌고 가서 라마들을 무찔러주세요."라고 해요. 이 라바나는 어디에 사느냐 하면 랑카

그림 73
라바나의 출정 장면

섬에 살아요. 스리랑카슈리랑카 ŚriLankā라고 아시죠? 왜 스리랑카인지 아세요? '스리'는 불교에서 "수리수리 마하수리, 수수리 사바하" 할 때, 바로 그 수리와 같은 말인데, '고귀한', '성스러운'이란 뜻이 있어요. 혹시 『능가경』楞伽經이라고 들어보셨나요? 『능엄경』楞嚴經도 있고 『능가경』도 있는데요. 이 '능가'가 랑카 섬을 뜻해요. 정확히 지금의 스리랑카를 뜻하는 거냐 하는 것은 의문이지만, 어쨌든 〈라마야나〉에서는 인도 남쪽에 있는 전설적인 섬으로 그려지고 있어요. 이 섬에 살고 있는 슈르파나카의 큰오빠 즉, 라바나의 특징이 뭐냐 하면 머리가 열 개에 팔은 스무 개예요. 머리가 여러 개라는 건 신적인 권능을 뜻하죠. 목을 하나 쳐도 살아있고, 머리가 잘리면 잘려진 곳에서 머리가 하나 다시 나오고요. 그런 라바나가 여동생과 남동생이 당하니 화가 머리끝까지 나서 곧바로 군대를 출정시켜요. 그런데 그 와중에 슈르파나카가 큰오빠를 다른 쪽으로 설득시켜요. "오빠. 라마를 죽이고 나서, 거기 보면 굉장히 나쁜 애가 있어, 시타라고. 걔가 나보다는 못하지만 좀 예쁘니까 오빠가 데리고 살아." 라고 하는 겁니다. 라바나가 더 혹할 수밖에 없죠.

그런데 막상 가보니까 만만치 않아요. 라바나는 가만히 생각해요. 힘으로 하면 안 될 것 같은 거예요. 그래서 계략을 씁니다. 라마와 시타가 항상 붙어 다니니까 둘을 떼어놓고는 그때 시타를 납치하면 되겠다고 생각한 거예요. 라바나는 즉시 마법사를 고용합니다. 그러고는 마법사에게 "너는 머리가 두 개 달린 황금사슴으로 변해서, 걔네들이 살고 있는 오두막을 왔다갔다 하거라. 그러면 분명히 시타가 너를 잡아달라고 라마에게 바가지를 긁을 거야." 라고 명령하죠. 웬 머리 두 개 달린 황금사슴이 왔다갔다 하니까, 시타가 "여보. 저 사슴을 가지고 싶으니, 나에게 잡아주오." 라고 계속 바가지를 긁어요. 라마는 뭔가 석연치 않았어요. 그래도 사랑하는 부인이 원하니 어쩌겠어요. 잡아온다고 하고는 가려고 보니까 뭔가 꺼림칙해요. 그래서 락슈마나한테 말해요. 어떠한 일이 있어도, 네 형수를 꼭 지키고 있으라고 말하죠. 그렇게 하고 사슴을 쫓아가요. 그런데 사슴이 얼마나 빠른지 쫓아가도 잡히지 않아요. 깊은 산속까지 들어가게 됩니다. 저 멀리 깊은 산속까지 라마가 쫓아갔어요. 그런데 황금사슴이 갑자기 돌아서서 오두막 쪽을 향해 소리칩니다. 누구의 목소리로? 바로 라마의 목소리로 외쳐요. "락슈마나! 나 위험에 빠졌어! 도와줘!" 라고 외칩니다. 그 소리가 계속 울려 퍼지니까 오두막에서는 숲속에 갔던 형님이 위험에 빠진 줄 알고 있었어요. 그래서 "형수님 어떻게 하죠? 형님이 큰일이 난 모양이에요." 라고 해요. 시타는 라마가 위험에 빠진 줄 알고, 어서 가서 형을 도우라고 하는데, 락슈마나는 형님이 이야기한 것처럼 뭔가 꺼림칙해요. 그래서 다시 토론을 합니다. 락슈마나가 "형님의 말을 지키는 게 정당한 것 아니겠어요?" 하면, 시타는 "무슨 소리예요? 당신의 형이 지금 위험에 빠졌는데, 지금 당장 쫓아가는 게 옳아요." 라고 하면서, 어떻게 행동하는 게 옳은 것인가를 두고 락슈마나와 시타가 설전을 벌여요. 이런 모습이 문학적인 장치예요. 결국은 "알았습니다. 형수님. 내가 마법이 있으니까, 마법의 원을 오두막 밖에 그어놓고 갈게요. 오두막 밖, 그 마법의 원 밖으로 한 발자국도 내딛지 마세요." 하면서 형님을 도와주러 가요.

모든 상황을 지켜보고 있던 라바나가 '드디어 오두막에 시타가 혼자

있구나!' 해서 오두막으로 들어가려고 하니까, 마법의 원이 쳐져 있는 거예요. 못 들어가요. 그래서 어떻게 하냐 하면, 시타를 밖으로 꼬여내자 해서 탁발승으로 변장을 합니다. 문을 두드리고는 배고픈 탁발승이니 시주를 해달라고 해요. 그러니까 시타가 "들어오세요." 하는데, 어떻게 여인 혼자 사는 집에 들어갈 수 있겠냐고 하면서 한 발자국만 나오라고 해요. 시타는 별 일 없겠지, 하고 한 발짝을 내딛는 순간에 라바나가 하늘을 나는 마차에 태워서 랑카 섬으로 날아가요. 라마 형제들이 숲속에 살면서 알게 된 자따유라고 하는 독수리 친구가 있는데, 이 독수리 친구가 하늘 길에서 라바나의 마차를 딱 가로막고 공격을 합니다. 그렇지만 한낱 독수리가 마왕을 이길 수 있나요. 마왕은 자따유를 죽여 버려요. 그러곤 가던 길을 가죠.

때를 같이해 황금사슴은 본래의 모습으로 돌아가더니 이내 사라져요. 락슈마나와 라마가 얼른 집에 돌아가 봤더니 아무도 없어요. 숲속을 헤매다가 보니까 죽어가는 자따유가 있는 거예요. 이 독수리 자따유가 형제들에게 이야기하죠. 어떻게 된 것인지, 시타가 라바나에게 납치되었다는 사실을 알게 되고는 라마 형제는 랑카 섬으로 여행을 떠나요.

한편 라바나는 시타를 아쇼카 숲에 모셔다 놓아요. 인도의 아쇼카 왕을 아세요? '쇼카'라는 것은 슬픔이라는 말이에요. '아쇼카'는, '아'가 부정하는 접두사니까, '슬프지 않다', '근심이 없다'라는 뜻입니다. 어쨌든 라바나가 시타를 아쇼카 숲속에 모셔다 놓고는 "너 나랑 결혼하자. 내가 온갖 금은보화 다 줄게." 라고 하죠. 시타는 당연히 거절해요. 라바나가 말을 듣지 않으면 잡아먹겠다고 온갖 회유와 협박을 다 하지만, 시타는 정조를 지키죠.

라마와 락슈마나는 걸어서 오랜 여행길을 갑니다. 그 오랜 여행길에서 방황하는 원숭이 부대를 만나게 돼요. 원숭이 나라에서도 반란이 일어나서 왕이 쫓겨났죠. 쫓겨난 왕의 무리가 바로 그 방황하는 원숭이 부대였던 거예요. "그러면 우리 협정을 맺자." 라고 라마가 원숭이들에게 제안해요. "우리가 너희 왕국 되찾는 것을 도와줄 테니, 내가 부인 되찾는 것을 도와 줘." 하면서 서로 상부상조하기로 이야기가 진행됩니다.

원숭이 부대 중 기억하셔야 할 이름이 하나 있는데, 하누만이라고 하는 바람의 신 바유의 아들이에요. 하누만은 허공을 잘 납니다. 몸도 엄청 작게 했다가 엄청 크게 할 수도 있고요. 하누만은 손오공을 닮았지요. 하누만이 『서유기』에 등장하는 손오공의 모티브라고, 많은 중국 학자와 인도 학자들이 말해요. 미국 펜실베이니아대학에 빅터 메어 Victor H. Mair라고 하는 유명한 중국학 학자가 있어요. 그를 중심으로 한 학자 집단이 그렇게 보고 있는 것 같아요. 확증적인 단서는 없지만요. 변문變文이라고 하는 이야기 형식이 인도에서 왔을 거라고 보는 학자들도 있어요.

어쨌든 하누만이 결정적으로 등장하는데, 나중에 라마가 부인을 찾는 데 굉장히 많은 도움을 줘요. 먼저 라마가 약속대로 나쁜 원숭이 부대를 처단하고 하누만의 왕을 다시 왕위로 복귀시켜줘요. 이에 하누만은 라마에게 대신들과 원숭이 부대를 붙여줘서 시타를 되찾는 여행을 계속하죠. 오랜 여행 끝에 드디어 바다 건너 랑카 섬이 있는 해안가에 도달해요. 그런데 바다가 너무 커서 건너갈 수가 없으니까, 원숭이들이 돌로 바다를 메워 다리를 놓습니다. 섬하고 육지 사이에 다리를 놔요. 돌다리를 놔서 군대가 진격하게 합니다. 이런 이야기도 있어요. 그 이전에 이미 하누만이 육지에서 점프를 해 랑카 섬에 가서 갇혀 있는 시타를 확인하고 라마가 건네준 반지를 보여줬다는 거예요. 그런 다음 혼자 섬을 빠져나오려 할 때 일부러 잡혀 꼬리에 불을 붙여서는 랑카 섬에 불을 질렀다는 거죠. 다시 돌아와서, 라마는 드디어 진격 명령을 내려요. 라바나와 최후의 결투를 시작해요. 라바나가 만만치 않습니다. 라바나에게 아들이 하나 있어요. 굉장히 악독한 마법을 써요. 그 때문에 전투 도중 락슈마나가 치명적인 독에 중독이 돼요. 거의 죽을 지경에 빠져서 의식이 없을 지경이죠. 라마 측에서 회의를 해요. 저 인도 끝 쪽 히말라야에 가면 명약이 있는데, 그것을 가져와야지 락슈마나를 살려낼 수 있다고요. 그런데 시간이 없는데 어떻게 하지, 하다가 하누만을 보내요. 날이 밝기 전에 약초를 캐 돌아와야 했어요. 그렇지 않으면 락슈마나가 죽게 되니까요. 그래서 하누만이 점프를 해 히말라야에 도착했는데, 그 약초가 어디에 있는지 어떻게 알겠어요. 급하니까, '할 수 없군.' 하면서 히말라야 봉우리를 뿌리째로 뽑아서 가져와요. 그렇게 막슈마나를 살리죠. 이제 최후의 결전을 벌입니다. 라마가 활을 쏴서 라바나의 열 개 머리를 다 떨어뜨려 마침내 승리합니다.

드디어 시타를 되찾았어요. 시타를 찾았는데, 시타가 남편이 날 찾아왔구나 해서 감격에 빠져 있는데, 이상하게 라마가 시타를 안아주지 않는 거예요. 데면데면하게 볼 뿐이에요. 시타가 왜 그러냐고 물어봐요. 그랬더니, "당신 혹시 라바나와 무슨 일 있었던 건 아니오?" 사실 원전에는 이렇게 표현이 됩니다. "당신, 라바나의 허벅지 위에 앉았던 건 아니오?" 성적인 의미예요. 그러니까 라바나와의 성관계, 즉 불륜이 있었던 것이 아니냐며 의심하는 거예요. 오랫동안 떨어져 있었으니까요. 시타는 기가 막히죠. "당신이 어떻게 나에게 그런 말을 하죠?" 정조를 지키느라고 얼마나 힘들었는데, 사랑했던 남편이 안 믿는 거예요. 시타는 "내가 정절을 지켰다는 것을 스스로 시험하겠어요. 불의 테스트를 하겠어요. 장작불을 피워 놓고 내가 걸어가서 불타 죽지 않으면 내가 청정한 것이고, 불에 타서 죽으면 오점이 있는 여자인 거예요." 라고 하면서 불 위를 건너기로 해요. 모든 신들과 하늘에 떠있는 천신들과 대중들, 원숭이 부대들이 다 지켜보고 있습니다. 불을 피우고는 시타가 그 불길을 지나갑니다. 그런데 장작불 위를 지나가려는 순간, 불의 여신 아그니가 시타를 안아서 불길을 통과해요. 그렇게 불길을 통과해서 시타가 순결하다는 것을 증명합니다. 여기에는 남성 중심적인 사고가 나타나 있죠, 순결에 대한.

　라마와 시타는 다시 왕국에 돌아와 형제들과 만나고 즉위식을 한 다음 행복하게 살아요. 여기서 끝일 것 같죠? 이야기는 여기서 조금 더 진전됩니다. 그들은 행복하게 잘 살고 있었어요. 그런데 계속 시끄러운 거예요. 라마의 친구가 와서는 이래요. "라마, 당신이 잘 모르겠지만, 요즘 정세가 좋지 않아. 국민들 민심이 좋지가 않아." 이유를 물으니, 이 친구가 라마에게 이야기를 해줍니다. "라바나가 그렇게 오랫동안 시타를 데리고 있었는데, 시타가 정조를 지켰다는 게 사실이 아니라는 거야. 그렇게 소문이 나서 민심이 상당히 어수선해." 라마는 고심을 합니다. 그래서 어떻게 하냐 하면, 락슈마나를 불러서 "동생아, 안 되겠으니까, 네 형수 시타를 숲속에 데려가서 버려라." 라고 합니다. 시타는 숲속에 버려지게 돼요.

　그런데 라마는 몰랐지만, 당시 시타 몸속에는 아이가 있었어요. 그렇게 임신한 몸으로 숲속을 혼자 헤맬 때 이 여인을 현자가 거두어줘요. 부인으로 뒀다는 게 아니라 잘 보살펴줬다는 말이에요. 이 현자의 이름은 '발미키'예요. 이 현자가 바로 〈라마야나〉의 전설적인 창작자이지요. 그래서 인도에서는 보통 발미키의 〈라마야나〉라고 합니다. 인도에는 여러 종류의 언어로 된 〈라마야나〉가 있지만, 가장 전통적인 〈라마야나〉를 발미키가 산스크리트어로 쓴 〈라마야나〉라고 하죠. 어쨌든 이 현자가 시타를 거둬서 오랫동안 돌봅니다. 그러는 사이 두 명의 아들이 태어납니다. 쿠샤, 라바 쌍둥이 형제죠. 이 두 아들을 현자 발미키는 시인으로 키웁니다. 이 두 아들의 이름을 합치면 쿠샤라바가 되지요. 쿠샤라바는 '시인'이라는 뜻에요. 라마는 그 사실을 몰라요. 그렇게 세월은 흘러요.

　라마는 나이가 먹을 만큼 먹었어요. 잔치를 벌입니다. 이웃집, 숲속 유명한 사람들, 악사들, 왕들, 시인들을 다 오라고 해요. 발미키가 그 소식을 듣고 시타의 두 아들을 왕국으로 보냅니다. 보내서 노래를 하게 해요. 마침내 잔치가 벌어져서 쿠샤라바 두 아들이 노래를 불러요. "옛날에 한 왕이 있었다. 둘째 부인의 계략을 받아서 왕자는 숲속으로 유배를 갔다네, 유배 간 사이에 부인이 마왕에 납치되었다네." 라마가 가만히 들어보니까 자기의 인생이야기예요. 아무도 알 수 없는 그 이야기를, 시타와 락슈마나가 아니라면 알 수 없는 그 이야기를 생전 처음 보는 두 젊은 시인이 와서 부르는 거예요. 너무나 경악한 나머지 이 청년들을 불러 이야기를 어디서 들었는지 물어요. 그래서 "우리는 숲속에 사는 발미키의 양자이고요. 그분이 키워주셨고, 나의 어머니는 아직 숲속에 계십니다." 라고 답해요.

　라마는 이들의 어머니가 옛날 자기가 명령해 버린 시타라는 것을 알고 숲속에 가서 시타를 데려오게 해요. 그러곤 성대하게 잔치를 벌이고 다시 잘 살아요. 그런데 잘 살다가 어느 날 라마가 시타보고 그러는 거예요. "여보. 옛날에 당신 말이야. 라바나한테 납치되었을 때 라바나

하고 뭐 있었던 거 아니야?" 시타가 이제는 포기합니다. 그리고 땅의 여신에게 "여신이시여, 나를 세상으로 데려왔던 땅의 여신이시여. 나를 다시 당신의 품속으로 데려가소서." 하고 기도하니까 땅이 쫙 갈라지면서 땅의 여신이 올라와 시타를 받아서 다시 땅속으로 들어갑니다. 그래서 라마는 최후에 혼자서 잘 먹고 잘 살다가 다시 비슈누의 품으로 돌아가요. 비슈누의 화신이니까요. 쿠샤라바 두 아들 시인에 의해 라마가 자기 인생이야기를 듣게 되고 시타를 다시 데려온다는 뒷이야기는 〈라마야나〉의 후대에 증장된 것으로 많은 학자들은 생각해요.

〈라마야나〉의 전승

이상적인 왕은 어떤 모습이고 어떻게 행동해야 하는가. 제가 기본적인 이야기만 말씀드렸습니다만, 이 신화 속에는 사람이 어떻게 사는 것이 정의로운가, 다르마와 율법을 어떻게 지켜야 정의로운 것인가 하는 철학적인 주제들이 다분히 들어 있습니다. 어쨌든 〈라마야나〉는 아마도 기원전 3~4세기 경에 처음 나타나 오랜 시간이 흐르면서 인도 전역에 퍼졌을 것입니다. 인도에는 굉장히 다양한 형태의 〈라마야나〉가 있습니다. 아줌마 버전, 학생 버전, 유치원 버전, 대학생 버전, 승려 버전 등. 지역에 따라서도 달라요. 어디에 쓰는가에 따라 다르고요. 인형극 판본, 무용극 판본 등. 지금 인도에만 〈라마야나〉 사본이 대략 3천 종이 있다고 합니다. 그 뿐만 아닙니다. 인도에만 있는 것이 아니라, 동남아시아, 남아시아, 동아시아 등으로 널리 퍼졌죠. 특별히 동남아시아에 많이 퍼졌어요. 앙코르 와트 아시죠? 앙코르 와트 조각을 보시면, 거기에도 〈라마야나〉 장면이 많이 숨어 있어요. 인도네시아에도 가시잖아요? 인도네시아 자바 섬에 가시면 로로종그랑이라는 세계문화유산이 있어요. 거기에서도 〈라마야나〉를 보실 수 있어요. 이밖에도 태국, 라오스, 캄보디아, 미얀마, 말레이시아, 필리핀 등 여러 지역에 그 나라만의 스타일로 약간씩 변형된 〈라마야나〉가 있습니다. 태국의 무용극, 그림자인형극, 특히 인도네시아의 그림자인형극, 인도네시아에 가서 전통 그림자인형극을 보세요. 굉장히 아름답습니다. 하나의 에피소드만 공연하는 데 한두 시간 걸려요. 아마 그것을 다 하려면 몇 주나 몇 달은 걸리겠죠. 그런 전통극이 무엇을 토대로 하느냐. 대부분은 〈라마야나〉나 〈마하바라타〉예요. 뿐만 아니라 티베트, 몽골 등을 통해 한문으로 번역이 되어 불경 속에 들어왔어요. 중국, 한국은 물론 일본까지 들어갔죠. 일본에 대략 12세기 전에 만들어진 『보물집』宝物集이라는 문헌이 있는데, 여기에도 〈라마야나〉 이야기가 별도로 들어가 있습니다. 〈라마야나〉는 아시아 전체로 퍼져간 것이죠.

〈라마야나〉를 동남아시아에서 가장 쉽게 볼 수 있다고 했죠? 여러 가지 무형유산을 통해서 말이에요. 특히 그림자인형극 같은 것을 통해서요. '와양 꿀릿'이라고 해요. 아주 멋집니다. 태국의 전통 무용도 〈라마야나〉를 토대로 한 거예요. 인도에서는 연속극으로도 만들어져서 업무가 중지될 정도로 굉장히 유명했어요. 또 애니메이션으로도 만들어졌습니다. 그리고 '빠리'라고 하는, 지금은 사라진 공연 형태가 있어요. 빠리는 옷감, 긴 천이라고 하는 뜻입니다. 긴 천 한 장에 〈라마야나〉를 조각조각 그려넣어요. 한쪽에서 기타

그림 74
그림자인형극
'와양 꿀릿'

를 치며 이야기를 노래하고, 한쪽에서는 여인네가 등불을 들고 서 있어요. 가수가 노래를 시작하면 천을 펼쳐 보여줘요. 인도 북서부 쪽에는 주로 공연이 밤에 이루어지는데, 인도네시아나 동남아시아에서도 마찬가지예요. 그리고 '라마릴라'라고 있는데, 우리나라로 치면 마당극 같은 거예요. 릴라는 놀이, 마당극이란 뜻이니, 라마릴라라고 하면 라마극 정도가 되겠지요. 또 남인도의 전통적인 '카타칼리'라는 극도 〈라마야나〉를 배경으로 한 겁니다.

인도에도 민속촌 같은 것이 있어요. '라구라즈뿌르'라고 해요. 오십 가구 정도의 초가집들이 쭉 있는 동네인데요. 아이들부터 할아버지, 할머니까지 마을 주민들이 전부 예술 활동을 해요. 특히 여인네들은 마을의 집 벽에 회칠을 하고 그림을 그립니다. 아이는 집안에 앉아 그림을 그려요. 여기 벽에다 그린 그림을 보세요. 라마하고 락슈마나가 머리 열 개 달린 라바나를 향해서 활을 쏘고 있어요. '라마와 락슈마나'가 이 그림의 타이틀이에요. 이 동네에서 그리는 그림의 내용들이 상당 부분 〈라마야나〉예요. 관광객들에게 팔기도 하죠. 인도에서는 웬만한 사람들은 〈라마야나〉 이야기를 안다는 거예요. 그래서 꼭 그 사실을 알고 가셔야만 이야기가 통할 거예요.

뿐만 아니라 사원의 외벽에도 〈라마야나〉의 중요한 일화를 담은 그림이 조각되는 경우가 굉장히 많습니다. 인도나 동남아시아를 가시게 되면 박물관이나 사원에서 〈라마야나〉 관련 장면들을 많

그림 75
라구라즈뿌르의 벽 그림
'라마와 락슈마나'

그림 76
라마찬드라 사원 외벽 조각

이 마주칠 수 있을 거예요. 〈라마야나〉를 읽고 가면 금방 눈치 챌 수 있으실 거예요. 인도 함피에 있는 라마찬드라 사원도 꼭 한번 가보시기를 권합니다. 전 세계 여행자들이, 특히 유럽의 젊은 여행자들이 많이 방문하는 대표적인 곳입니다. 굉장히 로맨틱해요. 옛날 왕국의 도읍인데, 아주 넓은 지역에 걸쳐있는 사원과 왕국의 건축물, 잔해들이 주변의 자연경관 속에 널려있거든요. 분위기가 굉장히 매혹적이에요. 전부 화강암들이 산을 형성하고 있어서 독특한 분위기를 연출하고 있어요. 라마찬드라 사원을 보시면, 사원 외벽에 〈라마야나〉의 중요한 에피소드를 전부 다 조각했어요. 외벽을 합치면 백m 가까이 될 거예요. 한 바퀴를 돌면 〈라마야나〉를 다 읽으실 수 있어요. 옛날에는 영화가 없었기 때문에 이런 조각들이 대중들에게 스토리를 전달할 수 있는 중요한 매체였습니다. 그래서 기둥, 벽면에 전부 조각을 한 것이죠. 이상으로, 〈라마야나〉 이야기를 마치겠습니다. 말씀드렸다시피 〈라마야나〉는 꼭 한번 축약본이라도 읽어봐 주십사 부탁드립니다. 전 아시아의 많은 유무형 유산에 중요한 원천이 되었기 때문입니다.

〈선녀와 나무꾼〉의 동남아판 〈마노하라〉 이야기

두 번째 이야기로 넘어가겠습니다. 〈수다나 왕자〉 또는 〈마노하라〉라고 부르는 이야기입니다. 우리나라의 〈선녀와 나무꾼〉 이야기가 아마도 여기에서 왔을 거라는 견해가 있습니다. 이 이야기도 〈라마야나〉처럼 만주, 한국, 일본 등 아시아의 상당 지역에 퍼져 있습니다. 동남아시아에 특히 많이 퍼져 있고 유명합니다.

수다나는 옛날 인도의 왕자인 반면, 마노하라는 인간이 아니에요. 선녀입니다. 그런데 우리가 생각하는 그런 선녀가 아닙니다. 본래 누구냐 하면, '긴나라'라고 합니다. 들어보셨나요? 네, 불교에서 팔부중이라고 부르는 존재 가운데 하나입니다. 우리나라 석탑에 간혹 보이는 존재죠. 긴나라는 신화적인 존재를 뜻하는데, 남성도 있고 여성도 있어요. 남성의 신화적인 존재를 긴나라라고 하고, 여성의 존재를 긴나리라고 합니다. 반인반조半人半鳥로, 반은 사람이고 반은 깃털이 달린 새의 형상을 하고 있어요. 물론 천인이긴 천인이죠.

긴나라 긴나리 왕국의 왕에게 일곱 명의 딸이 있었어요. 일곱 번째 딸이 가장 아름다웠고 이름이 마노하라예요. 그래서 이 이야기를 동남아에서는 〈수다나〉 또는 〈마노하라〉라고 부르죠. 긴나리는 사실 우리나라에도 들어와 있는 존재입니다. 천상의 존재로, 세상에서 가장 아름다운 목소리를 가지고 있어요. '긴'이 '연주하다'라는 뜻이에요. '나라'는 '악기'라는 뜻이고요. 그래서 '긴나라'라고 하면 악기를 연주하는 존재, 음악의 존재예요. 불경에서는 부처님께서 설법을 시작하려고 하면 긴나라들이 모여 부처님을 찬탄했다, 또 설법이 끝나고 나서도 부처님을 찬탄했다고 하잖아요? 그때의 존재가 긴나라 긴나리입니다. 이 존재들은 하늘에 사는데 구체적으로 도리천忉利天에 살아요. 도리천은 제석천帝釋天이 사는 곳이죠. 제석천이 누굽니까? 우리나라 단군 할아버지의 할아버지가 제석천이에요. 고대 인도에서는 인드라예요. 그 인드라 신이 산 곳, 제석천이 산 곳이 도리천이고, 그게 히말라야 산쪽

대기예요.

거기에 이 새들, 반인반조 긴나라 긴나리가 함께 살고 있습니다. 전설적인 수메르, 히말라야라고 보통 말하기도 하지만, 수미산須彌山이 수메르에요. 이런 인도의 전설적인 지형의 이름이나 전설적인 존재의 이름이 이야기와 함께 옛날부터 우리나라에 들어온 거예요. 이 이야기들은 인도의 〈디비야바다나〉라고 하는 문헌 속에 많이 등장합니다. 〈마하바스투〉라고 하는 문헌 속에서도 등장하고요. 그리고 동아시아에는 『육도집경六度集經』이라고 하는 불경 속에 등장하죠. 훌륭하게 수행해서 빨리 깨달음을 얻으라고 하는 이야기만 불경에 들어있는 것이 아닙니다. 불교는 문화의 수레바퀴이기도 해요. 그리스에서 온 문화의 흔적들을 다시 받아서, 혹은 인도 고유 힌두문화나 자생적인 인도 문화를 중앙아시아에 옮기고, 다시 한문을 통해 중국에 옮기고, 또 극동까지 옮기게 한 문화의 거대한 수레바퀴예요. 그래서 동양, 아시아를 알기 위해선 두 개의 바퀴를 아셔야 해요. 인도라고 하는 바퀴와 중국이라는 바퀴죠. 그 두 개의 바퀴를 알고 있어야만 동양의 진정한 의미와 문화적인 가치를 알 수 있는 것입니다.

어쨌든 이 이야기는 〈라마야나〉처럼 수많은 중앙아시아, 동남아시아 언어로 번역되어 있습니다. 해상실크로드라든지, 북부 육상실크로드라든지, 그런 길을 통해 오래 전에 우리에게 전해졌다고도 말씀드렸죠. 이 이야기가 어디에 가장 잘 나타나느냐 하면 '보로부두르 사원', 불교 건축물입니다. 5층으로 되어 있어요. 벽면에 작은 조각들이 보이시죠? 그런데 이 조각들이 밖에만 있는 것이 아니고, 안쪽에 양면으로 다 있어요. 이 조각된 것을 일렬로 쫙 피면 3km 정도가 나온다고 해요. 어마어마하죠. 여기에는 〈자타카〉라고 하는 불교의 전생 이야기가

그림 77
보로부두르 사원 전경(좌),
보로부두르 사원 벽면 조각(우)

상당히 많이 조각되어 있고, 불경의 수많은 이야기들이 조각되어 있어요. 또 물론 〈마노하라〉 이야기도 조각되어 있지요. 〈마노하라〉는 전체적으로 얼마 되지 않아요. 한 열두 컷 정도? 스무 컷은 안 되게 있습니다.

이제 줄거리를 말씀드릴게요. 북쪽을 다스리는 훌륭한 왕이 있었어요. 남쪽에는 썩 성품이 좋지 않은 왕이 살고 있었죠. 남쪽 왕이 자기 땅을 시찰하는데 땅이 척박합니다. 그래서 척박한 땅을 비옥하게 하기 위해 사제에게 '나가라자'를 잡아오라고 시킵니다. '나가'도 우리나라에 들어와 있는데, 팔부중의 하나인 용이에요. 이 용은 물을 관장하는 신입니다. '라자'는 왕이라는 뜻입니다. 나가의 왕이라는 뜻이지요. 용왕이요. 그래서 사제가 숲속에 가서 불을 피우고 마법을 써요. 용왕을 조복시켜서 조종하려고 하는 거죠. 그런데 용왕이 미리 그 사실을 알고 할라까라고 하는 사냥꾼에게 도움을 청합니다. 할라까는 성품 나쁜 왕이 용왕을 괴롭히지 못하도록 사제의 주문을 무력화시켜요. 용왕이 보답으로 사냥꾼에게 마술을 전해줍니다. 어떤 버전에 의하면, 무기인 마법의 올가미를 주었다고도 합니다. 이것이 그 장면이고요. 조각상태

그림 78
용왕이 할라까에게
보답으로 마술을
전해주다

가 많이 좋지 못합니다. 근대에 와서 복원을 하면서 배수 시스템을 잘못했어요. 아직도 돌 틈 사이로 물이 흘러나오면서 돌이 썩고 있어요. 옛날 사진보다 지금 사진이 더 안 좋아요.

 남쪽의 성품 나쁜 왕은 결국 용왕을 못 잡죠. 그래서 성품 나쁜 왕은 나라가 잘되게끔 하기 위해 제사를 지냅니다. 사람을 불러 어떤 제사를 지내야 하는지 물었더니, 모든 생명의 종류를 한 쌍씩 다 잡아와 피를 흘리게 해서 희생물로 바쳐야 한다고 답해요. 그러면 나라가 부유해지고 풍족해질 거라고요. 즉시 사제는 병사들과 사냥꾼들을 시켜 모든 생명을 한 쌍씩 잡아오게 합니다. 그런데, 단 한 가지 종류, 수메르 정상에 사는 긴나라, 긴나리들을 못 잡아 온 거예요. 다시 다른 사냥꾼을 시켜 긴나라와 긴나리를 잡아오라고 해요. 용왕으로부터 마술을 전수받은 사냥꾼 할라까가 숲속에 가서 현자를 만나 긴나리가 어디에서 목욕을 하는지 알게 되었어요. 할라까가 현자가 말한 그곳에 갔더니, 과연 긴나리들이 목욕을 하고 있지 않겠습니까. 그는 용왕으로부터 받은 올가미로 가장 예쁜 일곱 번째 공주 마노하라를 납치합니다.

 이 조각이 할라까가 마노하라를 납치하는 장면입니다. 삐쩍 마른 현자가 옆에 있고 사냥꾼이 족쇄를 걸고 있어요. 그러는 사이 다른 긴나

그림 79
할라까가 마노하라를
납치하는 장면

리들은 전부 날아서 도망가고 있습니다. 그때 마침 북쪽의 성품 좋은 왕의 나라 왕자였던 수다나가 병사들과 하인들을 데리고 사냥을 왔어요. 그러곤 할라까에게 선물을 줘요. 왜냐? 할라까가 긴나리를 포박해 수다나에게 선물로 줬거든요. 왕자가 딱 보고 너무 아름다워서 홀딱 빠졌지요. 왕자가 마노하라를 왕궁으로 데려와 부인으로 삼았는데, 너무 좋아하는 거예요. 떨어지지 않으려 해요. 너무 심하니까, 나중에 왕이 금지령을 내립니다.

왕이 일부러 그런 건 아니에요. 왕자에게도 사제가 있고 왕에게도 사제가 있는데, 이 사제끼리 싸움이 붙어요. 왕의 사제가 약간 나쁜 사제였어요. 가만히 생각해보니, 왕자가 왕이 되면 자기가 개밥의 도토리 신세가 되는 거죠. 그러려면 왕자가 왕위에 오르지 못하게 해야 해요. 왕자를 제거하기 위한 작업을 꾸미죠. 먼저 계략을 써서 왕자를 변방에 반란이 일어난 지역을 평정하도록 보내요. 이 반란을 잠재우는 게 힘든 일이었거든요. 왕자가 떠나기 전에 어머니에게 몰래 찾아가 "어머니, 제가 죽을 수도 있고, 못 돌아올 수도 있어요. 그러니까 어떠한 일이 있어도 내 사랑하는 마노하라만은 꼭 지켜주세요. 그리고 그 여자에게 절대로 그 여자가 쓰고 있던 화관과 옷은 주지 마세요. 그것을 주면 하늘로 날아가요." 라고 해요.

그림 80
마노하라가 옷과
화관을 입고 하늘나라로
돌아가다

이제 왕자는 갔는데, 왕의 사악한 사제는 아직도 불안해요. 가만히 보니까 왕자의 뿌리를 완전히 제거하려면 공주도 같이 제거해야 할 것 같아요. 어느 날 왕이 불길한 생각이 듭니다. 불길한 꿈을 꿔요. 그 꿈을 사제에게 이야기하니까, 사제가 때는 이때다 해서 그 꿈을 이렇게 해몽해 줍니다. "지금 왕자님이 변방에 가 계시는데, 죽을 수도 있습니다. 왕자를 살리시려면 지금 궁에 있는 공주를 희생시켜서 제사를 지내야 합니다." 라고요. 사제를 완전히 믿고 있었던 왕은 정말 공주를 죽일 준비를 합니다. 왕비는 말렸지만, 왕은 듣지 않아요.

왕비는 설사 하늘로 날아가더라도 며느리는 살려야겠다 하고, 마노하라에게 옷과 화관을 줍니다. 마노하라는 원래 살던 수메르 정상 하늘나라로 돌아가죠. 왕자가 전쟁에서 이기고 와보니 난리가 난 거예요. 슬픔에 잠긴 수다나 왕자가 숲속에 대해 잘 아는 사냥꾼을 데리고 수메르로 가는데, 도중에 여러 사건들을 겪어요. 결국 수메르 꼭대기까지 가서 긴나라 아버지까지 만나죠. 그렇게 천국에서 같이 살다가 다시 지상으로 내려와서 행복하게 살았다고 합니다. 이 모든 이야기가 보로부두르 조각에 잘 표현되어 있습니다. 똑같지는 않지만 동아시아의 여러 나라에도 비슷한 모티브를 지니는 유사한 이야기들이 퍼져 있고요. 만주 일대, 동아시아에 상당히 많이 있어요. 중앙아시아는 말할 것도 없고요. 그래서 제가 들려드린 이 이야기가 굉장히 낯설게 느껴질 수도 있는데, 사실 우리에게 익숙한 이야기인 것이죠. 이 이야기도 계몽사의 어린이 세계명작동화에서 봤습니다. 제목이 『수다나 왕자 이야기』더군요.

　이번 시간에 소개해드린 두 개의 이야기는 육상실크로드를 통해서, 또 해상실크로드를 통해서도 마찬가지로 아주 오래 전부터 거의 모든 아시아 지역에 널리 퍼졌던 이야기입니다. 아시아 이야기의 여행, 신화의 여행을 생각하신다면, 이 두 이야기를 꼭 읽어주세요.

참고자료

C. 라자고파라차리 저, 허정 역, 『라마야나』, 한얼미디어, 2005.
R. K. 나라얀 저, 김석희 역, 『라마야나』, 아시아, 2012.
김남일, 『라마야나』, 문학동네, 2016.
김영애, 최재현, 『세계민담전집-태국, 미얀마 편』, 민음사, 2003. 중 「낭 마노라」.
김재민, 『라마야나』, 비룡소, 2005.
발미키 저, 주해신 역, 『라마야나』, 민족사, 1993.
서규석, 「『라마야나』 초록」, 『신화가 만든 문명 앙코르와트』, 리북, 2006.
심재관, 「연재: 심재관의 불교의 신들 중 14. 긴나라」, 《법보신문》, 2016년 7월 12일자.
심재관, 「인도 서사시의 전승과 연구동향」, 《구비문학연구》 15권, 한국구비문학회, 2002.
양승윤 외, 『동남아 인도문화와 인도인사회』, 한국외국어대학 출판부, 2001.
이규직 역, (논술 대비 세계문학 시리즈) 『인도 동화집』, 계몽사, 2016.
정영림 편역, 『(말레이시아 민화집) 반쪽이 삼파파스』, 창비, 1991. 중 「하늘나라 공주와의 사랑」.
조지 미셸 저, 심재관 역, 『힌두 사원』, 대숲바람, 2010.

제 9 강

베트남 소수민족의
신화 세계

최귀묵(고려대 교수)

베트남이란 어떤 나라인가

　우리나라 연구자가 베트남 소수민족 신화에 대해 관심을 가지고 있다? 이상하다면 이상할 수 있습니다. 저는 비교문학을 공부하다 보니 베트남에 대해서 공부하지 않을 수 없었고, 베트남 문학을 공부하다 보니 자연스럽게 베트남 소수민족에 대해서도 관심을 갖게 되었습니다. 그래서 틈틈이 공부했던 것을 정리해 말씀드릴 수 있게 되었죠.
　국내 어디에서도 발표한 적이 없는 신화 자료 한 편을 소개하고자 합니다. 그 신화를 처음 소개하게 된 것을 무척 기쁘게 생각합니다. 물론 이 점은 양면성을 지니고 있습니다. 처음이니까 새롭지만, 잘 몰라서 더듬거리거나 헛짚을 수 있습니다. 그러려니 하고 이해해 주셨으면 좋겠습니다.
　베트남 소수민족 신화에 대해 말씀드리기 위해서는 베트남이 어디에 있고, 베트남 소수민족의 현황이 어떤지 소개해 드릴 필요가 있겠

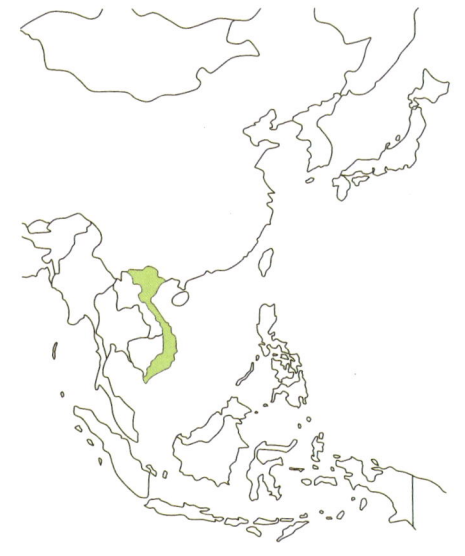

그림 81
베트남의 위치

습니다. 베트남 여행 다녀오신 분들도 많이 있겠지만, 전체적으로 이해를 공유할 필요가 있기 때문입니다. 지도를 보면서 몇 가지 말씀을 드리도록 하겠습니다. 지도를 보면, 길게 1,700km가 넘게 뻗어 있는 것이 베트남입니다. 비행기를 타면 인천에서 4시간에서 4시간 반 정도 소요되는 거리에 있습니다.

좀 더 자세한 지도를 보면, 중국 남쪽, 라오스, 태국, 캄보디아가 보입니다. 북쪽에 하노이가 보이시죠? 현재 베트남의 수도예요. 하롱베이라고 유명한 관광지는 하노이 옆 하이퐁에 있습니다. 과장해서, 3천여 개의 섬이 있다고 하는 곳이죠. 마지막 왕조의 수도가 있었던 곳이 중부의 후에입니다. 쭉 내려가시면 호찌민이 보입니다. 옛날 사이공인데, 북베트남이 통일한 뒤에 사이공이라는 이름을 버리고 베트남 독립과 통일의 영웅인 호지명胡志明의 이름을 취해 베트남어로 호찌민Hồ Chí Minh이라고 하게 되었습니다. 베트남의 위치는 대략 이렇습니다.

베트남은 비엣족Người Việt을 포함해 54개 민족으로 구성되어 있는 다민족국가입니다. 중국은 한족을 포함해 56개 민족으로 구성된 다민족국가라고 하는데, 베트남은 중국보다 영토가 훨씬 작지만 민족 수로는 결코 뒤지지 않죠. 정부에서 공식적으로 인정하는 민족 수가 되겠습니다. 54개 민족 가운데 누가 주도 민족이냐 하면, '비엣족'입니다. 그들을 서울에 사는 사람, 수도에 사는 사람이라는 뜻에서 '경'京이라는 말을 써서 경족이라고도 칭하는데, '경'을 베트남말로 읽으면 '낑'입니다. 그래서 낑족 Người Kinh 이라고도 하죠. 산에 사는 사람, 고원지대에 사는 사람이 아니라 평야지대에서 도시를 이루고 사는 사람이라는 뜻이 낑족이라는 말에 담겨 있습니다. 그래서 스스로 "우리는 문명화된 사람이야." 라고 자부하는 뉘앙스가 그 말 속에 들어 있죠. 비엣족이 세운 국가가 베트남입니다.

54개 민족 가운데, 가장 다수를 차지하는 민족은 다름 아닌 비엣족입니다. 인구가 가장 많은데요, 소수민족까지 인구통계가 나와 있는 것으로 현재 접할 수 있는 최신 자료는 2009년 통계입니다. 2009년 통계로 볼 때, 비엣족은 전체 베트남 민족 중에서 86%를 차지하고 있습니다. 나머지 14% 정도를 소수민족이 차지하고 있는 것이죠. 현재 베트남 인구는 약 9천만 명입니다.[1] 인구가 폭발적으로 늘어나고 있어요. 2009년에 약 8천 5백만 명이었다가 불과 5년 만에 5백만여 명이 늘 정도입니다. 베트남은 지금 경제가 크게 성장하고 있을 뿐더러 거기에 상응해 인구도 성장하고 있는, 인구 폭발기의 나라라고 할 수 있습니다. 그럼 주로 어느 민족이 늘어나고 있느냐 하면, 당연히 낑족이 늘어나고 있습니다. 그래서 낑족, 즉 비엣족이 점유하고 있는 비율이 갈수록 커져가고 있고, 반비례해서 소수민족의 비율은 갈수록 줄어들고 있다고 말씀드릴 수 있습니다.

그림 82
베트남 전도

---

[1] 2014년 현재 베트남의 인구는 90,493,352명이다. 2009년에는 85,846,997명으로 조사되었는데, 그 가운데 비엣족이 73,594,427명이다.

제9강 베트남 소수민족의 신화 세계

그림 83
므엉족 거주 지역,
에데족 거주 지역

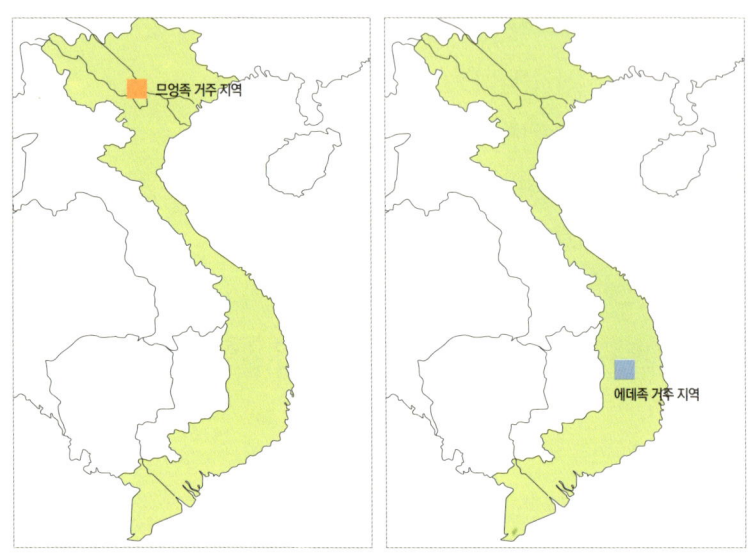

베트남 소수민족의 역사와 신화 전승의 의미

이번 시간을 통해 말씀드리고자 하는 소수민족은 낑족을 제외한 53개 소수민족 가운데 대표적으로 구비서사시, 신화를 전승하고 있는 두 민족입니다. 지도를 봐 주세요.

왼쪽 지도에 노랗게 표시되어 있는 것 보이시나요? 그쪽, 북쪽의 베트남 산지에서 살고 있는 소수민족이 므엉족Người Mường입니다. 오른쪽 지도에도 역시 파랗게 표시되어 있는데요. 그쪽이 중부 고원지대입니다. 거기에 살고 있는 소수민족이 에데족Người Ê Đê 입니다.

이번 시간을 빌어 므엉족 서사시, 에데족 서사시를 살펴보겠습니다. 므엉족의 서사시는 천지의 분리, 곧 천지창조에서부터 시작합니다. 그래서 서사시의 성격이 창세서사시, 신화로 말하면 창세신화의 성격을 가지고 있습니다. 반면 에데족의 서사시는 영웅서사시입니다. 그래서 창세에 대한 이야기는 없고, 인간 세계가 만들어지고 부족 연맹체가 형성된 이후의 세계를 다루고 있습니다. 그런데 므엉족 서사시는 이미 제가 논문을 써서 발표한 적이 있습니다.[2] 서두에 말씀드렸던 처음 소개 하는 작품이라는 것은, 에데족의 서사시입니다. 그래서 에데족의 서사시가 시대적으로는 뒤지지만 강조해서 말씀드리기 위해 먼저 말씀드리도록 하겠습니다.

자, 53개 소수민족 중에서 므엉족과 에데족의 서사시를 다루겠다고 말씀드렸습니다. 소수민족 인구가 공개된 2009년 통계에 따르면 므엉족 인구는 1,268,963명입니다. 므엉어가 유지되고 전승되기에는 언어 사용 집단의 크기가 너무 작습니다. 그래서 특단의 조치가 없는 한 인구의 자연적인 감소가 불가피합니다. 또 비엣족의 언어가 교육을 매개로 침투하고 있죠. 그래서 므엉족의 언어는 위기에 처해 있다고 말씀드릴 수 있습니다. 그 위기가 더 심각한 쪽이 에데족입니다. 2009년 통계에 따르면 에데족 인구는 331,194명밖에 되지 않습니다. 이 인구로는 언어가 전승력을 가지고 이어지기 어렵다고 하겠습니다. 그래서 이 두 소수민족의 서사시는 서둘러 채록이 되고 연구가 되어야 할 것입니다. 전승 집단이 사라질 수 있다는 현황을 말씀드렸습니다.

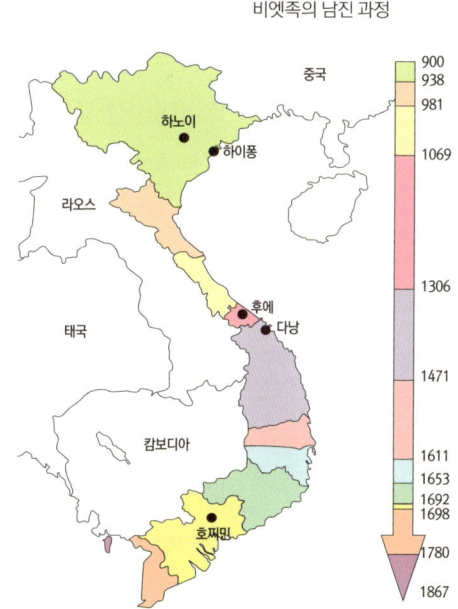

그림 84
비엣족의 남진 과정

---

[2] 최귀묵, 「월남 므엉(Mường)족의 창세서사시 〈땅과 물의 기원〉(DéDat DéNuóc)」, 《구비문학연구》 제11집, 한국구비문학회, 2000.

소수민족이 처음부터 소수민족이었던 것은 아닙니다. 베트남 역사에서 어느 때에 소수민족이 된 것이지요. 비엣족이 주도하고 소수민족들이 소수민족으로 전락한 역사적 내력을 간단하게 말씀드리겠습니다. 베트남 영토가 변한 내력을 보여주는 지도를 보시죠.

흔히 베트남 역사의 중요한 특징을 '남진북거'南進北拒라고 합니다. '남진'이라는 것은 영토가 남으로 확장되어 갔다는 뜻입니다. '북거'는 북쪽으로는 항거했다, 즉 중국의 침략에 맞서서 나라를 지키기 위해 항거했다는 뜻입니다. '남진북거', '북거남진', 이것이 베트남의 역사에서 아주 중요한 특징이라고 흔히 연구자들은 말합니다. 지도에 음영이 있고, 오른쪽에는 대략적인 연도가 있습니다.

그림 85
참파의 영토

베트남은 지금에 비해서 영토가 아주 작았습니다. 하노이를 중심으로 저 정도의 크기였습니다. 그러다가 11세기를 지나면서 점차 확대되었는데, 음영이 달라진 것은 그때 정치적인 경계를 토대로 영토가 그만큼씩 확장되었다는 것을 보여줍니다. 맨 마지막 옛날 사이공, 지금의 호찌민은 원래 캄보디아 영토였는데, 캄보디아 내정에 개입해서 할양받았습니다. 그래서 최종적으로 확정된 국경선이 캄보디아 영역 쪽으로 깊게 들어가 있습니다. 이처럼 베트남 전체 역사는 남진의 과정, 침략의 과정이었던 것입니다. 북으로는 갈 수가 없지요. 중국에 막혀 있으니까. 북으로 갈 수 없으니까 남으로, 남으로 내려온 것입니다. 남으로 내려올 때 이 방대한 아래쪽 땅을 차지하고 있었 던 민족이 누구냐 하면 비엣족이 아닙니다. '참족'입니다. 그들이 세운 '참파'라고 하는 왕국이 있었습니다.

이 지도를 보시면 전체적으로 윤곽은 잡으실 수 있으실 겁니다. 1100년 경 참파의 영토인데, 연녹색이 참파, 노란색이 대월(베트남), 연파랑은 크메르 제국입니다. 북쪽에 하노이가 보입니다. 베트남의 남 진은 이 정도에서 시작했지요. 베트남이 이만할 때, 밑으로는 훨씬 더 강대한 국가가 있었습니다. 당시 북쪽(베트남)과 중남부쪽(참파)은 문 명권의 소속이 달랐습니다. 베트남쪽은 중국과의 관계가 중요하며 문 명의 소속으로 말하면 동아시아 한문문명권입니다. 베트남이 그렇다 는 증거를 대라고 하면 "호지명이잖아?" 라고 말할 수 있습니다. 한자 로 쓰고 호지명이라고 읽지요? 또 하노이는 뭐냐 하면, 강 하河 자에 안 내內 자입니다. 강이 휘돌아 돌고 강으로 인해 형성된 삼각주, 델타 지 역에 형성된 도시라는 말입니다. 국호인 베트남이 월남越南이지 않습 니까? 또 오늘날 사용하고 있는 어휘의 60% 이상이 한자계 어휘입니 다. 이렇듯 베트남은 동아시아 한문문명권에 속해 있었습니다. 옛날말 로 하면 중화문명 세계의 일원이었습니다.

그럼 참파쪽은 어땠냐 하면, 말레이 계열이고 인도 산스크리트 문명 권이었습니다. 힌두교 지역이라는 이야기죠. 베트남쪽이 동아시아 유 교, 불교 문명권이었다면, 참파쪽은 인도 산스크리트 문명권이었다는 것입니다. 그래서 중부 지방에 가면 미선 Mỹ Sơn 유적지라고 있는데, 비 슈누를 비롯한 힌두교 신들을 섬기던 유적이 유네스코 세계문화유산 으로 등록되어 있습니다. 인근의 다낭 지역은 한국인에게 각광 받는 여행지가 되었습니다. 남쪽으로 내려가도 힌두교 유적이 있습니다. 참족이 비엣족에게 밀려 내려가서 명맥을 유지하던 곳입니다.

비엣족이 남진해서 내려오면서 중부 지방을 점령해 갑니다. 중부와 남부에 있던 수많은 민족도 복속·동화시켜 갑니다. 방대한 영역에 걸쳐 있던 참족을 복속시킵니다. 참족 인구가 결코 적지 않았겠지요? 그래서 비엣족은 동화정책을 적극적으로 펴서 참족을 소수민족 처지로 전락시킵니다. 참파는 한때 상당히 큰 독립 국가를 이루었고, 힘이 셀 때는 하노이를 침략해서 하노이성을 불태우기도 했습니다. 그런 강대한 국가였지만 점차 국력이 쇠퇴하여 결국 비엣족에게 복속되었고, 소수민족의 지위로 떨어졌지요. 남쪽은 캄보디아로부터 할양받았다고 말씀드렸습니다. 거기에는 당연히 크메르족(커매족)이 살고 있었습니다. 크메르 영토를 할양받은 후 지금까지 지속적인 동화과정을 거쳐 베트남 내에서 크메르족 또한 소수민족의 지위로 전락했습니다.

참족이나 크메르족과 달리, 방대한 영토를 가지고 있지 않았던, 산지에 사는 소수민족이 있었습니다. 농경이 정착하기 전에 주로 화전을 일궈 살던 민족인데 그들이 살던 곳이 북서부 지역이고, 또 그에 못지않은 많은 민족이 살고 있었던 곳이 중부 지역입니다. 이곳에는 수많은 소수민족이 지금까지 살고 있습니다. 이들 지역에 있는 수많은 소수민족이 어떻게 남아 있을 수 있었을까요? 우선 사는 곳이 산지입니다. 비엣족 사람들이, 하노이 델타 지역에 사는 사람들이 탐낼 만한 땅이 아니었습니다. 일주일에 사흘 나흘 안개에 휩싸여 있고, 땅뙈기라고 해봐야 조그맣게 화전이나 일굴 수 있는 곳입니다. 영토를 탐낸 비엣족은 드넓은 남쪽으로 내려갔지요. 그래서 소수민족의 삶이 보장되었습니다. 더해 중국과의 국경분쟁에서 완충지대 역할을 했습니다. 비엣족 사람들로서는 그 소수민족들을 다 없애거나 복속시켜서 중국과 직접 맞서는 것을 원치 않았습니다. 완충지대로 남겨 두었던 것이죠.

두 번째로 베트남은 프랑스의 식민지를 근 백 년 가까이 겪었고, 미국과도 오랫동안 전쟁을 하였습니다. 그때 북서부·중부 지역과 산지는 전략적 요충지였습니다. 그래서 소수민족의 협조를 얻는 건 전체 베트남전쟁에 있어 매우 중요한 일이었죠. 소수민족들이 미국에 항거하는 데 적극적으로, 그 전에 프랑스에 항거하는 데 적극적으로 도왔습니다. 소수민족의 기여가 컸습니다. 전통적으로 완충지대 역할을 해왔고, 또 프랑스와 미국과의 전쟁에서 전략적 요충지에 있었고 전략적인 기능을 했기 때문에, 호찌민에 의해서 통일 베트남민주공화국이 선포된 이후에도 소수민족을 홀대하거나 배제할 수 없었습니다. 그래서 국가 베트남민주공화국의 출발부터 자신들은 다민족국가라고 인정하고 소수민족을 긍정적으로, 또 대등하게 대하는 정책을 펴게 된 것입니다. 그것이 베트남 내 53개 소수민족이 여전히 존재를 이어오고 있고, 베트남 국가 내에서 나름대로 기능을 하고 있고, 또 베트남이 인정해서 다민족국가라는 정체성을 분명하게 하는 동기가 되었다고 말씀드릴 수 있겠습니다.

오늘날 현황은 어떠냐 하면, 중부 고원지대에 사는 에데족의 주요 산물이, 주 수입원이 커피입니다. 커피가 주요 산물이 되고 수익을 낼 수 있으니 비엣족도 산지로 들어갑니다. 이렇게 되면 비엣족이 침투해서 에데족과 혼거하게 됩니다. 시간이 지나면서 민족적 정체성이 흐려지겠죠. 서로 통혼이 이루어지기 하고, 또 비엣족의 정치적인 경제적인 위세가 아무래도 크니까 소수민족의 세가, 크기가 줄어들게 될 수밖에 없습니다. 그러면 북쪽은 어떠냐 하면, 북쪽은 주요 관광지입니다. 그래서 비엣족이 점차 자원을 찾고 관광자원의 개발과 더불어 들어가서, 오늘날 베트남 내에서는 비엣족과 소수민족이 함께 사는 경향이 점차 증가하고 있다고 할 수 있겠습니다.

영토에 대해 상당히 길게 말씀드린 것은 한 가지를 강조하기 위해서입니다. 이 사람들은 애초부터 소수민족이었던 것은 아니죠. 다 하늘의 자손이고, 용신의 자손이고, 땅신의 자손이고, 신령스러운 나무의 후손입니다. 다 그렇게 생각했는데 어느 순간 비엣족에 의해서 소수민족으로 전락한 것입니다. 우리는 들판에 사는 경족이고, 너희는 산에 사는 원시인, 야만인이라고 하면서 비엣족은 소수민족을 폄하했습니다. 애초에 누가 소수민족을 자처했겠어요? 지배 민족이 이들을 소수민족으로 몰아낸 것이지요.

그런데 이 사람들은 자신들의 풍습을 지키는 것과 더불어 서사시, 신화를 정말 소중하게 간직합니다. 므엉족의 서사시는 주로 장례식 때 구연합니다. 죽은 넋을 원래 신들의 땅, 자기 조상들이 있는 곳으로 돌려보내는 역할을 하지요. 에데족의 서사시는 위대한 영웅의 위대한 투쟁을 그립니다. 서사시를 소중하게 여기고 전승하고 있죠. 왜 그랬느냐, 서사시야말로 이들의 아이덴티티, 즉 민족의 정체성을 구성하는 데 가장 중요했기 때문입니다. 밖으로는 강성한 비엣족과 상대해야 했기 때문에, 더욱 소수민족은 자신의 정체성을 지키기 위해 고심하지 않을 수 없었을 것입니다. 정체성을 지키면서 자부심을 가져야 하지요. 후손들에게 "우리는 산지에 사는 자랑스러운 천신의 후예이다. 신령스러운 나무의 후예이다." 라고 말을 해야 합니다. 자부심의 원천이 어디인가요? 신화입니다. 그래서 주변의 강력한 비엣족이라는 존재를 의식하면 할수록 신화와 구비서사시를 전승해야 할 이유가 분명해졌습니다.

베트남 53개 소수민족에 있어서 신화가 무엇이냐 하면, 자기 정체성을 지키는 것이고, 비엣족의 침략에 맞서 민족을 지키는 일이고, 언어를 지키고, 문화를 전승하는 일이었습니다. 정체성 전승에 있어서 가장 중요한 것이 신화 전승이라고 할 수 있겠습니다. 비엣족의 강력한 위세와 멸시하는 시선에 맞서 민족의 정체성을 지키고 전통으로 유지하고 문화를 지키기 위해서, 신화와 서사시를 소중하게 여겼던 것입니다. 그러므로 이 사람들에게 있어서 신화는 정치요, 신화의 전승은 전쟁이요, 신화의 전승은 문화의 보존이라고 말할 수 있습니다. 그러니 우리가 함부로 그런 것을 무엇 하러 전승하느냐 하고 말하면 곤란하겠지요. 서사시 구연이 그 사람들에게는 민족의 정체성을 확인하는 아주 중요한 의례이고 절차였다고 할 수 있습니다.[3]

에데족의 영웅서사시 〈담 산〉

그림 86
닥 락 고원지대

서두에 말씀 드렸듯이, 므엉족의 서사시는 창세서사시이고, 에데족의 서사시는 영웅서사시인데요. 창세서사시에 대한 이야기는 논문으로도 발표했고 글도 있고 하니, 시간을 좀 줄여서 말씀 드리고, 에데족 자료를 집중적으로 말씀드린다고 했습니다. 지금부터 소개해 드

---

[3] 구비서사시의 이러한 기능에 대해서는 『동아시아 구비서사시의 양상과 변천』(조동일 지음, 문학과비성사 펴냄, 1997)에서 소상하게 논의했다.

리도록 하겠습니다. 중부 고원지역은 커피 산지입니다. 거주하는 민족 이름은 에데족입니다. 질문을 드리겠습니다. 조선시대, 그리고 일제 강점기를 지나 우리나라는 지금도 남성중심 사회이고, 남녀의 평등이 온전하게 실현되기는 어렵습니다. 그럼 만약에 모계중심 사회였다면 어땠을까요? 질문의 의도는 간단합니다. 여기가 바로 모계사회입니다. 모계사회의 습속을 지금까지 유지하고 있습니다. 결혼할 때, 여자가 남자를 데리고 옵니다. 남자가 신부의 손에 이끌려 신부 집으로 옵니다. 우리가 가지고 있는 생각을 상당 부분 뒤집어야만 이해가 되는 서사시를 이 민족은 가지고 있습니다. 여성이 집의 주인입니다. 지금도 남자들이 설거지를 하고 아이를 돌봅니다. 여성이 집의 주도권을 가지고 있습니다. 이 가설이 맞는지 틀리는지를 입증하기에 제 역량이 맞지 않습니다만, 원시공동체, 모계사회에서 부계사회, 남성중심 사회로 전환했다고 하고, 우리는 부계사회에서 살고 있어서 이런 습속을 당연하고 자연스럽게 생각합니다. 아니라면? 반대라면? 모계사회가 지금까지 유지되고 있다면, 어떤 일이 벌어질까요? 궁금하시죠. 제가 소개해드리는 자료가 그런 이야기입니다. 남녀의 역할이 바뀌면 어떨까 하는 생각을 한번 해보시기 바랍니다.

　구비서사시 〈담 산〉Đăm Săn입니다. 왜 제목이 〈담 산〉이냐 하면, 남자 주인공이 담 산이기 때문입니다. 모계사회라면서 왜 남자가 주인공이냐고 하실 수 있겠지만, 남자 주인공이 되어서 모계사회에 저항하기도 하고 모계사회를 수호하기도 하는 이야기입니다. 아무리 모계사회라고 해도 전쟁은 남자가 하죠. 전쟁에서 이겨서 부족의 위세를 확대하는 이야기입니다. 담 산은, "그래? 그러면 내가 모든 여자 중의 여자, 모든 여권의 근원, 태양여신을 부인으로 삼아서 모계사회의 악습을 남자의 입장에서 폐지하리라!" 해서 마지막에 태양여신 사냥에 나섭니다. 그리고 비참하게 죽습니다. 신은 이렇게 말하죠. "전통을 받아들여라." 저항을 하면 신이 내려와서 징벌을 합니다. 신의 뜻이니 받아들이라고 합니다. 모계사회의 전통이 신에 의해서 보장된다는 것을 보여주는 이야기입니다. 그래서 담 산이라고 하는 남성영웅의 투쟁 이야기이고, 이웃 부족을 정벌하는 영웅담이고, 영웅의 비극적 최후의 이야기입니다. 어디서 많이 본 것의 반대이지 않습니까? 그렇습니다.

남자 주인공인 담 산을 주인공으로 삼는 이 이야기는 프랑스 식민지 때, 닥 락 Đắk Lắk 지역 커피가 나는 중부 고원지역입니다의 행정관이었던, 그러니까 식민지 담당관, 지방 행정관이었던 프랑스 사람 레오폴 사바티에 Léopold Sabatier라는 사람이 에데족 출신 통역원의 도움을 받아 채록해서, 1927년에 프랑스 파리에서 출판했습니다. 1933년에는 하노이에서 에데어로 나왔습니다. 그러다가 1957년에 가서야 비로소 비엣족의 언어, 베트남어로 소개가 되었고요. 베트남어·에데어 대역본으로 나온 것은 1959년의 일입니다. 이 서사시가 중요하다고 생각해서 1985년에서 1987년에 거쳐 현지 조사가 이루어졌는데, 전에 사바티에는 전쟁 이야기가 반복되니까 반복되는 이야기는 빼고 핵심적인 이야기만 추린다고 해서 축약해서 채록했는데, 이때는 전쟁 이야기까지 다 채록해서 13장을 갖춘 이본이 보고되었습니다. 사바티에 번역본은 7장으로 되어 있는데, 13장으로 된 것이 온전한 채록본입니다. 1988년에 그리고 2002년에 개인이 또는 국가 기관이 주체가 되어 채록해서 베트남어로 전해지고 있습니다. 에데어를 공부해서 에데어로 읽어야겠다고 생각하면 정말 많은 시간을 바쳐야 하죠. 그런데 베트남어를 배워 읽겠다고 해도 큰 착오는 없을 정도로 채록이 잘 되어 있습니다.

물론 베트남어로 번역된 것이지만요. 그래서 베트남어를 알면 풍부한 채록본을, 직접 현지 조사를 하지 않아도 볼 수 있습니다.

　자, 내용을 소개해 보겠습니다. 사바티에 본에서 〈담 산〉은 모두 7장으로 되어 있고, 반복되는 부분도 포함한 채록본은 13장으로 되어 있다고 말씀 드렸습니다. 어떻든 자체로 완결성을 갖고 있어 상대적으로 독립성을 갖는 에피소드의 결합으로 이루어졌습니다. 여기서는 줄거리를 네 부분으로 나누어 요약해 보겠습니다. 줄거리를 요약하고 베트남어를 번역하는 데 조금 힘이 들었습니다. 잘 되었는지 모르겠습니다. 한번 읽어 보겠습니다.

　(1) 허 니 Hơ Nhi, 허 버히 Hơ Bhi라고 하는 두 자매가 있었습니다. 모권사회의 관습에 따라 담 산을 남편으로 삼았습니다. 여자가 남자의 집에 가서 남편을 데리고 오는 에데족의 풍습에 따랐습니다. 하지만 담 산은 순순히 따르려 하지 않았습니다.

　이게 첫 번째 단락의 요지입니다. 조금 상세한 내용을 보겠습니다.

　담 산은 준수하고, 재능이 출중했습니다. 담 산은 사랑하는 사람이 있었습니다. 허 비어 Hơ Bia라는 아름다운 아가씨를 사랑하고 있었습니다. 그런데 모계사회 풍습에 따라 허 니 자매와 결혼하지 않을 수 없었습니다. 왜 그래야 했는가, 모계사회의 관습이 어떻기에 그러해야 했는가 하면, 삼촌이 죽으면 조카가 그 자리를 대신해야 했기 때문입니다. 외숙모가 죽으면 역시 여자 조카가 그 자리를 대신해야 합니다. 그것이 에데족의 관습입니다. 삼촌인, 숙부인 이 클라 Y Kla가 세상을 떠나게 되었어요. 클라가 세상을 떠날 때 그의 자리를 누가 이어야 하느냐? 조카가 이어야 하는데, 그 조카가 누구냐 하면 바로 담 산입니다.

담 산에게는 사랑하는 사람, 허 비어라는 여인이 있었습니다. 그런데 가족의 뜻, 풍습, 또 관례에 따라, "너는 사랑하지 않지만 두 여인의 남편이 되라."고 해서 두 자매 허 니와 허 버히의 남편이 되어야만 했습니다. 그래서 허 니, 허 비어가 찾아왔습니다. "이제 너의 숙부가 세상을 떠났으니, 네가 우리 남편이 되어야 한다."고 데리러 왔습니다.

이런 일이 작품 서두에 있습니다. 담 산은 풍습에 따라 결혼하지 않을 수 없었던 것입니다.

허 니는 무척 아름다웠습니다. 또 담 산을 좋아했습니다. 담 산을 남편으로 삼기를 바라고 있었습니다. 문제는 담 산이 마음이 내키지 않았다는 데 있었습니다. 그래서 담 산은 도망갔습니다. 달아나 보기도 하고, 남편으로 삼는 대신 물건으로 배상하려 하기도 했습니다. 그러나 두 자매는 뜻을 꺾지 않고 결혼을 요구했습니다. 결혼을 피할 수는 없었습니다. 담 산의 저항에도 불구하고 남편으로 데려오겠다고 하는 두 자매가 밀거니 당기거니 할 때, 옹 쩌이Ông trời라고 하는 하느님이 내려왔습니다. 지팡이를 짚고 두 자매의 집으로 와서, 담 산을 달래서 결혼을 도와주었습니다. 담 산은 결국 하느님과 두 자매의 뜻에 따라서 두 자매의 집에서 남편 노릇을 해야 했습니다. 자기 집을 떠나서요.

담 산은 두 자매의 남편이 되기는 했지만 남편 노릇하는 데는 별로 뜻을 두지 않았습니다. 건장한 사람인데 살림하라고 하고, 나갔다 올 테니 밥상을 차려 놓으라고 합니다. 그리고 아이를 낳아 키울 때 남편의 역할이 큽니다. 그런데 담 산은 그런 남편 노릇하는 데는 별로 뜻을 두지 않았습니다. 저항하는 것이죠. 하루 종일 나무 굴리기 놀이에 열중했습니다. 놀기만 했다는 것이지요. 마을의 다섯 남자와 시합을 했는데 담 산이 매번 이겼습니다. 두 아내는 "살림이나 하지, 왜 밖에 나

돌아 다녀?" 하면서, 싫은 표정을 드러냈습니다. 그러자 담 산은 화를 내고 친누나 집으로 돌아가 버렸습니다. 왜 친누나 집으로 갈까요? 말하자면 거기가 친정이니까 가는 거죠. 친정으로 갔습니다.

자, 담 산의 저항이 계속됩니다. 두 아내가 자기를 찾으려 한다는 것을 알게 된 담 산은 코끼리를 타고 숲으로 들어가 버렸습니다. 숲에서 담 산은 우연히, 한 다발에는 두 송이 꽃이 피어 있고, 또 한 다발에는 세 송이 꽃이 피어 있는 신비스러운 나무를 보게 됩니다. 담 산은 그 꽃을 따고 싶은 마음이 생겼습니다. 그 꽃이 자기의 두 아내와 연결된 신령한 꽃이라는 것을 알지 못했습니다. 숲속으로 들어갔는데, 결국 두 아내의 꽃에 가서 드러누운 것입니다.

담 산은 그 나뭇가지 위에서 잠들었습니다. 담 산의 영혼이 위로 올라가 하느님께 꽃을 따 줄 것을 부탁했습니다. 하느님은 달랩니다. "허니, 허 비어와 참고 살아라. 그렇게 하면 내가 너에게 그 꽃다발을 주겠다." 라고 말했습니다. 담 산이 "차라리 죽는 게 낫겠습니다." 라고 답했습니다. 그러자 하느님은 담뱃대를 집어 들어 담 산의 머리를 일곱 번 때려 죽였다 살렸다 했습니다. 여섯 번 때려서 죽이고 일곱 번째 때려서 살린 거죠. 그러자 담 산은 어쩔 수 없이 남편 노릇을 하겠다고 합니다. 담 산은 두 아내의 남편 노릇하는 것은 어쩔 수 없다 하면서, 다음 소원으로 부유하고 힘센 추장이 되는 되게 해달라고 말합니다. 하느님은 이 소원은 들어 주겠다고 합니다.

모계사회라는, 전해오는 관습에 대한 저항은 여섯 번이나 때려죽일 정도로 철저하게 응징하고, 그 이외 것은 들어 주는 것이지요. 담 산은 하느님의 뜻을 알고 내가 남편 노릇 할 수밖에 없구나 하는 것을 운명으로 받아들이고 돌아왔습니다. 집에 와서는 모두 잊고 잠이 들어 버렸습니다. 그런데 두 아내는 숲속에서 꼬박 사흘 밤낮을 남편의 코끼리를 찾아 헤맸습니다. 그것도 모르고 담 산은 누나 집에 와 있었습니다. 담 산은 누나가 둘이었습니다. 두 누나가 아무리 깨워도 너무 깊이 잠이 들어 일어나지 않습니다. 그래서 두 누나가 펄펄 끓는 주석朱錫, 금속을 녹여 그의 귀에 들어붓자 그제야 "아, 뜨거워!" 하면서 깼습니다. 깨어나자 누이가 말합니다. "너, 네 아내를 찾아와야 하지 않겠니?" 그 말을 듣고 담 산은 두 아내를 찾으러 갔습니다. 마침내 그들이 서로 만나게 되었습니다. 기쁘고 기가 막힌 나머지 두 아내는 정신을 잃고 죽고 말았습니다. 그러자 담 산은 쌀을 씹어서 먹여서 살려냅니다.

 이제는 두 여인의 남편 노릇하는 것을 어쩔 수 없이 받아들여야 했습니다. 저항하는 이 모습이 어떻습니까? 저는 이렇게 느낍니다. "참 처절하다." 이 구비서사시를 전승하는 집단 주변에 있는 모든 소수민족과 비엣족이 부계중심 사회입니다. 그래서 부계사회에 맞서서 우리 습속의 정당함을 말해야 하는데, 그러기 위해서는 서사시를 통해 문학적으로 형상화할 수밖에 없다고 생각했을 것 같습니다. 그래서 담 산의 저항을 강력하게 묘사한 것이지요. 여섯 번을 죽었다가 깨어나도 바꿀 수 없다, 받아들여라. 받아들일 때 남자로서 추장도 되고 영웅도 될 수 있다는 것이지요. 전제가 있어요. 모계사회 습속을 받아들여라. 그럼 네 뜻을 이루게 해주겠다는 것이지요. 남자는 못하겠다고 저항하고 가출합니다. 그러나 돌아올 수밖에 없었습니다. 작품에서는 돌아오는 것이 필연이고, 모계사회 습속을 받아들여야 하는 것이 필연이라고 말합니다. 이렇게 담 산과 같이 위대한 인물도 모계사회 습속에 저항했지만, 결국은 모계사회 습속을 받아들였다고 말합니다. 그러므로 모든 에데족 남자들은 담 산의 뒤를 따라서 모계사회 습속을 이어야 한다고 말하는 것이죠. 문학적 형상화로 큰 설득력을 갖게 되었다고 하겠습니다.

(2) 두 번째 요지는 담 산이 무뢰한 추장들을 물리치고, 임업, 수산업을 발전시켜 크고 강한 마을을 건설했다는 것입니다.

담 산 부부 간에는 애정이 없습니다. 그렇겠죠. 끝까지 결혼에 저항했으니까. 애정이 생기게 하는 방법은 무엇일까요? 강력한 라이벌이 등장하는 것입니다. 삼각관계가 형성될 때 없던 애정도 싹틉니다. 실제로 라이벌이 생깁니다. 신화에서는 그것을 아내 납치로 표현하죠.

담 산은 허 니, 허 비어와 집으로 돌아와서 남편 노릇을 하게 되었지만, 여전히 아침부터 저녁까지 놀러만 다닙니다. 맛있는 식사가 마련되어 있어도 담 산은 돌아오지 않아요. 허 니는 아무리 해도 남편이 좋아하는 일을 바꿀 수가 없었습니다. 밖으로 나도는 남편은 도대체 집으로 돌아오려 하지 않았죠.

그때 이웃마을의 부유한 추장 머 따오 그르 Motao Gru는 허 니가 자기의 모든 아내보다 아름답다는 소문을 들었습니다. 작품 원문에는 이렇게 되어있습니다. "허 니는 태양과 같이 아름답고, 수많은 별이 반짝이는 하늘과 같이 아름답다. 손가락은 고슴도치의 침처럼 가늘다." 머 따오 그르는 먼저 하인을 보내 정탐하게 하고는 몸소 코끼리를 타고 담 산의 친구로 가장하고 찾아왔습니다. 바로 이 장면이 베트남 10학년 어문 교과서에 실려 있습니다.

허 니는 손님으로 온 머 따오 그르를 위해 알을 품고 있는 닭을 잡고, 알을 낳고 있는 닭을 잡고, 쌀을 하얗게 찧어서 대접했습니다. 코끼리를 타고 돌아갈 때, 머 따오 그르는 "담뱃대를 놓고 왔군요." 하며, 허 니로 하여금 직접 가서 담뱃대를 가져오게 했습니다. 허 니가 홀로 떨어져 있게 된 것이죠. 그 틈에 몰래 허 니의 손을 잡아끌고 코끼리에 태워 납치해 갔습니다.

허 비어는 자매 중에서 동생이죠? 그녀를 통해 담 산에게 소식을 전했습니다. 자, 드디어 담 산은 분노해서 신령스러운 큰북을 울려 모든 친척들과 부족들을 불러 모아 함께 큰 전투를 치르기 위해 떠납니다. 그의 군대는 마을을 가득 메웠습니다. 담 산은 그 가운데 영도자로 있었습니다. 머리띠를 두르고, 가죽 가방을 멘 위엄 있고 용감한 추장 담 산을 따르도록 독려하는 징소리가 사방으로 울려 퍼졌습니다.

아내를 납치한 원수와 대적한 담 산은 무한히 용감했고 또 고상했습니다. 그의 방패에서는 창칼이 부딪쳐 소리가 났습니다. 담 산의 칼이 번득였습니다. 담 산의 창이 유성처럼 날아갔습니다. 담 산은 자기의 배에서 심장(=허 니)을 빼앗아 간 적에게 빛나는 승리를 거두었습니다. 그는 싸움에서 이겨, 많은 노예를 얻고 땅을 넓히게 된 것을 축하하는 잔치를 열었습니다. 그는 "우리를 도와주어 누구도 우리에게 대적할 수 없게 해준 신령께 제사를 올려야 한다."고 선포했습니다. 아까 그 하느님(옹 쩌이)이 그 뜻을 들어준 것이니까요.

담 산은 마을사람들에게 "서둘러 밭을 갈고 씨를 뿌려라." 라고 독려했습니다. 의외죠. 전쟁영웅이었는데, 여기서는 새삼 농경을 시작하고 있습니다. 담 산은 이제 문화의 발전을 가져온 문화영웅입니다. 전쟁영웅이면서 문화영웅이기도 한 면모를 보여주고 있습니다. 마을사람들이 숲을 가득 메우고, 일곱 개나 되는 넓은 지역의 나무를 자르고, 그 넓은 땅에 불을 질렀습니다. 이를 통해 이 신화가 전승될 때의 경제적 기초가 화전이었다는 것을 알 수 있습니다. 비를 기다리는 동안, 담 산은 벼 종자를 얻기 위해 금으로 만든 장대를 이용해서 하늘로 올라갔습니다. 우리 〈주몽신화〉에서 유화가 새의 부리에 넣어서 곡식 씨앗을 전해 주었다고 했지 않습니까? 여기서는 하늘로 올라가 남자가 곡식 씨앗을 가져오는 것으로 되어 있습니다. 모계사회라면 있을 수도 있는 설정이라고 생각됩니다. 하느님은 그들에게 신령스러운 벼 종자를 주었습니다. 벼 낟알 하나면 밭 한 쪽 뿌리기에 충분했습니다. 물론 화전입니다만, 농경의 시작을 보여주는 주역이, 문화영웅인 담 산이었다는 것을 알 수 있습니다.

그들은 짐승들을 쫓아 버리기 위한 망루를 지었습니다. 자연의 위세에 맞서는 인간의 노력을 보여주는 것이지요. 담 산은 매일 감시하기 위해 숲 속에서 잤습니다. 허 니와 허 비어는 한 사람은 문 옆에서 바느질을 하고, 다른 한 사람은 마루에서 베를 짰습니다. 담 산은 또한 마을 사람들에게 "우리 모두 물 아래로 들어갑시다."라고 독려했습니다. 사람들이 개미 행렬처럼 줄을 지어 모두 강으로 향했습니다. 그들은 모두 물속으로 들어가 일순간에 물고기, 게, 새우를 잡아 올렸습니다. 수렵채집 단계에 있었다는 걸 보여주는 것이죠.

프랑스 행정관이 신화를 채집할 때, 반복되므로 제거했다고 했는데 전쟁이 반복됩니다. 그 전쟁의 핵심 원인은 부인들이 납치되는 것이었습니다. 한 번 더 그런 전쟁이 벌어집니다. 담 산이 물고기를 잡고 있을 때, 옆 마을의 힘센 추장 머따오 머써이 Mtao Moxây가 허 니를 납치하기 위해 왔습니다. 그는 일전의 머 따오 그르보다 훨씬 더 강했습니다. 그의 마을은 무기로 가득 차 있고, 긴 털은 다리를 뒤덮었고, 눈썹은 돌을 갈아 놓은 것처럼 날카로웠습니다. 두 눈은 빛났습니다. 얼마나 부유했는지, 그의 집 난간 앞에는 달을 조각해 놓았고, 계단 머리에는 구관

조의 부리를 새겨 놓았고, 계단은 돗자리처럼 넓어서 두 사람은 술을 메고 올라가고 두 사람은 술을 메고 내려올지라도 부딪치지 않을 정도였습니다. 현대식 대저택에 살아도 네 사람이 교차할 수 있는 계단은 갖기 어렵습니다. 머따오 머써이는 대단히 부유한 추장이었죠. 그의 집으로 가는 길에는 대못을 가득 박아서 침략자를 막았습니다.

자, 이 사람이 납치해 갔어요. 이번에 만난 적은 훨씬 더 강했습니다. 담 산은 햇빛이 얼굴을 태우는 듯한 느낌을 받았습니다. 그는 머따오 머써이의 죄를 묻기 위해서, '강철 옷을 입고, 무쇠 옷을 입고, 칼을 차고 해처럼 빛나는 방패를 든' 군대를 이끌고 갔습니다. 담 산은 스스로 담을 뚫고 들어가 백병전을 벌였습니다. 유성과 같은 그의 창끝이 머따오 머써이의 넓적다리 위에서 섬광처럼 빛났습니다. 그러나 그를 찌를 수는 없었습니다. 하느님께 청해서 '귓구멍에 던져 넣을 절굿공이' 무기를 얻고서야, 비로소 승리할 수 있었습니다. 하느님이 다시 한 번 약속을 지켰습니다. 가장 강대하고 가장 넓고 가장 부유한 추장이 되게 해주겠다는 약속을 지켰습니다.

담 산은 전에 없던 큰 잔치를 베풀어 승리를 축하했습니다. 담 산의 징소리가 땅 아래, 지붕 위, 하늘로, 사방으로 울려 퍼졌습니다. 모든 사람들이 "담 산은 빛나는 추장이며, 담 산은 바로 어머니 뱃속에 있을 때부터 힘이 셌다." 라고 칭송했습니다. 남성으로서 누릴 수 있는 위세를 누리고, 힘을 자랑할 수 있을 만큼 자랑할 경지에 있다고 하는 것을 보여줍니다.

(3) 자, 담 산은 아까 봤던 그 신령스러운 나무를 자르고, 태양여신을 아내로 삼기 위해 집을 떠납니다.

여느 때와 마찬가지로 담 산은 하루 종일 쉬고, 밤새 잠만 잘 뿐이었습니다. 그러던 어느 날 아침 그는 모든 마을사람들을 한꺼번에 불렀습니다. 인접한 블로Blô, 블랑Blang, 호Hoh, 훈Hun 마을사람들이 나무를 자르고 등나무를 베기 위해 함께 떠났습니다. 수십만 명의 사람들이 도끼와 호미를 들고 숲으로 들어갔습니다. 그들은 일찍이 보지 못했던 큰 나무를 발견했습니다. 나무가 얼마나 큰지 한 바퀴 돌 때 일 년이 걸렸습니다. 신화적인 과장이라고 하겠습니다. 그 나무를 베어 버렸습니다. 한 두 단락 건너뛰겠습니다.

허 니와 허 비어는 숲에 가서 남편을 찾았습니다. 그런 사정을 안 두 사람은 남편에게 모든 방법으로 간청했습니다. 두 사람은 "만약에 생명나무가 넘어지면 우리 두 사람은 모두 죽습니다." 라고 했습니다. 그 나무가 실은 허 니, 허 비어의 생명을 지탱하는 나무였던 것입니다. 신화적 상상 속에, 두 사람의 생명을 관장하는 나무가 있었던 것이지요. 그런데 담 산은 그것을 베고 있었습니다. 아직도 저항하고 있는 것이지요. 담 산은 "그래? 허 니, 허 비어가 죽어? 그럼 베어야지." 하고 '마치 설날처럼' 마음이 기뻤습니다. 아내가 죽는다는데 어떻게 설날처럼 기뻤다는 말을 할 수 있을까요?

나무가 넘어지자 두 아내가 정말로 죽었습니다. 하인들이 울며 말하기를, "아! 주인님! 두 분이 돌아가셨습니다. 우리에게는 더 이상 아무도 없습니다. 우리만 남겨졌습니다." 라고 했습니다. 그때서야 담 산은 두 아내의 존재를 인식하게 되었습니다. 담 산은 아침부터 밤까지 울었습니다. 눈물이 비 오듯 쏟아지고, 돗자리를 가득 적실 정도였습니다. 담 산은 금사다리를 타고 하늘로 올라갔습니다. 그는 하느님의 머리를 잡고 불평했습니다. 하느님이 담 산에게 알려주기를, 숲속 나무의 암술을 따다가 약을 만들어 주술을 걸라고 했습니다. 치료법을 알려준 것이죠. 그럼 어떻게 되나요? 담 산은 약, 치료의 신으로서의 성격도 가지게 되는 것이죠.

두 아내가 다시 살아났습니다. 담 산은 한없이 기뻤습니다. 그는 하인에게 징을 울리게 했습니다. 그러면서 이렇게 선언하지요. "허 니와 허 비어가 정말로 살아났구나. 계속 징을 쳐라. 허 니와 허 비어는 내가 머리띠를 두르고, 가죽 가방을 멘 강력하고 부유한 추장이 되도록 나에게 주신 선물이다." 라고 말입니다.

이렇게 해서 허 니와 허 비어를 최종적으로 자기 아내로 삼아 받아들이고 있는 것처럼 보입니다. 기쁨의 시간은 빨리 지나갔습니다. 담 산은 단지 하루 낮, 밤을 쉬었을 뿐입니다. 즉, 아내로 인정한 것은 하루 낮, 하루 밤뿐이었습니다. 다음 날 아침, 그는 이제 자기의 최종적인 목표는 "태양의 여신을 아내로 삼는 것이다." 라고 하죠. 뭐라고 해야 할까요? 모계사회의 가장 근원으로 돌아가려고 했다고 할까요? 여성이 남성을 취하는 것이 원칙이고, 남성이 아내를 취하는 게 허용되지 않습니다. 그런데 여성 중에서 최고, 여신 중에서 최고인 태양여신을 취하겠다고 합니다. 상대가 여성 중의 여성, 여신 중의 최고라는 점과 또 남자가 스스로 취한다고 하는 결혼의 방식이 두 가지 점이 색다르다고 하겠습니다. 물론 이것은 모계사회에 대한 최종적인 저항의 형태를 보여주는 것이지요. 우리는 결말을 알고 있습니다.

자, 담 산은 다시 태양여신을 잡아 아내로 삼으려는 목표를 가지고 길을 나섰습니다. 그렇게 되기만 하면 세상에서 누구와도 견줄 수 없이 가장 강하고 부유한 추장이 될 수 있을 것이라고 생각했습니다. 허 니와 허 비어는 그만 두라고 권했지만 어쩔 수 없었습니다. 친구도 그러지 말라고 권했지만 역시 어쩔 수 없었습니다. 담 산은 호랑이가 가득하고, 독사가 가득한 길을 떠났습니다. 생명을 위협하는 모든 위험에도 불구하고 길을 떠난 것이지요. 친구들은 그가 수많은 덫을 넘어야 한다면서, "가지 따러 가는 길에 대못을 박아 놓았고, 고추를 따러 가는 길에는 덫을 놓았다. 추장이 들어가도 죽고, 부자가 들어가도, 용감한 사람이 들어가도 죽는다." 라고 했습니다. 담 산은 "상관없다! 내가 가는 길을 찾게 두어라. 나는 내가 가고 싶은 곳으로 갈 것이다!" 라고 대답했습니다.

담 산은 그가 그토록 바라던 곳에 도착해서 태양여신에게 결혼 신청을 합니다. 태양여신은 그 누구에 비길 수 없을 정도로 아름다웠습니다. 태양을 여자 신으로 상상하는 것은 흔히 있는 일이지요. 가령 일본 신화에서 아마테라스는 태양여신이라고 하는 게 널리 알려진 설입니다. 태양여신은 "명성이 산과 숲을 지나서 빛의 여신에게까지 이른 신령과도 같은 존재여!" 라고 하며 담 산을 우대했습니다. 그러나 담 산과 결혼하는 것은 거절했죠. 왜냐하면 그녀는 뜨거운 존재였거든요. 자신과 같이 가면 사람들이 죽게 된다는 것이었습니다. 하느님의 딸이자, 뜨거운 존재였죠.

담 산은 태양여신을 준엄하게 꾸짖습니다. 그는 태양여신이 권유하는 말을 들으려 하지 않았습니다. 그는 말하기를, "나는 죽든 살든 알 것 없다." 라고 하고, 말을 타고 곧장 태양여신을 따라갔습니다. 담 산의 말이 태양과 같은 속도로 달려 경쟁했지만 더 이상 따라붙을 수는 없었지요. 담 산은 녹아 흐르고 있는 숲에 떨어져서 죽었습니다. 태양을 따라가다가 말이 지쳐 버렸고, 하늘에서 떨어져 죽은 것이죠. 영웅인데 비극적인 죽음으로 끝났습니다. 담 산 서사시는 그런 점에서 비극입니다.

　영웅 담 산의 장례식은 성대하게 치러졌습니다. 장례식에 참석한 사람은 헤아릴 수 없이 많았습니다. 허 니와 허 비어는 밤낮으로 울어서 눈물이 손발을 적셨습니다. 이제 허 니와 허 비어가 남편이 없습니다. 그러나 제도적으로 남편이 있어야 하죠. 그럼 누가 남편이 되어야 하죠? 조카가 되어야 합니다. 그런데 조카가 없습니다. 그러면 결혼할 수가 없습니다. 신화에서 그럴 수는 없습니다. 그때 파리 한 마리가 허 엉Hoâng, 이게 누구냐 하면 담 산의 누나입니다, 허 엉의 입으로 들어갔습니다. 시간이 흘러갔습니다. 어느 날 아침 허 엉은 아이를 낳았습니다. 담 산의 영혼이 친누이의 몸속으로 들어가 재생한 것입니다. 어떤 아이도 그 아이만큼 흙으로 빚고 사다리 오르기 놀이를 잘하는 아이가 없었습니다. 담 산의 혈통을 타고난 것이죠.

　(4) 네 번째, 아이 담 산이 "nối dây"모계사회를 잇게 됩니다.
　허 니 집에서 구혼합니다. 누구에게요? 조카에게요. 새로 태어난 아기인 아이 담 산은 허 니 집에 가서 남편 노릇을 합니다. 허 니의 친오빠인 이 수Y Suh가 말했듯이, "숙부가 죽었을 때에는 (남자) 조카가 대신해야 하며, 이모가 죽었을 때에는 조카딸이 대신해야 한다. 이 사람이 죽었을 때에는 다른 사람이 대신해야 하기 때문이다." 라는 것이지요.
　또 다른 새해가 왔습니다. 아이 담 산은 성대한 설날 행사를 엽니다. 아이 담 산의 징과 북 소리가 사방팔방으로 퍼졌습니다. 소년 담 산은 그의 숙부가 전에 그랬던 것처럼 추장이 되었습니다.
　비극이지만 비극을 딛고 모계사회가 계속되는 습속은 유지됩니다. 모계사회라는 습속 속에 담 산이라는 인물을 등장시켜서, 살다가 저항하다가 죽게 하고 다시 환생해서 그 습속을 받아들이게 했습니다. 담산은 비극적인 죽음을 맞이했습니다. 그러나 모계사회의 습속은 담 산의 죽음을 딛고 계속되고 있는 것이지요. 모계중심 사회의 정당성에 대한 신화적인 옹호, 이런 것이 이 신화의 주요 주제라고 하는 것을 알 수 있습니다.

에데족은 30여만 명밖에 남지 않았으므로, 그 언어 공동체, 그 민족 공동체가 얼마를 더 지속하게 될지 알기 어렵습니다. 바람 앞에 등불과 같은 처지에 있다고 할 수 있습니다. 에데어가 사라지면 이 언어 사회가 구축해 놓은 세계가 사라지는 것입니다. 그러니까 모계사회에서 조카의 자리, 숙부(숙모)의 자리를 대신하는 풍습을 우리는 상상하기 어렵지만 실제로 그런 풍습을 가지고 있고, 그것을 언어화해서 신화로 만들어 놓은 것이 에데족의 신화입니다. 에데어가 사라지면, 신화도 사라지고, 물론 문화도 사라지고, 풍습도 사라지고, 인류가 가지고 있던 언어로 이루어진 소중한 세계가 하나 사라지는 것이죠. 인간의 상상력을 자극하는 커다란 세상 하나가 지상에서 사라진다고 할 수 있습니다. 저 유명한 책, 『사라져 가는 목소리들-그 많던 언어들은 모두 어디로 갔을까?』[4]라고 하는 책의 주제가 이것입니다. 언어의 소멸과 더불어 인류가 구성해 놓은 세계가 하나씩 사라지는 것이죠. 그것이 안타까운 일이라고 하겠습니다. 그러면 어떻게 해야 하는가? 우리로서는 연구를 하는 길밖에는 없다고 하겠습니다.

자, 작품의 의미를 어떻게 부여할 것이냐, 태양을 차지하려다 실패

---

[4] 수잔 로메인·대니얼 네틀 공저, 김정화 역, 『사라져 가는 목소리들-그 많던 언어들은 모두 어디로 갔을까?』, 이제이북스, 2003.

한 것을 뭐라고 할 것이냐, 당연히 모계사회의 습속에 저항했던 남성의 좌절이라고 말할 수 있고, 습속의 승리, 관습의 승리, 에데족 전통의 승리라고 말할 수 있습니다. 물고기를 잡고, 짐승을 막아요. 수렵하고 채집하고 농경하죠. 그러나 마지막에 인간이 자연에 맞서서 역량을 발휘하지만, 넘어설 수 없는 자연의 한계라는 것이 있다는 것을 일깨워 준다고 해석할 수도 있습니다. 그래서 한 남성 영웅의 좌절, 전체 인간의 좌절로 해석할 수 있는 것이죠. 관습의 승리를 이야기하는 것은 부족 내적인 관점입니다. 인간의 가능성과 한계를 말하고 있다고 하면 자연에 대해서 탐구하고 자연의 위력을 인식하던 인간이 자연의 마지막 넘어설 수 없는 장벽과 자기 한계를 인식했고, 그랬기 때문에 나타난 비극적 최후라고 이해할 수 있겠습니다. 그런 여러 가지 측면에서 해석할 수 있는 여지들이 있습니다. 문화영웅이라든지 전쟁영웅이라든지 하는 측면을 이미 말씀드렸는데, 중복해서 말씀드리지는 않겠습니다. 목표가 담 산에 대해서 세밀한 곳까지 이해하도록 하는 것은 아닙니다. 저도 이제 막 자료에 대해 접했고 연구를 시작했습니다. 그래서 그냥 이런 흥미로운 자료가 있고, 우리가 상상하거나 경험할 수 있는 영역 밖에, 전혀 뜻밖에, 이런 신화의 세계가 펼쳐지고 있다고 하는 것을 말씀드리고 싶었고, 그것을 연구하는 게 나름대로 또 의미가 있다는 것을 여러분과 함께 고민하고 싶었습니다. 그래서 이렇게 길게 말씀드리게 되었습니다.

므엉족의 창세서사시 〈땅과 물의 기원〉

이제 므엉족의 서사시를 말씀드리도록 하겠습니다. 므엉족의 서사시인데 베트남말로 번역해서 〈대 댓 대 느억〉Đẻ Đất Đẻ Nước이라고 말합니다. 에데족과 마찬가지로 므엉족은 문자를 가지고 있지 않습니다. 그런데 므엉족과 비엣족은 기원이 같습니다. 애초에는 같은 민족이었는데, 한쪽은 산지에서 계속 살고 한쪽은 하노이 쪽으로 나왔어요. 나온 쪽은 중국의 문화를 적극적으로 받아들여서 중세로 넘어간 것이고, 이른바 문명화된 것이죠. 문명화된 입장에서 산지민을 바라보니 원시적이었습니다. 그래서 낑족, 비엣족이 므엉족을 원시족이라고 야만인이라고 폄하했습니다. 애초에는 하나였지만 낑족, 비엣족이 폄하하고 자기를 구별해냈습니다. 그래서 민족이 갈라졌습니다. 그런 일이 10세기에서부터 15세기에 걸쳐 점진적으로 일어났습니다.

므엉어와 베트남어의 발음은 상당히 유사합니다. 19세기, 20세기 초까지만 해도 어휘의 60%가량이 일치했다고 합니다. 어휘가 상당히 일치하는 것은 원래 같다는 결정적인 증거이고 인종학적으로는 므엉족도 옛 고古 자를 써서 고 비엣족이라고 말합니다. 그러면 므엉족의 서사시는 어떤 관점에서 봐야할 것이냐, 함께 생각해 보겠습니다.

일단 〈땅과 물의 기원〉은 너무나 장편입니다. 무려 2만 줄입니다. 행이 2만 행, 작은 것은 8천 행입니다. 제가 본 것은 4,629행 짜리입니다. 다 해석했다고 말씀은 못 드리겠습니다. 어려운 부분이 있습니다. 논문을 쓸 때는 그래도 더듬더듬 다 찾아 읽어야 했습니다. 이것을 자세하게 소개하는 것보다 대략적으로 말씀드리고, 므엉족 서사시가 갖는 신화학적 의의라고 할까요? 그것을 말씀드리는 것이 더 중요하겠습니다.

작품의 내용을 단락별로 정리하면 이렇습니다.

1) 서두

2) 땅의 기원

3) 물의 기원

4) 용수榕樹의 기원

5) 마을의 기원

6) 인간의 기원

7) 연월年月을 나눔

8) 짓 장 Dịt Dàng

9) 랑 따 까이 Lang TáCài

10) 랑 꾼 껀 Lang Cun Càn (*8~10은 '우두머리5 선출')

11) 랑 꾼 껀 Lang Cun Càn의 집짓기

12) 물과 불 찾기

13) 쌀 찾기

14) 술의 기원

15) 랑 꾼 껀 Lang Cun Càn의 결혼

16) 동고銅鼓의 기원

17) 랑 꾼 껀 Lang Cun Càn의 토지 분배

18) 쭈chu 나무 찾기

19) 쭈 나무 베기

20) 쭈 나무 집짓기

21) 쭈 나무 집의 전소全燒

22) 야수野獸, moong lờ 사냥

23) 미친 고기 잡기, 미친 까마귀 사냥

24) 침략자 귀신 주옹Ruộng

---

5 'Lang Cun'은 우두머리를 가리키는 말이다.

25) 침략자 귀신 마이May, 귀신 랑Lang
26) 영토를 온전하게 하고 짓 장을 도읍으로 모시다

순서대로 설명을 보태겠습니다.

서두, 땅의 기원, 물의 기원, 그래서 작품 제목이 〈땅과 물의 기원〉입니다. 천지창조, 창세에 관한 이야기입니다. 그 다음에 용수榕樹의 기원, 신령스러운 나무의 기원입니다. 마을의 기원, 인간의 기원, 연월年月을 나눔, 그 다음에 위대한 추장들의 이름이 나오고요. 12번을 보십시오. 물과 불 찾기. 어디서 본 것 아닙니까? 신화 강의 들으신 분들은 아시죠? 우리 〈창세가〉에 나오는 물과 불의 기원을 아십니까?6 여기에 비슷하게 들어 있습니다. 인간 상상력의 놀라운 공통점을 여기서 발견할 수 있습니다. 13번 쌀 찾기, 이것도 마찬가지입니다. 곡식의 기원이죠. 14번, 술의 기원. 추장의 결혼, 그리고 동으로 만든 북, 동고銅鼓의 기원. 그리고 토지 분배. 이어 나무를 찾고, 베고, 집을 짓고, 시련이 닥쳐서 집이 불타지만, 다시 세우고요. 야수 사냥이니까 수렵 생활을 반영한 것이죠? 그 다음이 미친 고기 잡기, 미친 까마귀 사냥으로, 수렵 채집이 어려울 때 어떻게 대처하는가를 보여주는 것이죠. 그 다음에 죽음의 세계에 대해서 말하고, 침략자 귀신 주옹, 그리고 귀신 마이와 랑이 나옵니다. 맞서 싸우는 것이죠. 마지막으로 '영토를 온전하게 하고 짓 장을 도읍으로 모시다'라고 해서 총 26개의 에피소드가 길게는 2만 줄까지 이어집니다. 상당히 방대한 것이라고 할 수 있습니다.

---

6 서대석, 「〈김쌍돌이〉 창세가」, 『한국의 신화』, 집문당, 1997. 미륵은 생식을 하다가, 풀메뚜기와 풀개구리를 때려 물과 불의 근본을 알아내고자 했으나 모른다고 잡아뗐다. 그러자 새앙쥐를 통해 물의 근본은 소하산 샘물이며, 불의 근본은 금덩산 차돌과 시우쇠의 마찰이라는 사실을 알아냈다. 그로 인해 새앙쥐는 뒤주를 차지할 수 있게 된다.

의문이 생길 수 있습니다. 이런 방대한 이야기를 어떤 기회에 구연하였느냐? 이 서사시 구연의 가장 좋은 기회는 역시 장례식이었습니다. 죽은 사람의 넋을 저세상으로 보내기 위해서는 많은 절차가 필요하지요. 밤새워 장례 절차를 치르게 됩니다. 그렇게 길게 확보된 시간 속에서 이 구비서사시를 구연합니다. 이 서사시를 구연하는 사람은 사람의 죽음을 관장하는 무당입니다.

서사시의 길이는 무엇에 비례하느냐 하면, 듣는 사람의 여유 시간에 비례합니다. 서사시를 나 혼자 밤새 구연해 봤자 무슨 소용이 있겠어요? 여유 시간이 가장 길 때가 언제냐 하면 바로 사람이 죽었을 때입니다. 므엉족은 장례 의식을 통해서 유족을 위로하고, 민족의 기원을 말하고, 망자의 넋이 조상의 넋과 하나가 되었다는 확신을 심어주려고 합니다. 그래서 깁니다. 청자의 여유 시간, 길게 말해야 하는 서사시 구연의 계기가 갖춰져서 2만 줄까지 늘어난 것입니다. 그 막 길어진 시간에 에피소드가 다양하지 않으면 그 많은 시간을 감당할 수 없습니다. 그래서 여러 가지 에피소드가 얽혀 있는 것이지요. 노래도 하고 구연도 하고요. 대개 남성이, 남성 사제(=무당)가 구연하는 경우가 많습니다. 그 구연 중에서 가장 핵심은 무엇이냐 하면, 죽은 사람의 넋을 우리 인간의 기원으로 돌리는 것입니다. 그래서 인간이 어디서 어떻게 기원했는가를 이야기하는 것이 가장 중요합니다.

그 얘기가 어디에 있느냐 하면 6번에 있습니다. 4번과 6번이 인간의 기원에 대해서 말하는 것입니다. 신령스러운 나무가 쓰러져서 마을이 되고, 하늘로부터 선녀가 내려와 결혼해서 새를 낳았는데, 그 새의 알로 인간이 태어났다고 이야기합니다. 우리는 죽어서 어디로 다시 가느냐 하면 새의 인도를 받아서 신들의 세계로 돌아간다고 이야기하는 것이죠. 인간의 기원을 말하고, 사람이 죽으면 그 인간을 낳은 원래의 존재, 그 넋이 원래의 자리로 돌아간다, 안심해라, 우리는 다시 만날 수 있다, 조상의 넋과 하나가 된다, 지금은 슬프지만 다시 만날 날이 있다는 깊은 위안을 줍니다. 그러면서 인간의 기원에서부터 우리 마을, 우리 부족이 번성해 온 내력을 쭉 이야기 합니다. 거기에는 전쟁도 있고, 짐승들과 맞서 싸운 이야기도 있어서 다채롭게 전개가 되는 것입니다.

소수민족 신화 전승의 의의

지금까지 말씀드린 바를 토대로 강조하고 싶은 것이 있다고 했는데, 이제 그 말씀을 드리도록 하겠습니다. 요지를 바로 말씀드리죠. 원래 산에 있던 사람들과 들판으로 나온 사람들, 강으로 나온 사람들이 있다고 했는데, 이 강은 하노이를 감싸고 있는 홍강紅江입니다. 말 그대로 황토 빛의 강입니다. 중국 황하의 탁도는 이루 말할 수 없이 높지요? 홍하는 그보다는 훨씬 덜 탁합니다. 단연 일등으로 탁한 것이 황하죠. 여기는 그렇게까지는 탁하지 않은데, 역시 많은 황토를 퇴적해서 비옥한 평야지대를 만들어 갑니다. 홍하 델타라고 하는데, 홍하 삼각주죠. 하노이가 거기에 있습니다. 거기에 내려와서 수도를 건설하고, 비엣족은 서울 사람이 된 것이죠. 이제 자기가 서울 사람인 것을, 서울 경자를 써서 자신을 낑족이라는 말로 나타냈다고 했습니다.

자, 비엣족은 저 산지에서 떨어져 나와 무엇을 얻었느냐 하면 문명을 얻었어요. 국가를 건설했어요. 지배 민족이 되었습니다. 무엇을 잃었느냐, 신화를 잃었습니다. 비엣족은 홍하로 내려오면서 신화를 전승하지 않게 되었습니다. 그 대체품이 무엇이었느냐 하면 불교였습니다.

그래서 장례 의식을 불교가 주관하게 되었습니다.

베트남 학생을 지도한 경험이 있는데, 그 베트남 학생이 누차 말하는 것이 있었습니다. "우리 낑족, 우리 비엣족은 신화가 없어요." 사실, 신화 기록이 조각조각 나 있습니다. 짧을 단短 자, 단편短篇입니다. 조각조각이라고 해서 조각 단斷 자를 써서 단편斷片입니다. 비엣족은 서울로 내려오면서, 강 유역으로 내려오면서, 신화적 전승이 단절되었어요. 서사시 전승이 끊어졌죠. 그래서 지금 가지고 있는 것은 조각조각 난 신화적 단편뿐입니다.[7]

므엉족 서사시는 몇 줄인가 하니 2만 줄이라고 합니다. 그럼 비엣족은 몇 줄인가 하니, 한문 기록으로 10~15줄밖에 남지 않다고 합니다. 신화를, 서사시를 잃어버린 대신 불교를 받아들였고, 대신 중세문명을 받아들였습니다. 그렇습니다. 중세문명을 받아들인다는 것은 비엣족에게 신화로부터의 단절을 의미했습니다. 반면 므엉족은 중세문명을 받아들이지 않고 전통적인 고대문명을 간직하겠다고 했으니, 서사시를 소중하게 간직해야 했습니다. 서사시를 소중하게 간직해서 전승할 수 있는 절호의 기회는 장례식 때입니다. 잘 안 바뀝니다, 죽음에 대한 인식과 태도는. 자, 삶이란 무엇이고 우리는 어디에서 왔으며 어디로 가는가를, 장례식 때마다 각인했습니다. 민족의 전통 세계관, 삶과 죽음에 대한 이해를 가장 절실한 자리에서 구연하는 것이 이 므엉족의 서사시입니다. 비엣족의 중세문명, 한문문명, 불교에 맞서기 위해서 서사시를 소중하게 간직했던 것이죠.

비엣족은 문명을 받아들이고, 산속에 있는 자들을 야만인이라 칭할

---

[7] 「한국과 베트남의 창세서사시 비교연구」(보 람 수언, 부산대학교 석사학위 논문, 2004)에서 그 점에 대해 논의했다.

수 있는 수준 높은 문명을 이루었습니다. 그러나 원래 가지고 있던 신화적 전통을 다 상실했습니다. 그래서 내려오면서 신화 빈국, 신화가 빈곤한 민족이 되었습니다. 므엉족은 신화가 부유한 민족이 되었습니다. 민족의 정체성을 지키려 한다면 신화를 지켜야 합니다. 므엉족은 지금도 신화를 소중하게 지키고 있습니다. 불교가 들어왔지만, 불교가 장례식을 주관하지 못합니다. 장례만큼은 서사시를 구연하면서 므엉족의 전통적인 방식으로 합니다. 므엉족의 정체성이 언제까지 유지될 것이냐, 비엣족의 동화에 맞서서 언제까지 겨룰 수 있을 것이냐 하면, 이렇게 말씀드릴 수 있을 것 같습니다. "신화가 전승되는 한⋯⋯." 신화가 전승되는 한, 므엉족의 정체성은 유지될 것입니다. 그 장례식이 불교식 또는 다른 무엇으로 바뀌고 나면 사라질 것이라고 말씀드릴 수 있습니다.

처음에, 베트남이 어디에 있는지 살폈습니다. 베트남의 전체 역사가 남진 과정이었다는 것을 말씀드렸습니다. 남진 과정에서 일차 타깃이 된 참파족은 동화되어 사라져가고 있습니다. 너무 소수만 남아서 주요 소수민족의 순위에 들지도 않아요. 크메르족 또한 베트남 내에서는 소수민족의 지위로 전락했습니다. 그런데 이런 비엣족의 정복 역사에서도 북부 산악지대와 중부 산악지대에는 소수민족이 많이 남아 있습니다. 왜 그런가? 중국과의 완충지대 역할을 하고, 프랑스와 미국에 맞선 전략적 요충지였으며, 베트남의 민족적 저항에 기여한 바가 적지 않았다는 점을 이유로 들었습니다. 그래서 베트남이 호찌민이 선언한 민주주의공화국에서는 다민족국가라는 것을 정체성으로 분명히 삼게 되었다는 말씀을 드렸습니다.

이어, 중부 산악지대에 있는 커피 따는 민족 에데족의 서사시 〈담 산〉을 살펴보았습니다. '모계사회 속에서 저항하는 남성의 형상' 또는 '자연에 맞서서 저항하는 인간의 형상'이 그 서사시의 요체였다는 것을 기억해 주시면 좋겠습니다. 우리의 사고, 경험, 상상력을 뒤집어 보는 의미가 있습니다. 〈땅과 물의 기원〉에서는 므엉족과 비엣족의 갈라섬을 말씀드렸습니다. 원래는 하나였지만 갈라졌습니다. 비엣족은 갈라져 나오면서 신화를 잃어버리고 불교를 받아들였습니다. 다른 쪽, 므엉족은 갈라져 나오지 않고 산에 살면서 신화를 지켰습니다. 그래서 므엉족에 있어서 신화는 갈수록 중요해졌습니다. 왜냐하면 민족의 정체성을 지키기 위해서는 신화를 지켜야 했기 때문입니다.

자, 마지막으로, 신화는 우리에게 어떤 의미를 갖는가? 신화는 상상력의 보고, 또 우리가 우리의 경험을 벗어나서 다른 경험 세계이자 상상의 세계를 보여주는 의미가 있다, 신화를 보존하는 것이 민족의 정체성을 보존하는 것과 동의어가 된 사례를 통해서 신화의 전승이 얼마나 중요한 일인가 하는 것을 알게 되었다고 말씀드릴 수 있습니다. 베트남 신화를 소략하게 살피면서 그런 두 가지 쟁점을 되새겨 보았습니다.

질문 에데족 신화에서요. 모계사회 형태를 유지하고 있다고 하셨잖아요? 그런데 그것이 원시 모계사회의 형태하고 다른 것이, 숙부가 죽으면 조카가 죽은 자리를 대신한다는 게 사실 조금 억지스럽거든요. 그것이 왜 그런지, 왜 그렇게까지 가정을 유지하려고 하는 것인지, 혹시 역사적으로나 사회적으로 필요하게 되어서 그렇게 되었는지 궁금합니다.

답변 에데족 문화에 대해서 현재 우리말로 된 개설서로 『베트남의

소수민족: 베트남의 소수민족 문화에 대한 총체적 이해』가 있습니다.[8] 네이버에 검색해도 나옵니다. 에데족에 대해서, 사실은 그 이상의 자료가 없는 것 같습니다. 지금 말씀하신 질문에 답을 하자면 현지 조사를 할 수밖에 없죠. 조카가 자리를 잇는 풍습이 어색한지 어색하지 않은지 참여 관찰을 해서 판단하는 수밖에 없는데, 지금으로서는 그렇게 할 수 없는 형편입니다.

베트남 어문 교과서(국정교과서) 10학년 교과서에 소수민족 서사시 두 편을 다루고 있습니다. 주 텍스트가 〈담 산〉이고 보조 텍스트가 〈땅과 물의 기원〉입니다. 〈땅과 물의 기원〉에서 가장 중요한 것은 인간의 기원이고 사람이 죽었을 때 어디로 가느냐 하는 것인데, 그 점에 대해서는 학습자료 어디에도 언급되어 있지 않습니다. 비엣족 중심으로 교과서를 만들면서, 그냥 원시적인 상상력이라고, 물과 불의 기원, 인류의 기원에 대해서 이렇게 생각했다고 말하는 선에서 그쳤습니다. 소수민족 서사시를 교과서에 받아들인 것은 훌륭한 일이지만, 어떤 것을 어떤 관점에서 받아들였는가 하는 점을 고려하면 다소간 의심이 생기게 됩니다. 〈담 산〉 이야기에서는 부인이 납치되어 싸우는 부분이 교과서에 실려 있습니다. 중국에서의 소수민족 문학교육과 베트남에서의 그것은 한번 비교해서 검토해 보는 것도 흥미로운 결과로 나올 수 있을 것이라고 생각합니다.

질문 말씀하시는 것을 들어보면, 결국 그 두 신화를 교과서에 싣는 것이 베트남의 사회체제하고도 상당히 관련 있을 것 같은데요. 에데족

---

[8] 당 응이엠 반, 쭈 타이 선, 르우 흥 공저, 조승연 역, 『베트남의 소수민족: 베트남의 소수민족 문화에 대한 총체적 이해』, 민속원, 2013.

신화 같은 경우에 모계중심이라고 하셨는데, 물론 전체적인 선생님의 말씀에는 동의합니다만, 그 신화는 영웅 신화의 모습을 많이 보여주지 않습니까? 모계에서 부계로 넘어가는 과정을 설명하는 것으로 보는 게 더 자연스럽지 않을까 하는 생각이 듭니다.

답변 네, 그렇다는 견해와 그렇지 않다는 견해가 있다고 발표문에 소개해 두었습니다. 그런 상충되는 견해가 베트남에 있다는 것을 알고 제 소견을 말씀드린 것입니다. 만일 부계로 넘어가는 과정을 설명하는 서사시라면 오늘날 에데족이 부계사회여야 하지 않을까요? 서사시는 모계사회에서 부계사회로 넘어가는 것이 정당하다고 했는데, 오늘날 여전히 모계사회라고 하면 모순이죠. 그래서 그런 해석이 오늘날 에데족의 실상에 걸려서 정당성을 얻기가 어렵게 되어 있습니다.

참고자료

보 람 수언, 「한국과 베트남의 창세서사시 비교연구」, 부산대학교 석사학위 논문, 2004.

조동일, 『동아시아 구비서사시의 양상과 변천』, 문학과비평사, 1997.

최귀묵, 「월남 므엉(Mường)족의 창세서사시 〈땅과 물의 기원〉(Dé Dat Dé Nuóc)」, 《구비문학연구》 제11집, 한국구비문학회, 2000.

최귀묵, 『베트남 문학의 이해』, 창비, 2010.

최귀묵, 「땅과 물의 기원」, 『문학의 창으로 본 베트남』, 고려대학교 출판부, 2017.

당 응이엠 반, 쭈 타이 선, 르우 훙 공저, 조승연 역, 『베트남의 소수민족: 베트남의 소수민족 문화에 대한 총체적 이해』, 민속원, 2013.(네이버 지식백과에 '베트남의 소수민족'으로 전재)

남방실크로드신화여행 그림 출처

[그림 2] [그림 7] [그림 8] [그림 9] [그림 10] [그림 60] [그림 61] [그림 62] [그림 63] [그림 64] [그림 65] [그림 66] [그림 67] [그림 68] [그림 69]
ⓒ김선자

[그림 4] [그림 21] [그림 22] [그림 23]
바이두

[그림 11] [그림 12] [그림 13] [그림 16] [그림 17] [그림 18] [그림 19] [그림 20] [그림 24] [그림 35] [그림 59] [그림 73] [그림 81] [그림 82] [그림 84] [그림 85]
위키피디아

[그림 26] [그림 28] [그림 29] [그림 30] [그림 31] [그림 32] [그림 33] [그림 34] [그림 36] [그림 37] [그림 38] [그림 39] [그림 40] [그림 41]
ⓒ홍윤희

[그림 42] [그림 43] [그림 44] [그림 45] [그림 46] [그림 47] [그림 48]
ⓒ나상진

[그림 57] [그림 58]
ⓒ권태효

[그림 70]
대원사 티벳박물관

남방실크로드 신화여행

2017년 4월 28일 초판 1쇄 펴냄

지은이	김선자, 김헌선, 김혜정, 홍윤희, 나상진, 권태효, 심재관, 최귀묵
주관	경기문화재단 문예진흥실
기획	문성진, 채치용, 문형순
펴낸이	김재범
편집장	김형욱
편집	신아름
관리	강초민, 홍희표
디자인	나루기획
인쇄·제본	AP프린팅
종이	한솔PNS

펴낸곳 (주)아시아 | 출판등록 2006년 1월 27일 | 등록번호 제406-2006-000004호
전화 02-821-5055 | 팩스 02-821-5057 | 이메일 bookasia@hanmail.net
주소 경기도 파주시 회동길 445(서울 사무소: 서울시 동작구 서달로 161-1 3층)
홈페이지 www.bookasia.org | 페이스북 www.facebook.com/asiapublishers

ISBN 979-11-5662-310-6 03210

* 이 책은 경기도, 경기문화재단의 문예진흥지원금을 보조 받아 발간되었습니다.
* 이 책 내용의 전부 또는 일부를 재사용하려면 반드시 경기문화재단과 (주)아시아 양측의 동의를 받아야 합니다.
* 이 책에 사용된 사진 중 저작권자를 찾지 못한 일부 사진에 대해서는 저작권자가 확인되는 대로 계약을 맺고 절차에 따라 저작권을 해결하겠습니다.
* 값은 뒤표지에 표시되어 있습니다.

> 이 도서의 국립중앙도서관 출판시도서목록(CIP)은 서지정보유통지원시스템 홈페이지
> (http://seoji.nl.go.kr)와 국가자료공동목록시스템(http://www.nl.go.kr/kolisnet)에서
> 이용하실 수 있습니다. (CIP2017009040)